서른넷 딸,
여든둘 아빠와
엉망진창 이별을
시작하다

서른넷 딸, 여든둘 아빠와 엉망진창 이별을 시작하다
김희연 지음

초판 인쇄 2024년 03월 15일
초판 발행 2024년 03월 20일

지 은 이   김희연
펴 낸 이   양현덕
펴 낸 곳   (주)디멘시아북스
기획·편집   양정덕
디 자 인   이희정

등록번호   제2020-000082호
주   소   (16943) 경기도 수지구 광교중앙로 294 엘리치안빌딩 305호
전   화   031-216-8720
팩   스   031-216-8721
홈 주 소   www.dementiabooks.co.kr
이 메 일   dementiabooks@naver.com

ISBN   979-11-985769-6-5 03810
정 가   16,000원

ⓒ 김희연 2024 Printed in Korea

* 이 책은 저작권법에 따라 보호받는 저작물이므로 무단전제와 무단복제를 금하며, 책 내용의 전부 또는 일부를 이용하려면 반드시 저작권자와 (주)디멘시아북스의 서면동의를 받아야 합니다.

* 파본이나 잘못된 책은 구입하신 곳에서 바꿔드립니다.

제7회
디멘시아 문학상
수기 부문
우수상 수상작

서른넷 딸, 여든둘 아빠와

엉망진창

이별을 시작하다

"난 요즘 아빠 장례식장 예약하는 상상을 하면서 잠을 자.
그래야 잠이 오거든."

김희연 지음

| 작가의 말 |

  책을 낼 거라곤 상상도 못 했습니다. 그즈음의 저는 정말 감정적으로 막다른 골목에 몰려 있었거든요. 나는 비로소 자유로워졌는데 아빠는 요양병원 침대에 누워 빗소리도, 풀 냄새도, 계절이 바뀌는 것도 모른 채 그저 죽음만 기다리고 있구나 싶어서요. 그런 아빠가 애틋하고 안타까웠으며 하루하루 살아 내는 게 죄스러웠어요. 하지만 시간이 지날수록 희석되더라고요.

  아, 이렇게 속절없이 시간만 보내고 있으면 생생했던 슬픔도 미움도 사랑했던 마음도 잊어버리겠구나 싶어 '괘씸한 사위' 편을 썼습니다. 참 재밌게 썼어요. 잠도 안 자고 쭉쭉 써 내려가며 죄책감도 덜어 낼 수 있었습니다. 아빠의 기행을 고발할 때는 임금님 귀는 당나귀 귀를 외치는 신하처럼 짜릿함도 느꼈죠. 보시기에 글이 거칠고 무지막지한 이유는 아마 인적 없는 블로그에 내 멋대로 쓸 수 있어서 그랬을지도 몰라요. 책이 나올 줄 알았으면 조금 체면을 차릴 걸 그랬어요.

  글이 어느 정도 모이고 나니 사람들의 반응이 궁금해졌어요. '치매 노인을 사랑하는 모임'이라는 카페에 글을 올렸는데, 운영자님이 감사하게도 카테고리를 하나 내어 주셨어요. 그때부터 본격적인 연재의 개념으로 글을 쓰기 시작했죠. 보통 일이 아니더라고요. 글을 쓰는 중에 급작스러운 무기력증과 우울증으로 심리상담도 받았거든요. 기억이 생생할 때는 신나서 휘갈기듯 쓸 때도 있었으나, 어느 시점을 그릴 때는 일주일에 두세 줄씩 겨우겨우 써서 엮기도 했어요.

괜한 걸 시작했나 싶어 후회도 했어요. 저는 하나를 시작해서 끝까지 진득하게 완성해 본 적이 별로 없거든요. 그렇지만 따뜻한, 그리고 촉촉한 댓글에 힘이 났습니다. 공감의 힘은 참 대단해요. 그렇게 어렵게, 어렵게 서른넷에 시작한 글이 서른여섯이 되어서야 마무리되었습니다. 2년 만이었어요. 많은 분의 따뜻한 마음이 글을 완성한 원동력이라고 생각합니다. 제 글을 읽어 주시고 공감해 주신 분들께 진심으로 감사 인사를 드립니다.

그리고 글을 마무리할 수 있게 도와준 나의 구원자 썬에게도 감사를 전합니다. 썬과는 폭풍 속에서 만나 한껏 휘청이다 이제는 육아 동지로 우정을 다지고 있어요. 치매 간병은 나보다 한 발짝 앞서 겪은 선배라 많은 정보를 얻고 위로와 응원을 받았었는데, 지금은 제가 육아 선배가 되어 이런저런 조언을 해 주고 있습니다. 사람 일이란 게 참 신기하죠? 매번 "아빠는 나에게 뭐 하나 남겨 준 게 없어!"라고 구시렁댔는데 생각해 보니 남겨 주신 게 많네요.

그리고 사실 이 글의 원래 주인공이 아닐까 싶은 한 사람, 안 서방에게는 감사 인사로는 부족할 것 같습니다. 여전히 서로 투덕거리며 어린 아기를 키우는 공동 미션을 수행하고 있는데요. 사위로도 훌륭했는데 아빠로도 훌륭하네요. 남편을 보며 늘, 나에게도 이런 아빠가 있었다면 어땠을까 하는 마음이 들어요. 심리 상담을 받을 때 그런 이야기를 들었어요. 자식을 키우는 일이 본인을 치유하는 계기가 될 수도 있다고. 이제는 이해가 갑니다. 아팠던 어린 시절의 저를, 가장 바라던 모습의 사람과 함께 키우고 있는 것 같아요. 감사합니다, 안 서방. 그리고 쭈부 아빠, 늘 사랑합니다!

  디멘시아 문학상에 응모하기 위해 글을 다듬으며 든 마음은, '어라, 아주 엉망으로 글을 쓴 건 아니구나?' 하는 뿌듯함과, '결국 완성했구나.'라는 만족감이었어요. 아버지가 돌아가시고 나니 부모를 직접 돌보지 못했다는 죄스러움이 밀려왔고, 그러면서 자존감이 아주 많이 망가졌거든요. 그때는 무엇을 할 수 있을지에 대해 아무것도 자신이 없었어요. 그러나 글을 쓰고, 다듬고, 응모를 하는 과정에서 처음으로 충족감을 느꼈습니다. '할 수 있구나, 나에게는 힘이 있구나.' 매일 버릇처럼 자책하고 스스로를 못 미더워하던 저 자신에게 처음으로 칭찬을 해 주었습니다. '죽네 사네 하면서도 그 와중에 이렇게 글을 썼구나, 수고했다.'라고 말이에요. 수상이라는 결과를 통해 조금은 우쭐한 마음이 든 것도 사실이고요.

  이제껏 글을 쓰는 길은 생각도 못 했는데 새로운 가능성이 열린 것 같아요. 새로운 가능성의 문을 열 수 있는 소중한 경험과 기회를 제공해 주신 디멘시아 문학상 관계자분들께, 그리고 책으로의 출판을 도와주신 출판사 임직원들께 깊이 감사를 드립니다. 소중한 기회를 통해 나 자신을 믿고 더 성장하는 길을 찾게 되었습니다.

  글을 쓴다는 건 초대한 손님을 위해 음식을 준비하는 일 같아요. 밥을 함께 먹는다는 건 많은 의미가 있잖아요. 아무리 하루가 힘들었더라도 식탁에 차려진 따뜻하고 정성스러운 음식을 마주하면 힘이 나니까요. 그런 마음으로 정성스레 첫 글을 차렸습니다. 함께 한 끼의 식사를 나누는 친구처럼 우리 마음껏 나눠 봐요. 슬픔, 불안, 고통 모두요.

마지막으로,

  아빠가 남편에게 쌍욕을 했을 때, 간호사를 때렸을 때, 수많은 요양병원에서 거절당한 순간에는 내 삶이 끝났다고 생각했어요. 삶이 뒤집혀 버린 거잖아요. 서른넷에 누가 이런 걱정을 할까 싶었고, 내가 세상에서 가장 지독하게 불안하고 불행한 사람이라고 생각했어요. '내 인생이 이렇게 홀러덩 뒤집히는구나, 이제 행복할 수 없겠구나.' 그전에도 겨우겨우 버티고 있었는데 말이죠. 정말 지겹도록 되뇌던 생각이었어요. 겨울도 잿빛, 여름도 잿빛이었죠. 행복한 일이 하나 정도, 웃을 일이 한 번 정도는 있었을 텐데 말이에요.

  하지만 그토록 미워하고 사랑하던 우리 대머리 아빠와 아주 비슷하게 생긴 딸이 태어났어요. 뒤집힌 인생에 갑자기 꽃이 피어났죠. 우렁찬 고함 소리와 몽골장수처럼 딴딴한 몸집, 별로 없는 머리숱까지 아빠를 닮아 버린 딸을 키우며 문득 이런 생각이 들었어요.

  '삶은 단면이 아니고 양면이구나!'

  아빠의 죽음, 그 과정으로 가는 폭풍 같은 시간을 거치며 주저앉아 내 삶이 이렇게까지 최악일 수 있냐며 울부짖기도 했지만, 하늘이 개면 꽃도 피더라고요. 그리고 그런 생각도 해요. 삶이 뒤집혔기에 남편에게 아기를 맡기고 동네 카페에 앉아 작가의 말을 쓸 수 있는 게 아닐까 하고요.

  그렇게 저는 오늘도 저벅저벅 걸어갑니다. 양면의 삶을 들고요.

김희연

| 차례 |

작가의 말　　　　　　　　　　　　　　4

괘씸한 사위　　　　　　　　　　　　　12
간호사들이 날 이지메한다고!　　　　　17
섬망이 대체 뭔데요?　　　　　　　　　26
냉혹한 어른들의 세계　　　　　　　　33
82세의 아빠는 친구가 없다　　　　　　38
원망스럽지만 고마운 우리의 젊음이여　41
2리터의 눈물　　　　　　　　　　　　45
내 아버지를 소개합니다 - 1　　　　　　50
소변줄 대소동　　　　　　　　　　　　57
액팅아웃 환자입니다　　　　　　　　　64
지옥 끝에서 구세주를 만나다　　　　　71
죽고 싶은 딸 죽고 싶은 며느리　　　　79
요양병원 모험기　　　　　　　　　　　84
내 딸 밥은 먹었냐?　　　　　　　　　90
내 아버지를 소개합니다 - 2　　　　　　94
뉴본(new born) 그랜파　　　　　　　　101
벌거벗은 임금님　　　　　　　　　　　106
결전의 퇴원일　　　　　　　　　　　　113

아메리카노가 뭐라고	118
파출부를 불러다오	122
정신병원은 처음이죠?	127
과거에서 온 소포	132
파인애플 오렌지	135
아주 많이 쎄함	144
휴머니티드 케어	149
슬픔은 나누면 두 배가 된다	152
등급 외 판정	157
아빠의 옷 가게엔 많은 것이 들어 있다	161
싫은 아침과 좋은 밤	164
남편이 폭발했다	171
아빠가 소변 실수를 하다	176
아빠가 원했던 파출부를 모시다	180
아빠의 보물은 어디에 있는가?	184
내 딸 갖다 버려라	187
요양병원 절대 보내면 안 돼!	190
다시 병원으로	194

인생은 아이러니의 연속이다 201
중환자실에 들어오다 210
요양병원 가는 길 217
아빠를 요양병원에 두고 왔다 221
굶주림에 대하여 224
우리 아빠들은 엑스맨 228
아빠의 위대한 유산 232
전 상품 만원 세일 238
부고문자 244
아직은 아니야 아빠 248
빠이빠이 253
비대면 면회와 고소 소동 259
이별 265
아빠의 장례식 270
일 년에 한 명씩 보낸 여자 273
잘 가소. 다음 생엔 만나지 맙시다 277
기어코 외제 차 한 번은 태워 주는구만 283
서른넷 딸, 여든둘의 아빠와 엉망진창 이별기 288

서른넷 딸, 여든둘 아빠와
엉망진창
이별을 시작하다

"난 요즘 아빠 장례식장 예약하는 상상을 하면서 잠을 자.
그래야 잠이 오거든."

괘씸한 사위

금요일 저녁 통화하며 불쑥 튀어나온 남편에 대한 아빠의 불만.
'또 시작이군.'
갑작스러움에 길을 멈추고 털썩 앉아 전투태세를 취한다.
"뭐 때문에 그래? 또!"
"어제 나한테 그렇게 말하면 안 됐어. 자기 아빠를 그렇게 들먹여선 안 되는 거다."
알아듣지도 못할 말을 횡설수설한다.
"요즘 우울해서 죽고 싶다는 생각이 자꾸 드는데 무섭다."
그러더니 이렇게 말을 끝맺는다.
"나도 왜 이러는지 모르겠다. 자꾸 이런 생각만 드는구나."

'죽고 싶다.'
우리 부부의 관심이 적어지거나 섭섭한 일이 있을 때, 아빠가 내미는 협박성 카드와도 같은 말이었다.
"안 서방도 걱정되는 맘에 그런 거지, 알면서 왜 그래?"
"그래도 그렇지! 말을 그렇게 하면 안 되는 거야!"

버럭 화를 내는 아빠 목소리에 순간 짜증이 확 치솟았다.

이 역정의 이유가 뭘까 추정하던 중 며칠 전 일이 기억났다. 이야기의 발단은 아빠가 앓고 있는 '심부전'이란 병에서 비롯된다. 약해진 심장의 기능으로 혈액이 원활히 순환하지 못하여 부종이 생긴다. 연례행사처럼 겨울쯤 심해졌다가, 놀란 아빠의 식습관 개선으로 인해 좋아졌다가 심하면 입원해서 이뇨제로 물도 빼고 해야 하는 그런 병이다. 그리고 지금 아빠의 몸과 다리는 두 배 이상 부어 있었다.

볼 때마다 점점 거대해지는 다리 때문에 속상해하는 내게 아빠는 말했다.
"짜게 안 먹고 있으니 걱정하지 말거라. 내가 알아서 할게."

아빠의 말을 믿고 툴툴거리며 돌아가기를 3주째. 이제는 더 이상 두고 볼 수가 없는 수준이었기에 주차하는 차 안에서 남편과 오늘 안으로 결판을 내자 약속하고 아빠의 집으로 비장하게 입장했으나…

"아빠! 제발 병원 가자."
"지금은 안 되고, 2주 뒤 명절 연휴에 맞춰 갈란다."
"그때까지 몸이 못 버틸 것 같단 말이야!"
"내 몸은 내가 잘 안다."
"다리 부은 걸 보고 말해! 너무 심하잖아. 내일 바로 응급실 들어가자 응?"
"일단 관리비도 내야 하고, 가겟세도 내야 하고…, 여하간 난 괜찮으니 좀 있다 들어가려다."

다람쥐 쳇바퀴 굴리듯 답답한 대화를 계속 이어 가는 우리 부녀를 보고 있던 남편이 조용히 입을 열었다.
"아버님! 2주 뒤엔 무조건 가시는 거죠? 저희야 바로 가셨으면 좋겠지만, 아버님께서 이유가 있으시다니 일단 알겠어요. 근데 그때 가서 또 말 바꾸시면 더 이상 기다려 드릴 수 없고요. 억지로라도 모시고 갈 겁니다. 저 한다면 하는 놈인 거 아시죠? 우리 아버지도 못 말린 놈입니다. 약속하세요!"

돌아가신 시아버지까지 걸고 협박하는 남편의 태도에 당황한 아빠는 반항도 수긍도 못 하고 횡설수설 말만 돌리다가 그날 자리는 그렇게 마무리되었다.

"아버님 연세에 병원 들어가는 게 무섭긴 하시겠지."

아빠의 기죽은 모습이 내심 맘에 걸렸는지 차 안에서 조용히 읊조리던 남편의 말에 짜증이 차올라 벌떡거리던 마음이 출렁였다.

'저런, 속도 깊기도 하지.'

또래 친구들 장인에 비하면 한참 나이가 많은, 할아버지뻘의 아빠에게 늘 든든하게 맘 써 주는 아들 같은 사위가 내 남편이다. 그런 사위가 무서운 눈을 하고 단호한 말로 아빠의 말을 뚝뚝 자르면서 고압적으로 밀고 들어오니, 아빠에겐 그게 내심 상처가 되었나 보다. 그래서 나에게만 몰래 이런 말을 하나 보다.

"안 서방이 괘씸하다."

그 착하고 대단한 사위에게 아빠가 할 수 있는 최대한의 반항인 것이다.

다음 날 아침, 119 구급대원에게 전화가 왔다.

"보호자이시죠? 환자분이 가슴 쪽이 아프다고 구급차를 부르셨는데, 다니시던 병원 이름을 정확히 못 대시고 자꾸 횡설수설하세요. 보자…, 병원이 ㄱ의료원 맞나요?"

"네? 그 병원은 가 본 적도 없는 병원인데…, 다니시던 병원은 ㅅ의료원이에요. 그 병원으로 이송해 주시면 감사하겠습니다. 바로 출발할게요."

잠결에 전화를 받아 몽롱한 찰나 선명하게 다가오는 것은 불안함이었다.

'병원을 기억 못한다고? ㅅ병원은 다닌 지 10년이 넘었고 3개월에 한 번씩 검진을 하러 가기 때문에 기억을 못할 수가 없는데…'

엉뚱한 병원 이름을 댔다는 말에 일렁이는 불안을 눌러 담으며 응급실로 향했다.

"일찍 왔구나."

걱정했던 거에 비해 아빠는 세상 평온해 보였다.

"이렇게 올 거였으면 좀 순하게 오시지. 굳이 응급실로…, 나랑 상의도 없이…."

응급실에서는 각종 검사를 필수로 해야 하고 병동에 자리가 없으면 대기시간이 많이 길어질 수 있어서, 기왕이면 예약을 잡고 한 번에 입원을 하려 했는데….

"그래도 뭐, 병원에만 오셨으면 되었지."

불만 섞인 한숨이 나왔으나 누워 있는 아빠와 이런저런 이야기를 하는 도중 간호사가 요관 카테터 기구를 들고 왔다. 보호자는 이제 대기실에서 대기하라는 말에 뒤돌아서 나가는데 뒤통수가 서늘해지더니만 응급실이 떠나가도록 쩌렁쩌렁하게 울리는 비명 소리가 들렸다. 아빠였다. 이상하다. 카테터(소변줄)는 체내 잔류 수분을 빼기 위해 병원에 오면 필수적으로 해야 하는 처치이고 아빠도 그걸 안다. 병원에 오실 때마다 매번 그 과정을 거치셨고, 한 번도 이런 적이 없었다. 통증과 거북함이야 있겠지만 싫은 내색 없이 잘 참아 냈었는데, 응급실을 뒤흔드는 아빠의 목소리에 빨간 경고등이 머릿속에서 번쩍이는 듯했다.

'그냥 기분 탓이겠지. 놀라고 예민해져서 그런 거야.'

보호자 대기실에 앉아 불안한 마음을 밀어내며 3시간 정도를 기다리니 다행히 공실이 생겨 당일 입원 수속을 할 수 있었다. 필요한 물품을 안내받아 손에 가득 들고 병실로 들어서니 아빠는 아무렇지 않게 식사를 하고 계셨고 기분도 좋아 보였다. 다만 배식 담당 여사님을 아가씨로 호칭하셨고 그 말에 갑분싸(갑자기 분위기가 싸)해진 병실 분위기에 당황한 내가 농담 섞인 타박을 한다.

"선생님이라고 해야지. 요즘에 누가 아가씨라고 그래?"
"시어머니가 따로 없구먼. 허허."
아빠가 껄껄 웃었다.

그 뒤 병실로 바로 퇴근한 남편과 함께 사진도 찍고 인스타그램 스토리에 "우리 귀요미 본인 발로 입원함." 따위의 농담도 지껄여 가며 병원을 나섰다.

"아빠! 내일 만나."

그제야 아까의 불안은 그저 기우였구나 싶어 마음이 놓였다. 그때까지만 해도 나는 아빠가 일주일 정도만 지나면 무사히 퇴원하여 일상으로 돌아갈 수 있을 줄 알았으나, 다음 날 생각지도 못한 지옥이 우리 앞에 펼쳐졌다.

간호사들이 날 이지메한다고!

"제주도? 아니면 동남아?"

저녁 시간. 소파에 누워 '명절 국내 해외 휴가지'를 검색하며 남편에게 물었다. 뉴스에선 얼마 전부터 중국에 퍼진 전염병이라는 우한 폐렴에 대한 뉴스 보도가 한창이다.

"글쎄, 어머니들께 물어보자. 해외여행은 지금 예약하기엔 좀 늦지 않았을까?"

남편이 답한다. 갑자기 잡힌 휴가 계획에 한껏 들뜬 나는 어디든 상관없다는 마음이었다. 그 이유는 정신없던 입원 첫째 날 저녁 면회를 마치고 집에 가려던 내 손에 아빠가 쥐어 준 흰색 봉투 덕분일 것이다. 봉투 안에는 5만 원짜리 20장이 가지런하게 담겨 있었다.

"이번 구정엔 나 신경 쓰지 말고 사부인이랑 안 서방이랑 같이 콧바람 좀 쐬고 와라."

"엥? 아빠가 돈이 어디 있다고?"

말은 그렇게 하면서도 아빠가 주는 돈봉투를 냉큼 받아 챙겼다. 내심 이쯤이면 한 번쯤 받는 것도 나쁘지 않겠다 싶은 마음이었다. 다달이 드리는 생활비가 만만찮았기 때문이다. 자영업을 하는 남편이 있으니 망정이지 꿈도 못 꿀 이야기다. 그렇기에 나는 남편으로부터 받는 아빠 생활비에 대한 부채감이 항상 있었다. 그렇기에 소파에 누워 조금은 당당한 마음으로 말을 할 수 있었던 것이다.

"그럼, 이 돈에 내가 모아 둔 비상금 좀 보태서 해외를 나갈까?"

태국, 베트남… 동남아 여행지가 물망에 올랐다. 뉴스에 종종 나오는 전염병은 남의 일이었다. 그렇게 즐거운 고민을 하며 아빠의 입원 첫날이 지나갔다.

입원 둘째 날 오전.
한껏 상기된 목소리의 아빠에게 전화가 왔다.

"나 오늘 소변줄 뺐다. 너무 편하고 컨디션이 좋으니 오늘은 면회 안 와도 된다. 그렇게 알고 있어라."

이상하리만치 올라간 텐션에 경고등이 반짝 켜졌으나 깨끗하고 체계적으로 환자를 잘 돌봐 주던 ㅅ병원을 아빠는 항상 만족스러워했기 때문에 '오래간만에 받는 풀케어 서비스(?) 덕분에 기분이 좋아졌나?' 싶어 어제 받은 흰 돈봉투를 만지작대며 가슴 한쪽에서 스멀거리는 불안을 잠재웠다. 돈의 액수보다도 명절 기간 동안 본인은 병원에서 안전하게 보살핌을 받고 있으니 걱정 말고 여행을 다녀오라는 그런 세심한 배려까지 할 수 있는 상태니까….

'괜찮을 거야.'

괜한 걱정이라고 생각하며 면회 시간이 비어 버린 오후는 동네로 오신 시어머니와 데이트를 하면서 보냈다. 밥도 먹고 번화가에서 속눈썹 펌도 시켜 드렸다. 해가 뉘엿뉘엿 지고 저녁 시간이 되어 퇴근한 남편이 들어왔다. 저녁은 집 앞에 새로 생긴 무한리필 갈빗집을 갈까, 아님 배달시켜 먹을까 그런 일상적인 이야기를 하고 있던 와중에 병원에서 전화가 왔다.

"김ㅇㅇ 어르신 보호자 되시죠? 지금 빨리 좀 와 보셔야 할 거 같아요. 어르신이…, 식판을 던지시고 1시간째 소리만 지르고 계세요."

간호사의 다급한 말투에 가슴이 철렁 내려앉았다. 뒤편으로는 아빠 목소리처럼 들리는 남자의 고함 소리가 계속 울려 퍼지고 있었다.

'딴 환자 보호자한테 잘못 건 거 아냐?'

다소 욱하는 성격을 가진 아빠지만 이유 없이 밥을 엎고 난동 부린 적은 한 번도 없었는데…, 놀란 표정의 시어머니와 남편에겐 별일 아니라며 금방 다녀오겠다고 말하고 혼자 택시를 잡아타고 병원으로 향하며 기억을 더듬어 보니 아빠와의 통화 내용이 생각났다.

"오후 3시쯤 옆자리 사람이랑 좀 일이 있었다. 근데 걱정할 거 없으니 신경 쓰지 마라."

평소 목소리와는 다른 온도 차가 느껴졌고 기분 좋으면 이 사람 저 사람에게 말 걸고 농을 하기 좋아하는 아빠가 혹시라도 옆자리 환자를 귀찮게 해서 다툼이 생겼나 싶었다. 그래서 한 시간쯤 뒤에 확인차 다시 전화를 걸었었다. 병원으로 가는 택시 안에서 왜 이렇게 귀찮게 쨍쨍 대냐며 짜증을 확 내며 전화를 끊었던 그 순간의 기억이 떠오르며 '뭔가 이상한데?'라는 의심에 확신이 들자 심장이 터질듯이 뛰고 손발이 차가워져 저릿하기 시작했다.

택시에서 내려 로비에서 면회증을 목에 걸고 아빠 병실로 향하는 길이 너무 멀었다. 그 와중에도 '아닐 거야, 아닐 거야.' 하는 부질없는 희망에 기대 떨어지지 않는 발걸음을 간신히 옮겨 가며 아빠의 병실 앞에 도착했다.

"저, 김ㅇㅇ 환자 보호자인데요…, 전화 받고 왔어요."

"아, 오셨구나. 보호자께서 좀 오셔야 진정하실 것 같아서 연락드렸어요."

간호사가 걱정스러운 표정으로 아빠의 병실을 힐끗 바라보더니 말을 이어 나간다.

"무언가에 역정이 많이 나셨는지 식판을 두는 탁자를 손으로 쾅쾅 치시면서 고함을 치시기도 하시고, 저희가 물어봐도 대답도 안 하시고 도통 어떻게 할 수가 없네요."

연신 고개를 꾸벅이면서도 믿기지 않는 마음이 들었다. 뭔가 묘한 기류가 느껴지는 병실로 들어서니 침대에 반쯤 걸터앉아 고함치듯 무언가를 계속 말하고 있는 아빠, 그리고 그 옆자리에 짜증 난 기색이 가득한 아저씨 한 분이 눈에 띄었다. 아빠는 나를 보더니 화들짝 놀라 물었다.

"네가 이 시간에 어쩐 일로 왔냐? 내가 안 와도 된다고 했잖아."

"아빠 좀 나와 봐."

"뭐 때문에 왔냐고?"

"일단 나와서 이야기 좀 해!"

짜증이 치받쳐 탁 쏘아붙였다. 퉁퉁 부은 발에 제대로 들어가지 않는 신발과 한참을 실랑이하다 뒤축을 대충 구겨 신고 일어서려는 아빠의 모습을 보고 몸을 휙 돌려 복도로 향했다. 심상찮은 분위기에 우리 부녀를 주시하던 간호사가 저 멀리서 다가오며 묻는다.

"보호자분 어디 가시게요?"

"아빠랑 이야기 좀 하려고요"

"(데스크 안쪽의 공간을 가리키며) 바로 옆에 상담실에서 하셔도 되는데…"

"아니요. 저기 휴게실로 가서 이야기할게요."

병동 복도 양쪽 끝에 큰 TV와 의자가 있는 휴게실이 있던 게 기억이 나서 간호사 대답은 듣지도 않고 성큼성큼 그쪽으로 걸어갔다. 우리를 쳐다보는 눈빛이 적으면 적을수록 좋다. 이 숨 막히는 공간에서 벗어나고 싶었다. 결국 올 것이 왔구나. 다른 보호자에게 전화를 잘못 건 게 아니었구나 하는 절망감이 통증처럼 쑤셔 온다. 내 머릿속에서 간헐적으로 번쩍이던 경고등은 이제 본격적으로 우리 두 사람을 시뻘겋게 비추고 있었다. 거북이처럼 내 뒤를 느릿느릿 따라오던 아빠와 휴게실에 도착하니 환자 두어 명이 앉아 TV를 보고 있다.

'이런 젠장.'

어쩔 수 없이 가장 구석진 자리에 자리를 잡고 막 뒤따라 앉은 아빠에게 따져 묻기 시작했다.

"아빠! 솔직하게 말해 봐. 진짜 식사 시간에 소리 지르고 식판을 뒤집고 그랬어? 왜 그랬어?"

"그새 간호사가 전화해서 널 불렀구나? 생각할수록 아주 고약한 것들이네, 그것들…"

"간호사 선생님들한테 그것들이 뭐야. 그분들이 뭘 잘못했다고 이렇게 화를 내?"

"들어 봐라. 내가 병원에 입원한 이래 가장 일찍 소변줄을 뺐다. 이건 기적이다. 말도 안 되는 일이잖니? 기분이 좋아서 간호사한테 자랑하니까 이것들이 글쎄, 나를 얄밉게 보고 이지메를 하더라. 내 말은 들어주지도 않고 대답도 안 해서 화가 나서 엎어 버렸다. 싸가지 없는 것들…, 나를 어떻게 보고 말이야."

82세 우리 아빠는 귀가 좋지 않다. 노환으로 인한 난청이 심해져 아빠 병상 뒤편으로는 '귀가 잘 들리지 않음'이라고 크게 환자상태 표시가 되어 있다. 간호사들이 대답을 안 한 게 아니라 아빠가 못 들었을 확률이 크다. 나는 일찍 소변줄을 뺐기 때문에 자기를 얄밉게 본 간호사들이 이 지메를 했다는 식으로 전후 상관관계가 1도 없는 결론을 도출한 아빠에게 뭐라고 해야 할지 정신이 멍해졌다. 억울한 피해자인 본인을 다독거릴 줄 알았던 딸내미가 짜증만 내며 따져 묻는 게 화가 났는지 아빠의 언성이 점점 높아지며 그 소리가 휴게실을 가득 채웠다.

사실 이 글을 적는 지금엔 그때의 대화가 무슨 내용이었는지 기억도 나지 않는다. 말도 안 되는 소리에 일일이 대꾸하지 않으려고 커다란 TV만 노려보고 있는 것만으로 있는 에너지를 모두 소모해야 했으니 말이다.

"니 남편 차는 왜 그렇게 작나?"

속을 박박 긁어 대는 말로 시작해서 "너희들에게 섭섭하다. 니들이 내 맘을 아냐?"는 등의 한탄과 넋두리, 분노, 그리고 빼놓을 수 없는 아빠의 고릿적 해병대 이야기 등이 중구난방으로 쉴 새 없이 쏟아져 나왔다. 세세한 대화 내용은 기억하지 못해도 머릿속 상태는 꽤나 자세히 기억할 수 있는데, 그야말로 엉망진창이었다. 분노, 짜증, 당황, 현실 부정…, 이 모든 게 다 범벅이 되어서 발까지 진득진득 흘러내렸다.

'도대체 이게 뭔 상황이지? 내가 왜 이러고 있지?'

휴게실에 앉아 커피를 먹던 환자들이 힐끗힐끗 쳐다보는 것도 미치게 싫었다. 도망가고 싶었다. 이대로는 안 되겠다 싶어 아빠의 말을 용기 내어 끊고선 일어섰다.

"아빠랑 이런 말 하려고 온 게 아닌데…, 아빠 하고 싶은 말만 할 거면 난 그냥 갈게."
"앉아!"
노기 가득한 눈빛으로 날 쳐다보며 으르렁대듯 명령하는 아빠의 목소리를 듣자 발밑에서 진득하게 흘러내린 감정들이 발목을 움켜쥐었다. 움직일 수가 없었다.

어릴 적부터 나의 트라우마로 자리 잡은 아빠의 경고하듯 명령하는 목소리. 이제 나는 서른네 살의 어른인데, 무시할 수 있는데…, 그러면 또 무언가를 때려 부수고 소리 지를까 봐 주저하던 잠깐의 시간. 결국 원초적 공포가 얄팍한 용기에 승리하였고 그 후엔 무슨 말을 나눴는지 기억이 없다. 아빠가 하고 싶은 말을 다 할 때까지 아마 십여 분 정도 더 앉아 있었던 것 같다.

'그래. 아빠는 이런 사람이었지. 자기밖에 모르고, 화내고, 소리 지르면 다 되는 줄 아는….'

처참한 마음으로 병실에 도착하니 또 냅다 소리를 지른다.

"너희가 주는 용돈 생활비 다 필요 없으니 안 서방한테도 전해라!"

엄포를 놓으신다. 그리곤 병실을 지나쳐 간호 데스크 옆 구석에 서서 누군가에게 연신 전화를 걸어댄다. 데스크의 간호사들이 상황을 파악하는 눈빛들을 서로 주고받는다. 불편한 시선들과 말도 안 되는 상황에 덜덜 떨리는 몸을 점점 가누기가 힘들다고 느껴질 때 즈음,

"환자분 통화 끝나시면 병실로 돌려보낼게요. 보호자께서는 가셔도 됩니다."

간호사가 면회 종료를 결정했고 그제야 지옥 같은 병동에서 탈출할 수 있었다.

"엄마! 나 아빠가 이제 너무 버거워. 너무 버거워서 아빠가 죽었으면 좋겠어. 아님 그냥 내가 죽어 버렸으면 좋겠어."

엄마에게 전화를 걸어 상황 설명을 하다 울컥 눈물이 나며 서러움이 북받친다. 아빠와 남으로 지낸 지 오래된 엄마, 그녀는 나의 정서적 도피처였고 동지였다. 따라서 이런 패륜적인 소망을 내비쳐도 책망하지 않았다.

"안 그래도 엄마가 꿈을 꿨는데, 너희 아빠가 나오더니 갑자기 돈을 주더라. 꿈이 좀 이상해서 걱정이 되긴 했는데 보니까 네가 마음의 준비를 해야겠다."

나는 참 나쁜 딸이다. 그 소리를 듣고 되물었다.

"정말 아빠가 죽을까?"

그 말속에 희망이 없었다고 말할 수 없다. 부끄럽지만, 이것마저 기록해야 내 속이 편하겠다. 내일 첫차로 올라갈 테니 좀만 참고 있으라는 엄마와의 전화를 끊고서도 멈추지 않는 떨리는 다리 때문에 병원 로비에 한참을 앉아 있어야만 했다.

"여보 괜찮아? 아버님한테 전화가 여러 번 왔었는데, 도통 무슨 소리 하시는지 모르겠네. 무슨 일 있었어?"

힘난한 여정 끝에 집으로 돌아오니, 남편이 달려 나와 물어본다. 그 뒤로 걱정 가득한 시어머니의 얼굴이 보였고 나는 별일이 아닌 얼굴로 둘러댔다.

"별일 아니에요, 괜찮아요."

식탁엔 따뜻한 찜닭이 놓여 있었다. 내가 올 때까지 드시지 않고 기다리셨단다. 왈칵 눈물이 나는 걸 겨우 참아 가며 찜닭을 입에 쑤셔 넣었다.

다음 날 새벽 1시, 병실에 들어가지 않고 내내 복도를 배회 중이던 아빠가 갑자기 집에 간다며 옷을 싹 갈아입고 짐까지 챙겨 나온 걸 보고 놀란 간호사들이 또 전화를 했다.

"새벽에 운전하는 건 위험하니까, 내일 일찍 퇴원하자."

아빠를 달래며 전화를 끊었다. 아빠는 아까와는 또 다른 모습으로 순순히 내 제안을 받아들이곤 병실로 들어갔고 그제야 나는 한숨 놓을 수 있었다.

정말이지 믿기지 않게 지독하게 긴 하루였다.

섬망이 대체 뭔데요?

전날의 사건 때문에 극도의 불안감으로 잠을 청하지 못하고 가장 어둡고 조용한 작은 방구석에서 쭈그리고 있다 새벽에서야 겨우 쪽잠에 들 수 있었다. 아침 9시쯤 어김없이 전화벨이 울린다. 아빠라고 표시된 단어가 이렇게 공포스럽고 무서울 줄이야. 한참을 울리던 전화를 받으니 아빠는 지난밤에 대한 언급은 일절 없고 당신이 먹고 싶은 것만 줄줄이 읊어 댔다. 그저 먹을 것, 먹고 싶은 음식 이야기뿐이다. 식이조절이 안 되어 악화된 증상으로 입원해서 이 난리가 났는데도 그저 먹고 싶은 것만 찾는 아빠의 이기적인 모습에 무언가가 치밀어 오르는 기분.

"단팥빵도 먹고 싶고, 너희 집 근처에서 파는 연어 초밥도 먹고 싶은데, 간호사들에게 먹을 수 있는지 물어보고 된다 하면 지금 바로 좀 사 와라."

대꾸할 힘도 없었다.

"아빠, 나 지금 조금 피곤하니까 이따가 다시 전화할게."

나의 대답에 짜증 섞인 아빠의 목소리가 돌아온다.

"너는 어떻게 된 게 맨날 아프냐? 다 필요 없다!"

뚝…, 대답할 사이도 없이 끊긴 전화기를 들고 있으려니 온몸의 피가 차갑게 굳는 듯하다. 요란한 심장박동 소리만 머리를 울려 댈 뿐. 이젠 무엇으로 이루어져 있는지도 구별이 안 될 만큼의 아득한 불안감이 모든 감정의 뿌리가 되었다. 이 상황이 왜 생긴 건지에 대해 정확히 알고 싶었으나 알 수 없었다. 아주 미세한 차이였기 때문이다. 아빠의 성격은 원래부터 호전적이었고 짜증이 많았다. 뇌경색, 뇌졸중, 성격 변화가 생길 법한 질환들을 하나씩 다 끄집어내 봐도 명확하게 납득이 될 만한 이유들이 나타나지 않았고, 이 모든 걸 인정하기 싫은 나는 전화를 걸어 불안은 기우라는 걸 확인하고 싶은 맘만 더 가득했다. 그래서 점심시간이 지나자마자 아빠에게 부탁을 한다.

"아빠! 입원해 있으면 식사는 병원 밥을 드셔야지! 그래야 빨리 퇴원하지. 그리고 나한테 그렇게 소리치지 마! 갑자기 화내면 나도 어찌할 바를 모르겠으니까."

아침과는 또 다른 부드러운 목소리로 아빠가 대답한다.

"기분이 오락가락한 게 마음이 복잡하다. 자식인 네가 이해해야 모두가 편하니 좀 이해해라."

알 듯 모를 듯한 대답이었지만 이렇게나마 약하디약한 희망은 연장된다. 잠시의 안도, 잠시의 평화 그리고 잠시의 도피. 하지만 불행히도 아빠 감정의 기복은 점점 심해지고 있었고, 따라서 나 역시 시도 때도 없이 불안에 시달렸다. 저녁에 한 번 있는 면회는 이제 나 혼자로는 버거운 수준이라 무조건 남편과 함께 가야만 했다. 점점 이상해지는 아빠의 얼굴을 보기가 무서웠기에….

'동네에 소문난 효녀'

부모한테 잘하기로 어디 가서 빠지지 않는다고 나름 자부심을 갖고 살아왔는데, 지금은 아빠의 앞뒤 안 맞는 말에 단 한마디도 다정하게 대답을 해 주지 못하고 있었다. 나는 사실 보여 주기식 효녀였던 걸까? 울컥 아빠에게 짜증을 내고는 밀려오는 자괴감에 마음이 이리저리 흔들린다. 그러나 인내심 많고 차분한 남편은 나와 달리 아빠의 말을 모두 들어주었고 그 덕분에 아빠는 이것도 먹고 싶다, 저것도 먹고 싶다며 많은 요구 사항을 면회 시간 종료를 알리는 간호사가 올 때까지 남편에게 꼭꼭 눌러 말했다. 마치 지금이 아니면 기회가 없다는 듯 허겁지겁 말을 더 꺼내려는 아빠를 남편은 부드럽게 달랬다.

"아버님! 내일은 조금 일찍 올 테니까 그때 마저 이야기하세요"

아빠는 내일 진짜 오는 거 맞냐며 몇 차례나 확인 후 침대에 누웠다. 곧 기다렸다는 듯 병실이 소등되고 그제야 우린 집에 갈 수 있었다. 그러나 돌아가는 차 안에서도 몇 번의 전화가 울렸으며 발신자는 모두 아빠였다. 받으면 횡설수설하고 받지 않으면 계속해서 전화를 걸었다. 점점 전화에 집착을 하고 있었다. 불안이 목구멍을 넘어 메스꺼운 느낌처럼 올라왔다.

새벽 5시, 남편의 벨소리가 새벽의 적막함을 깬다. 발끝이 싸해지며 귀에서 삐- 하는 소리가 난다. 본능적으로 느끼는 불안감. 분명 아빠다.

잠깐의 휴식을 취하던 내 심장은 다시 애처로우리만치 거세게 쿵쾅대기 시작했다. 잠에 빠지면 업혀 가도 모를 무던한 남편은 잠이 덜 깬 얼굴로 미간을 찌푸리며 발신자를 확인하더니 이내 옆으로 누워 자세를 바꾼다. 핸드폰을 귀에 턱 올리고 대답을 한다.

"네, 아버님!"

건너편에선 역시나 아빠의 목소리가 들린다. 자는 건지 듣는 건지 모를 모양새로 가끔씩 "네, 네." 대답만 하는 남편의 뒷모습에 숨이 막혀 거실로 도망치듯 나왔다. 마침 어제 점심 즈음 우리 집으로 상경한 엄마도 벨소리에 잠을 깼는지 내가 문을 열고 나오자마자 상기된 목소리로 묻는다.
"왜? 왜 전화했대?"
아빠는 나에게도 카르마지만 엄마에게도 그러하다. 그런 점에서 우리는 동지이자 전우라고 할 수 있다. 전우의 불안은 삽시간에 동화되고 우리 모녀는 애꿎은 손가락만 까닥거리며 어둑하고 스산한 거실 소파에 앉아 남편의 전화가 끊기기만을 기다렸다.

이내 남편이 방문을 열고 나왔다. 웃으면서 하는 말이 가관이다.
"저는 법적 보호자가 아니니 경찰에 신고할 거라고 하시네요. 제가 당신 딸을 납치했다고요."
별일 아니라는 투로 말하고 물 한 잔 따라 마시고 다시 방으로 들어가 버리는 남편의 속마음은 어떨지 모르겠으나, 내 머릿속 깜빡거리던 경고등은 결국 진돗개 1호 수준으로 그 심각성이 높아졌다. 완전히 상식을 벗어난 행동들이 시작되고 있었다. 그 후로도 아빠는 자꾸 이상한 말을 했는데 의사는 그 증상을 섬망이라 했다.
노인 환자, 전해질 밸런스가 깨진 환자들이 간혹 보이는 증상인 섬망은 낯선 환경이나 장소 등에 적응하지 못하고, 시공간 감각 등이 둔화되어 생기는 일시적인 증후군 같은 거라고 했다. 시간이 지나면 좋아지실 거고 집으로 가시면 정상화되니 너무 걱정 마시라고 했다. 문득 아빠의 입원 날, 간호 데스크 안쪽 치료실에 베드에 누운 채 격리되어 2초 간격으로 소리를 지르시던 할머니가 생각났다. 잔뜩 쉰 목소리로 높낮이도, 템포도 정확하게 기계처럼 "아- 아-" 하는 소리를 내시고 계셨는데, 철딱서니 없이 처음 보는 광경에 신기하다며 남편에게 목격담(?)을 나불댔던 기억이 난다. 그게 바로 섬망이었던 것이다. 그 후 난 미친 듯이 인터넷에서 섬망을 검색했다. 아빠와 일치하지 않은 증상들은 다 버리고 일치하는 증상만을 수집했다.

'그래 우리 아빤 너무 힘들어서 일시적으로 섬망이 온 거야.'

내 맘대로 단정 짓고 마음의 안정을 찾으려 발버둥 쳤다. 너무나 무섭고 외로웠다. 생각지도 못했는데 일상의 난이도가 하드코어 모드가 된 것이다. 내가 속한 집단 어디에서도 이런 일을 겪어 본 사람이 없었다. 그래서 모든 정보는 나 혼자 찾아야 했다. 잠시라도 검색하지 않으면 불안과 공포가 나를 잠식해 버릴 것 같았고 맘이 좀 진정될라 치면 수시로 울리는 전화벨이 나를 치매나 섬망 등을 무한 검색하게 하는 로봇처럼 만들었다.

아빠의 입원 5일 차. 평소처럼 병원에서 전화가 울린다.

"어르신이 좀 문제가 있어서요. 와 보셔야 할 거 같아요."

과거, 아빠의 잦은 입퇴원의 보호자로 있으면서 병동에서 이렇게 호출이 자주 온 건 처음이다.

'아빠가 너무 진상이니 일반병실로 이동하라는 거 아닐까? 그럼 내가 아빠를 하루 종일 감당할 수 있을까?'

꼬리에 꼬리를 무는 걱정과 염려를 갖고 병원에 가니, 아빠 자리 옆에 아침과 점심 식판이 치워지지 않은 채 놓여 있었고 그 위를 초파리가 왱왱 날아다니고 있었다.

'이건 또 뭐 하자는 거지?'

물끄러미 그 장면을 보고 서 있으니 마침 근처를 지나던 간호사분이 다가와 상황을 전해 준다.

"어르신이 식판을 치우려고 하면 화를 너무 내셔서… 위생문제도 있고 좀 치워야 할 거 같은데 보호자분이 도와주셔야 할 것 같아요."

생각보다 아빠 상태는 그리 공격적이지 않았지만 식판에 손을 대면 눈빛이 바뀌며 낮은 목소리로 윽박지른다.

"건들지 마라."

대체 왜 그러냐고 물어보니 엉뚱한 답변이 돌아왔다.

"내가 먹은 음식을 사진을 찍어 증거로 남겨 둬라."

무슨 말을 하겠는가? 황당한 표정으로 아빠를 지켜보다 달래는 쪽으로 방향을 잡고 사진을 두세 장 찍어 보여 주고 나서야 식판의 이동이 허락되었다. 이가 없는 아빠가 오물오물하다 뱉어 놓은 음식찌꺼기들이 모여 있는 식판. 지금 내 머릿속과 뭐가 다른가 싶다.

식판을 치우고도 불안해서 간호 데스크로 가서 부탁을 한다.

"아버지가 이상행동이 좀 심해지셔서…, 또 식판을 못 치우게 하시면 사진 찍는 척이라도 해 주세요."

다행히 간호사들은 웃으면서 알겠다며 걱정 말라고 대답해 주었다. 아빠에게 다시 돌아가니 저녁 식사 시간이자 면회 종료 시간이었다.

"아빠 나 갈게."

그새 얼른 내빼려니 안 된단다. 기다렸다가 본인이 밥 먹기 전 사진과 다 먹고 난 후 사진을 찍어 놓고 가란다. 이제 이 상황에서 '왜?'라는 의문은 하등 쓸모없는 단어가 되었다. '왜?'라고 물어봤자 대답해 줄 수 있는 사람이 아무도 없었기 때문이다. 그럼에도 불구하고 내 머릿속에는

'왜?'로 범벅이 되었다. 여기저기 기억도 못할 노인 돌봄 관련 카페에 남겨 둔 "섬망 증상이 어떤가요?"라는 글에 섬망은 자식이 누군지 기억을 못 하거나, 오늘이 며칠인지, 무슨 요일인지, 밤인지 낮인지, 지남력과 인지가 떨어지는 증상이지 자기가 오늘 먹은 걸 기록하라는 둥 밥 먹는 걸 보고 가라는 둥 너무나 또렷한 요구사항이 보이는 행동은 섬망이 아닌 다른 이유일 수 있다고 한 답변을 기억해 냈다. 그래서 그날 아빠가 식사를 끝낼 때까지 기다렸는지는 기억이 잘 나질 않는다. 그저 머릿속에서 '아빠가 왜 이러지?' 하는 물음만 질척하게 눌어붙어 집에 오는 내내 그것을 떼어 내려고 한 기억만 난다.

냉혹한 어른들의 세계

그때쯤 내가 남편에게 보낸 메시지를 뒤져 보니 죄다 이런 질문뿐이다.
"아빠가 뭐래? 아빠는 뭐 했대? 아빠 몸 상태는 어때?"
이걸 보면 꽤나 절절한 효녀 같지만 실상은 페이크다. 밤낮없이 전화 폭탄을 퍼붓는 아빠에게 시달렸던 일주일. 병원에서 간이로 재 본 혈압계에 심박수가 120이 찍혔다. 이러다가 내가 먼저 쓰러지겠다 싶어서 이러면 안 되는 거 알지만 아빠의 전화번호 차단하기를 눌렀다가 풀었다가를 반복하다, 언젠가 폭발한 내가 뱉어 내면 안 될 말들을 아빠에게 쏟아 부을 것 같아서 차단 버튼을 꾹 누르고 뻔뻔한 딸이 되기로 했기 때문이다.
"오빠가 대신 아빠 전화 좀 받아 줘."
부끄러운 마음을 당당함으로 포장해 남편에게 요구했다.
"그래도 본인의 부모가 아니니까 나보단 정신적인 면에선 괜찮지 않을까?"
동네 아저씨가 행패 부리는 것처럼 생각해 주길 하는 마음 75%, 조금은 맘 졸이고 걱정하길 원하는 마음 25% 정도로 임해 주면 더욱 좋고. 딱 여기까지만 생각하기로 했다. 참고로 남편의 별명은 인공지능 로봇.

감정의 파도가 쉴 새 없이 출렁이는 바다가 나라면 남편은 별안간 돌무더기 한 포대를 던져 놔도 이내 잔잔해지는 호수 같은 사람이기 때문이다. 다행히도 남편은 제안을 받아들였다. 새벽엔 본인도 차단을 해 놓겠다는 의지를 표명하며.

그렇게 며칠간은 남의 아들에게 나의 아빠 안부를 물어보며 하찮고 작은 도피처에 들어가 휴식을 취했다. 그렇게 집과 병원은 마치 이 세계와 현실 세계처럼 이질적인 분리감이 생겼다. 나는 병원 밖을 나가는 순간부터 모든 수신을 남편에게 위임했고 이따금씩 남편에게 "아빠는 어떻대?"라고 물어봄으로써 정신적으로 충격받을 만한 이슈를 걸러 낸 필요한 부분만 들을 수 있게 된 것이다. 남편을 방패 삼아 효녀 코스프레나 하며 꿀을 빨 수 있는 시간. 그러나 보호자 면회는 달랐다. 나는 직계 보호자고 그것은 책임이자 자격이기 때문에, 그것마저 남편에게 넘길 순 없었다. 아빠를 보면 분노와 괴로움에 눈을 돌리고 싶지만, 그에 관한 모든 선택은 나만이 할 수 있었기에 늘 비장하게 맘먹고(벌벌 떨며) 병원으로 들어서야만 했다.

아빠의 상태는 여전히 들쑥날쑥했지만 평균적으로 분노의 비중이 압도적으로 높았다. 영화 〈인사이드 아웃〉을 보면 인간의 감정을 관리하는 컨트롤 본부가 있고 그 안에 5개의 감정이 산다. 버럭, 기쁨, 슬픔, 까칠, 소심.

그러나 아빠의 본부엔 버럭이만 바글바글한 것 같았다. 도무지 어떤 포인트에서 화를 내고 어느 부분에서 마음이 상한 건지 예측불가였다. 그래서 매일 살얼음판이었고 미지의 괴물과 싸워야 하는 용사와 같은 마음가짐으로 면회에 임해야 했는데 그래도 우리야 보호자 신분이니 분노의 기원을 찾는다며 헤매는 시늉이라도 했지만 병원의 입장은 달랐다.

"해 볼 수 있는 건 다 해 봤고요, 어르신 섬망 상태가 나아지지 않아서 다음 주 중에는 퇴원을 하셔야 할 거 같습니다. 잔여 부종은 처방약 복용하시고 상태를 보는 게 나을 듯합니다."

회진을 하는 순환기내과 과장의 입에서 청천벽력 같은 퇴원 이야기가 나왔다. 입원한 지 일주일. 부종은 하나도 안 빠지고 상태는 날로 나빠지는 것 같은데 벌써 퇴원이라니? 우리 아빠가 진상 환자라 그런 걸까? 지레 찔린 나는 한껏 자세를 낮춰 본다.

"선생님, 아빠 다리가 저렇게 심하게 부어 있는데…, 저대로 퇴원하면 그날로 다시 119 불러서 병원 들어오실 거예요. 조금만 더 치료하고 퇴원하면 안 되나요? 부탁 좀 드릴게요."

이대로 병원에서 쫓겨나게 될지도 모른다는 생각에 부탁 뒤로 부탁을 허겁지겁 이어 갔다.

"혹시 뇌경색은 아니실까요? 뇌경색이 오면 저렇게 감정 변화가 심하다던데…"

"아니면 치매는 아닐까요? MRI라도 한번 찍어 볼 수 있을까요?"

"그럼, 내일 조영술 한번 해 보도록 하고 결과에 따라 결정하죠."

다행히 의사가 의견을 받아 주어 퇴원 이야기는 잠시 보류되었다. 의사와 간호사의 표정에서 피곤함이 아주 살짝 스쳐 간 듯했지만.

"기분 탓이야 기분 탓. 이런 환자가 아빠뿐이겠어? 그날 그 할머니도 섬망 환자였잖아."

뻔뻔함과 자기 합리화를 1:1 비율로 섞어 머릿속에 발라 문지른다. 이런 내 기분을 아는지 모르는지 상담을 마치고 병실로 들어선 나에게 아빠가 요청한다.

"연하게 탄 미지근한 아메리카노를 마시고 싶다."

"절대 안 돼요 어르신. 큰일 날 소리 하신다."

마침 옆에서 우리 이야기를 들은 (아빠의 분노를 아직 겪어 보지 못한 듯한) 나이트 타임 뉴페이스 간호사가 단호하게 거절했다.

"아휴…"

나의 소리 없는 외침과 함께 아빠의 분노는 다시 시작되었다.

조영술은 보호자 사인을 한 후 다음 날 진행되었다. 솔직히 말하자면 뭔가 문제가 있길 바랐다. 아빠의 감정 변화가 질병에 의한 것이길, 그래서 어떤 방식으로든 치료가 될 수 있기를. 그때까지만 해도 나에겐 희망이 있었다. 웃긴 말이지만 예전에 본 시트콤에서 인자하던 주인공 아저씨가 뇌경색에 걸려 갑자기 극대노 상태로 돌변해 가족들이 당황해하는 에피소드가 나온다. 우리 아빠는 뇌경색에 뇌졸중 전적이 있으신 분이라 혹시, 만약에, 그런 거라면? 지금 우리가 겪는 이 모든 상황들에 대해 이런 이유 때문에 그랬구나 하고 넘길 수 있지 않을까 하는 희망은…, 바로 개박살이 났다.

"별문제가 없으신데요."

검사 결과 아빠는 별문제가 없다고 진단이 나왔다.

하루 종일 아침저녁으로 걸려 오는 아빠의 전화 50번, 간호사들이 날 무시하고 미워한다는 소리 20번, 연어 초밥과 아메리카노, 그리고 빵을 대령하라는 요구 10번, 자기는 소변줄도 뺐으니 어서 퇴원시켜 달라고 끊임없이 떼쓰는 소리…, 자격 없는 놈, 나쁜 놈, 내 딸을 납치해 간 파렴치한 놈이라고 남편에게 퍼 부은 욕과, 다른 사람 보호자는 하루 종일 와서 수발도 든다던데 너는 대체 뭘 하고 다니냐며 나를 괘씸하다고 한 말과, 아주 고약하고 나쁜 것들이라고 우리 부부를 싸잡아 욕을 한 아빠의 그 행동과 말들이 아빠의 진심이었다니?

어쨌든 충격적인 아빠의 속내(?)를 확인한 대가로 퇴원 이야기는 잠시 들어갔고 불안은 유예되었다.

아빠는 우리 부부의 케어를 늘 못마땅해했고 불만이 가득했다. 그러나 우리가 그 불만에 할 말이 없는 것은 아니다. 코로나 발발 초기, 대형 병원에서는 보호자들의 면회 시간과 상주 돌봄 시간에 제한을 두고 있었고, 아빠의 경우 간호간병 통합병동에 배정되어 보호자가 늘 상주해 있다고 해도 할 수 있는 게 없었다. 당시 아빠는 거동이 불편한 환자도 아니었거니와 소변량 기록 때문에 배변은 모두 침상에서 이루어졌고, 다리의 부종 때문에 이동 제한이 권고되었기 때문이다. 물론 간호사들은 언제 터질지 모르는 아빠의 분노와 그로 인한 잦은 콜 때문에 내가 병동에 있길 내심 원하는 눈치였지만, 병원은 집과 차로 10분 거리였고 나도 일을 해야 했기 때문에 아빠가 원하는 것(24시간 상주하며 수족처럼 본인의 요구사항을 다 들어줄 것)을 다 채워 주지 못한 점은 인정한다. 아빠의 여과 없이 터져 나오는 감정들을 받아 내기 버거웠음도 인정한다. 하지만 나도 그 시간을 힘겹게 버텨 내고 있었고 아침이 되면 또 하루를 어떻게 보내야 하는 생각에 막막함이 몰려왔다. 아빠의 주 활동 시간대인 오후에는 언제 간호사실에서 콜이 올지 몰라 온몸이 긴장 상태였다. 늘 하루에 한두 번씩은 호출을 받았었던 것 같다. 단언컨대, 내 서른넷 인생 중 가장 혹독하고 느리게 흘러간 시간이었다. 다행히 시간이 지나면서 병원에서도 적응되었는지 가벼운 사건의 경우 콜 없이 면회 시간에 브리핑을 해 주기도 하고, 별다른 사건 없이 지나가는 하루도 있어 그나마 간신히 버틸 수 있었던 것 같다.

82세의 아빠는 친구가 없다

아빠의 친구라고 할 수 있는 분들은 이미 노환이나 병으로 사망하셨거나, 연락이 안 되거나 뭐 그렇다. 그 얼마 안 되는 친구 중 아빠가 운영하는 가게로 종종 찾아와 주기적으로 식사를 하시는 홍 씨, 김 씨로 불리는 두 분의 친구가 계셨는데, 아빠는 홍 씨 아저씨와는 내 결혼식 날 축의금을 안 냈다는 이유로 손절을 한 상태이고 김 씨 아저씨와는 꾸준히 연락을 하고 지낸다.

아빠는 가족도 없다. 하나뿐인 유일한 혈육인 고모는 10년 전 돌아가셨고 고모부와는 사이가 좋지 않았다. 고모부는 아빠보다 연세가 많으셨으니 아마 벌써 돌아가셨을지도 모른다. 고로 아빠에게 남은 혈육은 나밖에 없다.

이날은 이른 아침부터 병원에서 전화가 왔다. 아빠가 주사액을 넣으려고만 하면 크게 화를 내며 거부한다는 것이다. 치료에 관해서는 병원에서도 융통성 있게 넘어갈 수 없고 그때는 바로 보호자 호출이다. 전화를 걸으니 끊으라며 소리를 지르고 난리가 났다. 뒤통수에 딱따구리 한 마리가 붙은 기분이다. 골이 지끈지끈 울려 댄다. 어떻게 해야 하지? 그러다 갑자기 어디서 튀어나온 용기인지 모르겠지만 아빠의 친구 두 분에게 차례로 전화를 걸었다. 나에겐 어른이 필요했다. 도움을 요청하고 싶었다.

김 씨 아저씨는 지방에 계셔서 당장 올라오기가 곤란하다 하셨고, 홍 씨 아저씨는 바로 오겠다며 어디 병원인지, 몇 호실인지 적극적으로 물어보셨다. 정말 오랜만에 느껴 보는 어른들의 듬직함에 눈물이 핑 돌았다. 홍 씨 아저씨와 약속을 잡은 후 오전 9시쯤 병실에 도착하니 얼굴이 시뻘게져 머리끝까지 화가 난 듯 씩씩대며 침대에 걸터앉아 있는 아빠가 보였다. 혼자 들어가기가 무서워 아저씨를 기다리다 함께 들어갔다. 내가 결혼한 지 4년 전쯤 되었으니, 축의금 사건 이후로 둘의 조우는 꽤나 오랜만일 것이다. 아빠는 예상치 못한 홍 씨 아저씨의 등장에 조금 당황스러워 보였으나 곧 여유를 되찾고 그간 자신에게 일어났던 일에 대해 열심히 이야기를 시작했다.

그렇게 30분, 어찌나 열광적으로 이야기를 했었는지 아빠의 혈당이 떨어지는 바람에 간호사가 급히 포도당을 투여하고 못다 한 처치를 마저 시작하며 자연스레 면회가 종료되었다. 아저씨는 병실 복도에서 나에게 힘내라며 정신 줄 꼭 잡고 다음에도 무슨 일 있으면 본인을 꼭 부르라며 위로의 말을 해 주었다. 아빠에게 앞으로 치료에 협조적으로 임하겠단 약속을 몇 번이나 받았으니 걱정 말라며 본인도 암에 걸렸으나 다행히 완치가 되었다고도 했다. 그런데 아빠도 꼭 좋아질 수 있을 거라는 말 중간에 유황이 들어간 물 이야기를 몇 번씩 하면서 한번 구매해서 아빠에게 드시게 하면 어떠냐고 했다. 뜬금없이 웬 유황 물? 미심쩍은 생각이 들었지만 그래도 기댈 곳 없던 당시 아빠를 아는 어른이 보여 준 따뜻한 말에 좋은 의도로 권한 거라 생각했고, 또 연락드리겠다며 나름 순발력

있게 대처했다. 그런 내 자신이 기특하다는 생각을 하며 혼잣말을 중얼거렸다.

"아빠도 오랜만에 후배 만나서 좋고, 치료를 거부하던 아빠가 처치를 받아서 좋고, 홍 씨 아저씨도 아빠와 오해를 풀었으니 모두에게 좋은 일일 거야!"

머릿속이 꽃밭이라는 ENFP인 나는 이럴 때 편하다. 구질구질한 기분이 훌떡 뒤집히기도 할 수 있으니까 말이다. 뒤통수를 두들기던 딱따구리는 어느새 꽃밭을 날아다니는 나비가 되어 있었고 집에 오는 길은 꽤나 경쾌했다. 걱정하던 남편에게 기세등등하게 전화를 했다.

"나 아빠랑 홍 씨 아저씨 만나게 해 줬다. 아빠가 이제 화도 안 내고 치료도 잘 받는다고 하셨대! 임기응변 장난 없지?"

전화를 끊자마자 김 씨 아저씨에게 전화가 왔다.

"방금 네 아빠한테 전화가 왔는데 말이야. 혹시 너 홍 씨한테 연락했니? 그 사람 나에게도 큰돈을 빌리고 잠적하고 너희 아빠에게 손해를 아주 많이 보게 한 사람이야. 그놈이 무슨 이야기를 했는지 모르지만 사기꾼이니까 절대 연락하면 안 된다. 혹여 다시 연락 와도 받지 마라 꼭!"

그렇다. 손절엔 이유가 있는 것이다. 홍 씨 아저씨에게 느꼈던 따듯함은 와장창 깨져 버렸고 이내 차갑다 못해 눈물 나게 아린 외로움이 몰려들었다.

원망스럽지만 고마운 우리의 젊음이여

구정이 다가왔다. 아빠가 1월 13일에 입원했고 2020년도의 구정 연휴는 24일부터 시작했으니 열흘 정도가 훌쩍 지나간 셈이다. 시아버지가 돌아가신 후 5년간 꼬박꼬박 지내던 제사를 시할머니와 어머니의 협의 아래 폐지한 이후 처음 맞이한 제사 없는 설날이었다. 열흘 전만 해도 여행 계획으로 들떠 있었는데…, 해외여행은 개뿔! 국내여행도 언감생심이다.

언제 울릴지 모르는 간호 데스크의 콜 때문에 외출도 부담스러웠고, 극심한 불안증과 노이로제에 점점 심신이 쇠약해지고 있던 나는 한 발자국도 집 밖으로 나가고 싶지 않았다.

'휴가고 나발이고 뭣이 중한디?'

그저 하루하루 제발 아빠가 사고 치지 않고 지나가길 바라는 마음뿐. 때문에 입원 첫날, 여행 가는 데 보태라며 준 아빠의 100만 원은 용도를 잃은 채 방황하다 이 고통을 함께 짊어져 달라는 암묵적 부탁의 뇌물이자, 아빠는 당신의 책임이기도 하다라는 소박한 협박을 담아 엄마에게 전달되었다. 아빠가 마지막 제정신으로 챙겨 놓은 소중한 100만 원의 주인은 그렇게 못마땅해하던 엄마가 될 것이다.

인생은 이토록 아이러니의 연속인 것을.

기억을 더듬어 쓰는 이야기라, 굵직한 에피소드만 적었지만 중간중간에 별일들이 다 있었다.

어느 날은 아빠가 뜬금없이 남편에게 말했다.
"안 서방아! 우리 앞으로 친해져야 하니 서로 별명으로 부르기로 하자. 너도 날 아버님이라 부르지 말거라."
"그럼 뭐라 부르나요?"
"용이라고 부르기로 하거라."(아빠의 이름 끝 자가 용)
"……?"

아빠는 이런 엉뚱한 말로 사람을 놀라게 하기도 하고, 또는 내가 전화를 자주 안 받으니 어쩌다 통화 연결이 되면 우리를 불러내기 위한 거짓말을 하기도 했는데, 어디가 아프다, 피가 나서 죽을 뻔했다, 당장 와라, 너무 아프다는 식이었다.

그 소리를 듣고 한걸음에 달려가 상태를 확인하면 언제 그런 말을 했냐는 듯 멀뚱하게 앉아 있는 아빠. 간호사는 그런 적이 없다고 고개를 갸우뚱했다. 멍청하게(?) 속은 대가는 아빠의 역정과 끝없는 신세 한탄 들어주기가 되었는데, 하루에도 몇 번씩 속으면서 이유 없이 화내고 짜증 내는 아빠를 달래는 스킬은 조금씩 늘어 가기 시작했다.

"오늘의 상태는?"
"오늘은 별로 화 안 내심. 대충 달래 주고 옴."
"통화했음?"
"응, 오늘은 많이 짜증을 내시더라. 내일은 나도 아버님께 안 따지고 끝까지 들어드리는 걸 목표로 해야겠어."

당시 남편과의 카톡은 이런 대화가 대부분이었다. 그렇게 우리는 소소한 별일들을 겪어 가며 자연스레 아빠가 이상해졌다는 믿기 싫은 현실을 받아들이고 있었다.

그런 일련의 사건들을 시간대별로 기록하기 위해 대화 기록을 뒤적거려 보고 있자니 생각보다 우린 꽤 밝은 편이었구나 싶다. 잠잘 때를 빼고 모든 시간이 아빠로부터 기인한 불안함으로 가득했고, 버거움을 버텨 냈다고밖에 설명할 수 없는 시간들이었지만 나름 농담도 섞어 가며 앞으로의 계획도 조금씩 세우고 있었고, 서로의 감정도 배려해 주며 밸런스 있게 절망과 일상을 섞어 가며 살았구나 싶어서 그때의 내가 새삼 대견스러워졌다.

어쩌면 우리가 어리기 때문에 그럴 수 있지 않았을까 싶은 생각도 문득 들었다. 다른 노인 환자의 보호자들은 50~60대의 어느 정도 연륜과 경험이 있어 보이는 중년이 대부분이었지만 당시 우린 너무 생뚱맞게 어렸고 또 어설펐다. 노랗게 탈색한 머리에 체구가 작은 나를 처음 본 순간부터 의사, 간호사 할 거 없이 손녀라고 단정을 지어 안내를 했고 남편은 내 오빠가 되었다. 때론 억울하기도 했지만, 어설픈 만큼 우린 빨리 습득했고 어린 만큼 회복이 빨랐다. 서른넷이라는 애매한 나이가 원망스럽고 억울했던 나만큼 아빠 역시 새파랗게 어린것(?)들에게 모든 걸 맡겨야 했으니 많이 불안했을 것이다. 시간이 지나니 이런 생각까지 할 수 있는 여유가 생겼는데 이렇게 된 데에는 남편의 역할이 컸다. 꾸준한 지지자이자 동반자인 남편, 아빠의 전화 폭탄과 잦은 면회가 귀찮았을 텐데도 짜증 한번 안 내고 참 많이 의연했고 어른스러웠다. 그렇게 하루는 울고 하루는 웃으며 보낸 열흘 후 뭔가 일이 심상찮게 돌아가고 있다는 걸 느끼신 시어머니가 명절 연휴 전날 우리 집으로 오셨다. 어쩌다 보니 시댁과 친정의 아버지들이 부재 상태라 엄마들은 허물없이 친해졌고, 새벽 내내 고스톱도 치고 맛있는 것도 해 먹으며 명절을 맞이했다. 소파에 나란히 앉아 있는 두 엄마들을 보며 당연하지만 조금은 귀찮게 여겼던 과거의 시간들이 떠오른다. 명절 연휴는 항상 우리의 신혼집으로 아빠를 초대해 함께 보냈었다. 작년 명절엔 당뇨에 좋다는 돼지감자로 만든 떡으로 떡국을 끓여 내었고, 남편은 인터넷으로 레시피를 검색해 열심히 뚝딱거리며 불고기를 선보였다. 만족스러운 식사 후 미지근한 아메리카노 한잔을 들고 으흠흠 하는 콧노래와 함께 거실 소파에 앉아 우리 집 복슬 고양이를 쓰다듬으며 TV를 보던 아빠의 모습이 눈에 선하다.

이제 그 자리에 아빠는 없다. 아빠가 저 자리에 다시 앉을 수 있을까?
평범한 일상은 언제나 예고 없이 바스러진다. 아깝고 아쉬워도 그 조각들을 모아 주머니에 잘 넣은 뒤 다시 새로운 일상을 살아야 한다. 그럼에도 때때로 그 바스러진 조각들이 자꾸 삐죽삐죽 튀어나와 마음을 할퀴었다.

2리터의 눈물

"병나겠다. 밖으로 좀 나가자."

설 명절 동안 집에만 처박혀 점점 맛이 가고 있는 내가 안쓰러웠던지, 남편의 지휘 아래 엄마들을 이끌고 함께 외출을 하게 되었다. 불안과 피로감을 떨쳐내지 못한 나는 정말 오랜만의 외출에도 그다지 유쾌하지 않았다. 어딜 가나 바글바글한 가족 단위의 사람들을 보면서 홀로 병실에 앉아 있을 아빠 생각이 나서 마음이 안 좋았고, 수신 차단을 해 놓고도 안절부절못하며 1분마다 휴대폰을 꺼내 보고 있었다. 그래도 앞서 걷는 조그마한 엄마들과 그 옆에서 걷는 커다란 내 남편의 뒷모습을 보고 있자니 가족의 울타리라는 게 참 따뜻하구나 하는 안정감이 들기도 했다. 그럼에도 어느 순간 그림자처럼 쓱 삐져나오는 '불쌍한 우리 아빠' 생각이 팽팽하게 나를 잡아당기는 바람에 외출 내내 감정의 줄다리기만 하다 집에 온 거 같다. 이날은 저녁 면회를 건너뛰었다. 예상대로 저녁 10시쯤 병원에서 전화가 왔지만 너무 마음이 지쳐서 그랬을까 처음으로 호출에 응하지 않았고 병원에서도 더 이상의 연락은 없었다.

구정 연휴 마지막 날 오전, 병원에서 다시 전화가 왔는데 간호사의 목소리가 좋지 않다. 헐레벌떡 병원으로 달려갔다. 어젯밤 호출을 안 받은 것이 내내 맘에 걸려 괜스레 두리번거리게 된다. 9층 복도 끝에 다다르니 아빠의 병실 앞에서 간호사 한 분이 정신없이 무언가를 하고 있는 게 보였다.

"안녕하세요. 호출 받고 왔어요. 무슨 일 있나요?"
"어르신을 좀 설득해 주셔야 할 거 같아요. 휴, 너무 화만 내시고… 어떻게 해야 할지를 모르겠어요, 정말…."

날 보는 간호사의 시선에 짜증이 얼핏 스쳐 간다. 앞으로도 쭉 볼 표정이니 익숙해져야 한다고 생각하지만 쉽지 않다. 병실에선 아빠가 침대에 비스듬히 앉아 500ml 빈 생수병을 링거 폴대에 리드미컬하게 탕! 탕! 탕! 두드리고 있었다. 엘리베이터에서부터 병동 가득 울린 소음의 출처가 이젠 당연하게 아빠이겠거니 예상은 했었지만 그 예상이 들어맞자 무척이나 당황스러웠다. 조용한 일요일 오후의 병동 창문엔 1월 말의 따스한 겨울 햇볕이 내리쬐어 평화로워 보였다. 그 가운데 화가 잔뜩 난 대머리 할아버지만 열심히 물병을 두드리며 병실의 고요함을 산산조각내는 장면은 너무 이질적이었다.

"후우…."

한숨 한 번 쉬고 나서, 그 부조화 속으로 발을 디딘다. 병실의 다른 환자들과 눈이 마주칠까 눈치를 슬쩍 보며 들어갔다. 커튼이 반쯤 쳐져 있는 병상 안쪽으로 지친 표정의 환자 보호자가 보였고 나는 반사적으로 고개를 꾸벅 숙였다. 모두 치료를 하러 온 아픈 환자들인데 우리만 졸지에 불청객이 되어 버린 기분이다. 아빠는 나를 힐끗 쳐다보고는 다시 통을 두드리기 시작했다.

대화 거부.

남편과 내가 낮밤 번갈아 수신 차단을 한 이후로부터 아빠 역시 우리와 대화를 거부했다. 조금씩 상태가 왔다 갔다 하긴 했지만 평균적인 스탠스는 분노, 거기에 일방적인 대화 거부가 추가되었다. 아빠의 분노 표현도 점점 다양해지고 있었는데, 일주일 넘게 시달린 우리는 점점 아빠의 분노에 익숙해지고 있었고 그건 병원도 마찬가지였다. 아빠는 본인이 쏟아 내는 분노와 요구에 반응이 없자, 고함과 소음으로 방향을 돌려 1인 시위를 하고 계셨던 것이고 시위의 요구는 바로 물을 달라는 것이었다. 아빠의 치료방향 1순위는 심부전으로 인해 온몸에 퍼진 부종을 빼는 것이고, 때문에 고용량의 이뇨제와 강심제를 투여하고 있었다. 그러나 일주일 동안 치료의 차도가 없자 극단적으로 입을 축이는 정도의 물만 허용되었고, 그것이 아빠에겐 썩 반갑지 않은 소식이었을 것이다. 아빠는 근처에 지나는 사람이 보일 때마다 입원 초기에 사 놓은 500ml의 생수병을 들이밀며 물을 채워 오라고 심부름을 시켰고, 이상함을 느낀 담당 간호사가 소변량을 체크하니 무려 2L가 넘는 물을 몰래 마시고 있었단다.

많이 마신 물은 이뇨제로 인해 쉴 새 없이 소변을 보는 아빠의 혈당을 떨어뜨리기 시작했고, 아빠의 침대에는 '귀가 좋지 않음'에 이어 '수분 제한' 메모가 추가로 붙었다. 그 이후로 아무도 자기에게 물을 배달해 주지 않자 거동이 불편한 아빠가 생각해 낸 방법이 소음 공해였던 것이다.

그 방법은 아주 성공적이었으니, 본인 빼고 모두가 괴로워진 것이다. 상황 설명을 듣고 있자니 날 보던 간호사의 표정이 이해가 갔다. 아빠는 간호사들의 말을 모두 묵살하고 있었다. 간호사들이 절대 물은 안 된다며 치료를 위해 그런 거니 참아 보시라는 말을 해 줘도 아빠는 오로지 당신이 인정할 만한 책임자를 데려오기 전까진 결코 멈추지 않겠다며 고집을 피웠다. 간호사가 아무리 옆에서 달래 봐도 요지부동의 상태를 유지하며 9층 병동이 떠나가게 소동을 부리고 있었던 것이다.

그런 난리 통 속에 상황을 설명 듣고 나니 병실 앞에서 간호사가 정신없이 무언가를 하고 있던 건 휴일이라 병동 전체를 회진하는 당직 의사를 호출하는 행동이었음을 알게 되었다. 이 소음을 끝내기 위해선 의사가 와야만 했다.

얼마 후 얼굴에 피곤함이 가득한 당직 의사가 왔고, 그는 아빠의 상태를 보고 단호하게 말했다.

"어르신, 이렇게 치료 협조 안 하시면 퇴원하실 수밖에 없으십니다. 그렇게 하시겠어요?"

"뭐?"

"퇴원하시고 싶냐구요?"

아빠는 협상할 새도 없이 단호하게 밀어붙이는 의사의 태도에 놀랐는지 눈을 껌뻑거리다 이내 생수병을 슬그머니 내려놓고 몸을 돌려 누워 버렸다. 그렇게 간단하게 물통 난타 콘서트는 끝이 났다.

"와! 이게 이렇게 바로 먹힌다고? 한 번의 반항 없이?"

전형적인 강약약강의 모습을 보이며 언제 그랬냐는 듯이 꼬리를 슬그머니 내린 아빠의 모습을 바로 앞에서 본 나는 약간 속이 시원해지는 걸 느꼈다.

'아아, 아빠…'

약간의 시간이 지나 고요가 찾아온 병실. 아빠가 뭔가에 열중하고 있기에 살펴보니 생수통에 조금 남은 물을 입에 머금었다 물통에 뱉고 다시 머금기를 반복하고 있다.

"이렇게 하면 목이 덜 말라."

그걸 보니 마음 한편이 짠하다. 아빠의 기발한 생각에 박수를 쳐 주고 싶었지만 너무 슬퍼서 그럴 수가 없었다.

그 소동이 있은 다음 날.
"보호자님!"

회진 중인 아빠 병실에 들어가기 전 복도에서 마음의 준비를 하는 나에게 여자 주치의 선생님이 말을 건다.

"소변줄을 다시 하셔야 할 것 같아요. 치료 방법을 바꿀 거고요. 좀 더 공격적인 치료를 하게 될 거예요. 일주일 정도 후에 퇴원하는 방향으로 생각하세요. 그리고 정신과 협진을 할까 하는데…, 어떠세요?"

"정신과 협진이요? 무슨…?"

"어르신 상태가 점점 나빠지셔서 협진을 해 봐야 할 거 같네요. 네, 그거요. 치매 검사를 해 볼까 해요."

내 아버지를 소개합니다 - 1

아빠가 이상해진 이후로부터 "혹시 치매 아냐?"라며 호들갑을 떨긴 했지만, 속으론 아니라고 굳게 믿고 있었다. 그렇기에 주치의 입에서 치매 검사라는 단어가 나올 때의 충격은 마치 허무함에 압도당하는 느낌이었다. 결과 발표(?)에 앞서, 왜 내가 치매만큼은 절대 아니라고 생각했는지에 대해 설명을 하고 넘어갈 필요가 있을 것 같다.

우리 부녀는 조금 독특한 모양새를 하고 있다. 일단 50살의 나이 차이도 그렇고, 아빠에 대한 나의 들끓는 애증도 그러하다.

- 반지하 킹덤의 폭군 왕

1939년 전라남도 군산 중앙동의 유복한 집에서 막내아들로 태어난 아빠는 광복과 6.25를 모두 스친 격동의 시대를 살았다. 할아버지는 지병으로 일찍 작고하시고 할머니는 홀로 음식점을 하시며 집을 꾸려 나가셨다는데, 어려운 시대에 남편 없이 홀로 할머니 혼자서 남매를 키워 낸 것도 대단한 일이고 그만큼 억척스러운 양반이었단다. 아빠의 고등학교 시절 사진을 보면 그런 할머니가 애지중지 귀하게 키운 막내아들 티가 났다. 사진 속 빼빼 마르고 아담한 키의 남자 고등학생들 사이로 키가 훌쩍 크고 덩치 큰 남자가 쏙 솟아 있는데, 그게 바로 아빠다. 압도적인 피지컬이 돋보이는 청년이 거기다 혼자 뜬금없이 가죽 재킷을 입고 있었다. 고등학생 주제에 말이다! 거기에 난세의 풍파를 비켜나가며 현재에도 있는 집 자제들만 배운다는 악기인 트럼펫을 불었으며 고교 악단장과 해병대 군악대까지 할 정도로 소위 '잘 나가는' 청년이었단다.

그런 우리 아빠는 언제부터 인생이 꼬였을까?
나는 1987년 강남구 개포동에서 태어났다. 그러나 강남이란 타이틀이 무색하게도 우리 집은 가난했다. 스물한 살, 할머니의 장례식장에서 주정부리던 사촌 어른에게 입수한 정보에 의하면 고모와 아빠가 차례로 집안 기둥을 뽑아 먹었다고 한다. 어찌어찌 남은 돈으로 아빠와 할머니만 서울로 상경해 터를 잡게 되었는데, 그것도 아빠의 사업 뒷바라지를 하기 위해서였다. (할머니의 남은 재산을 거기에 올인했음이 틀림없다.) 어릴 적 기억이 나는 시점에서부터 살고 있던 반지하 월세방은 언제나 장판에 물이 울컥거리며 스며들었으며 곰팡이와 바퀴벌레가 우글거렸다. 거기에 나를 구박하는 언니도 있었는데, 언니는 내 목욕 담당을 자청할 정도로 날 예뻐하면서도 조그마한 실수에도 버럭 화를 내기도 하고 여기저기 꼬집거나 발가벗겨 밖으로 내쫓기도 하는 히스테릭한 고등학생이었다. 그런 언니가 갑자기 친엄마를 찾아서 미국으로 간다며 급하게 짐을 싸서 떠나 버렸다. 아무것도 모르는 나는 언니가 보고 싶다며 엉엉 우는 나날을 보내며 재혼이라는 개념을 배웠다.

그렇다. 우리 집은 재혼 가정이었고 엄마, 아빠에게는 각자의 자식이 있었다. 나는 그 사이에서 태어난 막내딸이었으니 언니는 집안에서의 입지가 좋지 않았을 것이다. 그래서 그랬던 걸까? 언니는 가족들과 심심찮게 대립했었는데 거센 반항의 끝은 아빠의 체벌이었다. 엄마의 증언으로는 진짜 복날에 개 패 맞듯 맞았다고 한다. 아빠가 체력적으로도 한창때였을 테니 집에서 아빠를 말릴 사람은 아무도 없었을 것이다. 30대 후반의 엄마, 한참 꼬맹이였던 나, 힘없는 노모가 무슨 힘이 있었겠는가? 아빠는 그렇게 작은 월셋집 반지하 킹덤에서 폭군으로 군림하였고, 언니가 떠나고 한참 뒤 공포정치에 질릴 대로 질린 엄마마저 집을 나가 버렸다. 내가 초등학교 4학년 때의 일이다.

졸지에 싱글 대디가 되어 버린 우리 아빠는 나만큼은 언니처럼 키우지 않겠노라 결심한 것 같지만, 어린 나이에 엄마가 사라져 버린 막내딸은 생각만큼 고분고분하게 자라 주지 않았다. 언니의 선례를 겪고 인고의 시간을 통해 아빠는 무릎 꿇려 훈계를 하는 단계까진 왔으나, 시간이 흐를수록 울컥할 때마다 여기저기 때리거나 고함을 질러 대는 그러데이션 분노로 암흑의 진화를 하였다. 나는 언제 날아올지 모르는 폭언과 매의 공포에 눌려 살았다.

내 기억에 엄마는 늘 아빠와 다툰 후엔 어김없이 화장실로 들어가 어린 나를 껴안고 한탄했다. 당시 미용실을 하던 엄마의 가게 옆에 조그만 사무실을 빌려 온갖 신기한 잡동사니를 모아 놓고 사업을 하던 우리 아빠가 사기를 당해 갑자기 중풍을 맞고 구안와사로 눈과 입이 돌아가 방에 드러눕게 되면서, 엄마는 실질적인 가장이 되었다. 그때 나이가 사십 중반쯤 되었을 테니 엄마 인생도 참 격하게 인생이 꼬였다고 할 수 있겠다.

엄마는 집안의 푼돈까지 끌어모아 차려 운영하던 미용실을 처분하여 아빠 빚 갚는 데 쓰고, 반지하 킹덤에서 그나마 넓은 공간이었던 거실을 미용실로 탈바꿈해서 손님을 받기 시작했다. 아침부터 저녁까진 미용실 손님을 받고, 퇴근하면 피자집 주방에서 일하고, 집에 와서는 아빠랑 할머니 밥을 차려 주며 그렇게 말도 안 되는 집구석을 겨우겨우 건사해 가며 살았다. 그런 엄마를 아빠는 늘 무시하고 구박했다고 한다. 어디 나가서 엄마가 주목받는 걸 못 견뎌 했고 상대적으로 살림살이가 괜찮았던 외가에서는 괜히 허세를 부리다가 망신당하기도 일쑤, 당연히 사촌들과도 사이가 좋지 않았다.

아빠는 감정 기복이 심한 편이고 불같은 성격을 가지고 있었다. 그 대부분은 화내고 짜증내는 데 썼지만 가끔은 유머러스하고 너그러워질 때도 있었는데, 그렇게 부부의 사이의 기류가 말랑해질라치면 작은방에서 큼큼 소리를 내며 "아이고, 다리에 쥐가 나서 못 살겠다."며 울부짖는 할머니가 분위기를 성공적으로 조져 놓았다. 할머니의 특기는 이간질이었는데 아빠는 단순했고 할머니는 똑똑했다. 그래서 엄마 아빠의 사이는 늘 좋지 않았다.

"네까짓 게 돈을 벌어 오면 얼마나 벌어 온다고 유세를 부리냐?"며 하루 종일 일하느라 발바닥에 진물이 들러붙은 마누라를 들들 볶는 열두 살이나 많은 남편과, 이쁜 구석이라곤 하나 없는 뱀 같은 노인네가 집구석에 앉아 입을 쩍쩍 벌리며 엄마만 기다리고 있으니 그녀에겐 삶이 얼마나 큰 고통이었을까? 그런 엄마가 이젠 더 이상 이렇게는 못 살겠다고 울부짖을 때 난 도리어 엄마를 위로했다고 한다. 엄마에게 동화되어 버린 나는 아주 오래전부터 아빠를 미워했고 그 미움은 30대까지 지속된다.

돈 벌어다 주는 가장이 사라지자 가세는 극단적으로 기울기 시작했다.

집세도 밀려 쫓겨나기 직전이었는데 얼마나 어려웠냐면 화장실 물이 아까워 변기의 물을 내리지도 못할 정도였다. 다행히 어린 딸을 혼자 키우는 모양새가 안타까웠는지 아빠의 친구들이 옷 가게라도 해 보라며 돈을 투자해 줬고, 집 근처 작은 오피스텔 상가에 작은 옷 가게를 열었던 건 내가 초등학교 5학년 때쯤이었을 거다. 아빠는 그렇게 사장님에서 또 사장님이 되었다. 아빠는 한 번도 노동자로 살아 본 적이 없다. 적어도 내가 기억하는 한 그렇다. 돈이 없어 부모와 자식이 허덕일 때 어디 노가다 일용직이라도 해서 돈을 벌어 올 법하건만 아빠의 자존심은 절대 그걸 허락하지 않았다. 사장님, 회장님이란 달콤한 호칭으로 아빠에게 아부하던 후배들에게 번번이 사기당하고 뒤통수 맞으면서도 아빠는 성실한 노동자보다 가난한 자영업을 선택했고, 그의 선택으로 나는 늘 빈곤과 함께해야 했다.

정리해 보자면 아빠는 부잣집 막내아들(과거형)로 결론 난다. 할머니의 과보호, 그리고 집착적인 사랑을 받고 자란 우리 아빠는 나이 육십이 넘어도 자립하지 못했고, 부인과 친구들의 도움으로 살았던 중년기, 딸과 사위의 부양으로 살던 노년기까지 크게 남에게 구박 한번 안 받아 보고 적당히 가난하지만 큰 풍파 없이 살았다. 그것도 복이라면 복이겠지. 평생을 땀 흘리지 않고 산다는 것도 부나 명예에 관계없이 타고난 사람들이나 가능한 게 아닐까 싶다.

중학교 2학년 때 드디어 반지하 킹덤에서 벗어나, 세 식구가 10평 남짓한 임대 아파트로 이사하게 되었는데, 정부 복지 차원에서 저소득층에게 싼 가격에 계약하게 해 주는 임대 아파트인데도 아빠는 특권을 받은 양 아주 만족해했고 그곳을 벗어나 더 넓은 집으로 가고자 하는 욕망도 없었던 것 같다. 왜냐하면 아빠는 82세까지 그 아파트에서 살다 요양병원으로 가셨기 때문이다. 아빠의 꿈은 뭐였을까? 아빠는 뭘 하고 싶었을까?

아빠는 항상 과거에 본인이 잘나가던 건달이었던 시절(아니었음), 주먹으로 군산을 제패했던 시절(제패 못했음), 다들 본인을 우러러보며(안 우러러봄) 따랐던 시절을 그리워하며 살았다. 그런데 아빠도 사실은 알고 있었던 게 아닌가 싶기도 하다. 사실 그런 과거는 없었다는 걸, 자신의 현실이 너무나 볼품없다는 것을 말이다. 항상 한 방이 터지면 내 인생은 역전될 거라고 자신 있게 외쳤는데 역전될 인생이 있기나 했던 걸까? 아빠와 이런 이야기를 진지하게 해 보지 못한 것이 후회된다.

"아빠! 좀 더 좋은 삶을 살고 싶은 마음은 없었나요? 아빠를 위해서가 아닌 가족을 위해서요."

- 나의 이야기

아빠와 지독하게 싸우면서 살았다. 남들이 중2병을 감기처럼 앓았다면 나는 중병처럼 앓았다. 내 성격이 엄마를 닮았다면 (아빠에겐) 좋았을 것을 불행히도 아빠와 판박이였고 한번 언성이 커지면 동네 사람들 다 몰려올 정도로 싸움닭처럼 달려들었다. 인생 늘그막에 열다섯 살짜리 딸내미가 눈깔을 뒤집으며 달려들었을 땐 아빠도 참 막막했을 거다. 그러나 아빠는 상담이나 주변 조언을 통해 이런 콩가루 오 분 전 같은 가정의 어려움을 타개해 볼 만큼 다각도로 삶을 바라보는 사람이 아니었고 나름대로의 격한 방식을 통해 자식을 컨트롤하려 들었다. 그 과정에서 나는 평생 못 잊을 수많은 쌍욕을 들었고, 아빠도 상처를 많이 받았는데,

그중 제일 심각했던 데미지는 내가 중학교 2학년 때 집을 나가 1년 동안 연락을 두절하며 산 게 아닌가 싶다. 어느 날 성질을 참다못한 아빠가 나를 마구잡이로 때렸는데 나는 그걸 막느라 팔목에 실금이 갔고, 그 길로 가출을 해 버렸다. 중3이 되어 수업 일수 불충분으로 퇴학까지 당하며 지인의 집에서 함께 지내던 1년은 아빠의 마음을 다 찢어 놓은 한 해가 되었는데, 나는 그게 내심 통쾌했고 지금까지도 후회는 없다. 그렇게 모두에게 민폐를 끼치며 종잡을 수 없이 반항하며 살던 내가 집으로 다시 돌아간 계기가 있었는데, 처음으로 아빠가 내 앞에서 무릎을 꿇고 제발 이러지 말라며 아이처럼 엉엉 울던 그때였다. 나는 그때 적잖은 충격을 받았고 아빠의 한없이 약한 모습을 보는 순간 설명할 수 없는 여러 감정이 들었다.

그렇게 돌아와 함께 살면서 우리 아빠는 이기적이고 허풍이 있으며 짜증과 화를 잘 내지만, 무능한 사람일 뿐이지 극악무도하게 나쁜 사람은 아니라는 결론을 내렸다. 그렇게 나는 어느덧 성인이 되어 아빠를 부양하며 14년을 살아왔고, 지금은 아빠의 치매 검사를 앞두고 있는 딸이 되어 있다.

소변줄 대소동

오전 중 정신과 협진이 이루어졌고 검사 결과 뇌 MRI도 정상, 치매인지도 검사 결과도 정상으로 아빠는 다행히 치매는 아니라는 최종 소견이 나왔다. 결국 섬망으로 진단되었다. 아빠는 입원 내내 불면으로 고통을 호소했는데, 의사는 아마 폭음과 이뇨제로 인한 잦은 소변으로 인해 그럴 것이고 섬망도 잠을 못 들게 하는 이유 중 하나라고 했다. 그래서 더욱 예민해지고 짜증이 늘 수도 있다는 의사의 설명에 짠하기도 하고 마음이 복잡해진다.

"매일 잠을 못 주무셔서 힘들다 하시는데 도움이 될 만한 약은 없을까요?"

"어르신의 경우는 심장기능이 많이 쇠약해져 있어서 정신과 약물을 함부로 투여하면 심정지가 오실 수 있어요. 체구가 크셔서 용량도 많아지는데, 리스크도 같이 커지거든요. 일단 좀 두고 보는 걸로 하죠. 순환기내과에서 소변줄을 다시 해 주신다고 하니 잠은 좀 주무실 수도 있어요."

새로운 질환의 등장만이 이 상황의 돌파구라 생각했건만 번번이 좌절되는 통에 이젠 반은 포기한 심정으로 고개를 끄덕이곤 병실에 들어갔다.

아빠는 편히 눕지도 못한 채 입을 벌리며 푸우거리며 자고 있었다.

"아빠 치매 아니래, 다행이지?"

혼잣말로 웅얼대는 소리에 아빠 눈매가 꿈틀 한다. 내가 온 걸 알면 또 돌변하여 한바탕 난리가 날게 뻔해서 후다닥 집으로 돌아왔다. 아빠는 어쩜 자기한테 이리 무심하냐며 늘 서운해했지만, 실은 저녁 면회 시간 이외에도 종종 들러 병실 밖 커튼 사이로 아빠를 몰래 보다 오곤 했다. 간호사들에게 아빠 상태를 항상 확인 받았고, 필요한 게 있으면 바로바로 사다 놓으며, 겁쟁이처럼 아빠 주변만 뱅뱅 맴돌았으니 나로선 그것이 당시에 할 수 있는 최선이었다.

현관문을 열고 들어서기가 무섭게 병원에서 콜이 왔다.

"어르신이 소변줄을 안 하시려고 해요. 엄청 화내시네요. 보호자분이 오셔서 설득을 좀 해 주셔야 할 것 같아요."

한숨이 푹푹 나온다. 바로 가겠노라 말씀드리고 택시를 잡아타고 가는 길에 속에서 짜증이 꿈틀거렸다.

"아니 그러니까, 왜 일찍 소변줄을 뽑아서 난리야 진짜!"

모든 불행의 시작은 망할 놈의 소변줄 때문인 거 같아서 부아가 치밀었다. 입원 후 이틀 만에 병원에서 소변줄을 제거하는 바람에 본인이 평소 때보다 더욱 일찍 회복했다는 마음이 흥분상태를 유발했고 그것이 섬망을 부른 것 같았다.

"망할 놈의 소변줄, 소변줄 나쁜 새끼."

애꿎은 소변줄에게 구시렁대고 있으니 어느덧 병원이다. 병실로 들어서니 역시 아빠 주변만 기류가 험악하다. 조심스레 말을 걸어 보았으나 돌아오는 건 노기 어린 대답뿐.

"아빠! 소변줄…."

"안 해! 이것들이 날 가지고 장난하나, 에이씨…."

기다렸다는 듯 씩씩대는 아빠. 주사액을 처치하러 온 간호사도 움찔하고 나도 움찔한다. 잠깐의 침묵 끝에 간호사가 웃으면서 소변줄 한 번만 더 해 주시면 이제 편하게 주무실 수 있다며 달래 보았으나 쉽사리 진정되지 않는다.

'아아…, 여긴 어디고 난 누구인가?'

최후의 보루라고 생각해서 연락한 보호자가 환자를 전혀 컨트롤을 못하자 간호사도 당황한 눈치다.

'선생님, 저는 지금 이 구도에서 가장 심신미약자라고요. 상대를 잘못 고르셨다고요…'

진땀 빼며 종종대는 와중 순환기내과 담당의의 회진 시간이 되었고 의사와 간호사, 아빠의 대화 내용을 고대로 옮겨 보자면 이렇다.

(의사) "환자분, 소변줄 하세요."

(아빠) "알겠다."

(간호사) "소변줄 하러 왔어요."

(아빠) "못하겠다."

의사 앞에서는 알겠다고 동의해 놓곤 간호사가 카테터를 들고 오면 그때부터 몸이 피곤하네, 힘드네, 지치네, 내일 하자는 등 온갖 핑계를 대고 되돌려 보내고 있었다. 구조상 카테터는 환자의 동의가 무조건 필요하므로, 지리하고도 소모적인 공방이 이어지고 있었고 그 현장에 내가 있어 봤자 아빠 분노만 돋우는 거 같아서 집으로 돌아왔다.

그리고 저녁. 다시 병원에 갔을 때는, 망할 놈의 소변줄과 중환자를 방불케 하는 엄청난 숫자의 수액 바늘들이 아빠의 팔 여기저기에 꽂혀 있었고 그 장면은 조금은 안쓰러운 것이었다.

'아빠가 또 졌구나….'

초반의 처치에 별다른 호전이 없으니 공격적인 처치를 하겠다는 주치의 말에 따라 좀 더 높은 강도의 치료가 시작되었다. 혈관이 약해져 주사를 꽂고 빼는 자리마다 멍이 생겨서 아빠의 팔은 보랏빛으로 얼룩덜룩해졌다. 퉁퉁 부은 팔이 안타까워 다가갔다가 자고 있는 아빠의 눈꺼풀이 움찔한 순간 재빨리 발걸음을 돌려 집으로 와야만 했다. 언제부터인가 아빠는 나만 보면 눈을 희번덕거리며 나쁜 말만 쏟아 내는 대머리 인형이 되어 버렸다. 주로 괘씸한 것, 무심한 것, 아빠 마음도 모르는 것 등등인데 나로서는 아빠의 감정을 부드럽게 포용해 줄 수 없었으니 피하는 게 상책이었다.

다음 날, 하루의 시작은 언제나 병원에서 오는 전화벨 소리다. 아빠가 팔에 박힌 유리관을 빼려고 한다는 간호사의 목소리에 다급함이 느껴진다.

"이거 비싼 의료 기구라 다시 처치하려면 금액 부담이 너무 크실 거예요! 어서 와 주세요!"

허겁지겁 병실에 도착하니 그새 아빠가 전화를 했는지 홍 씨 아저씨가 와 있었다. 인사를 할 겨를도 없이 둘이 번갈아 아빠를 설득해 봤으나 당장 팔에 달린 모든 걸 다 빼라며 난리가 났다. 숨도 못 쉬고 화를 내다가 혈당이 떨어졌는지 갑자기 늘어진 테이프처럼 말이 어눌해지며 축 쳐져 버린 아빠. 지켜보던 간호사가 포도주스랑 사탕을 상비용으로 구비해 두라 하여 부랴부랴 사 가지고 오니, 이내 귀가를 권유한다. 아무래도 아빠의 분노증폭제가 나라는 걸 깨달은 눈치다. 씁쓸해진다. 홍 씨 아저씨와 주차장에서 헤어진 후 집에 도착하기도 전 벨이 울린다.

또 아빠다.

수화기 건너편의 아빠는 혈당이 회복되었는지 한껏 상기된 목소리로 두서없는 말을 쉼 없이 내지른다.

"홍 씨가 설마 너한테도 사기 치고 돈 빌려 달라고 했냐? 돈 빌려주지 마라! 절대 안 된다!"

그리고 뒤이어 들려오는 짜증 섞인 고함 소리.

"아이 씨팔, 할아버지! 조용 좀 하라고! 좀!"

쿵, 하고 가슴이 내려앉는다. 같은 병실을 쓰고 있는 환자로 추정되는 젊은 남성의 목소리와 아빠의 "뭐?" 하는 정색하는 소리를 끝으로 통화가 끊겼고, 그 후 아빠가 집중치료실로 옮겨졌다는 연락이 왔다. 집중치료실은 비상시 바로 체크가 가능하게끔 간호 스테이션 바로 앞에 위치한 병실이다. 이곳은 거동이 가능한 일반 환자보다 중증인 환자들이 치료받는 병실인데, 아빠로 인해 병실의 환자들의 고통이 너무 컸고 아빠 역시 일반 환자의 범주를 넘어선 상태이므로 오히려 우린 병실 이동을 반겼다.

그러나 지금 생각해 보면 집중치료실로 들어온 시점부터가 본 게임 아니었나 싶다. 일반병실에서는 그나마 맑은 정신으로 있는 경우가 좀 있었지만 집중치료실은 대부분 급성 뇌출혈 등 거동이 불편하고 섬망 환자 등으로만 이루어져 있는 곳이기 때문에 그나마 인지가 좋은 편이었던 아빠가 많이 불안해했다. 또한 입원 당시 별거 아니라고 생각했던 정강이 부위의 상처들이 입원 기간 내 점점 번져 통증이 심해졌기에 그나마 조금이라도 거동할 수 있던 것도 불가능해졌다. 그리하여 집중치료실로 옮겨지자마자 기저귀를 차게 되었는데, 아빠는 그걸 엄청 수치스러워했고 모든 것들이 복합적으로 더해져 공격성이 점점 더 거세지고 있었다.

병실 이동 후 만난 의사는 우리에게 다시금 퇴원 이야기를 꺼냈다. 잦은 퇴원 압박에 이게 맞는지 검색해 보니 말 그대로 아빠가 입원한 병원은 2차 병원이기 때문에, 급성기가 지난 통원 치료가 가능한 환자들은 퇴원을 시켜야 다른 급성기 환자들을 받을 수 있는 시스템이고 그래서 2주 정도 되면 대부분 퇴원을 해야 한다고 했다.

별수 없는 노릇이다. 퇴원은 언젠간 해야겠지만 하루하루 댐에 난 구멍 막듯 살아가고 있는 나로선 모든 게 막막했기에 의사에게 노랫말 같은, 책 제목 같은 물음을 던졌다.

"이제 우린 어디로 가야 하죠? 선생님?"

"아무래도 자택으로 가시기엔 힘든 상태시고요… 아무래도 요양병원을 알아보셔야겠죠. 섬망 증상이 심하시니까 되도록 신경과나 정신과가 있는 병원으로 가시는 게 좋겠네요."

생각지도 못한 요양병원이라는 단어에 어떻게 집에 왔는지도 모를 만큼 넋이 빠져 버렸다.

또다시 미지의 세계가 나에게 손짓을 하고 있다. 요양병원이라니….

아빠의 입원과 동시에 뇌질환, 심혈관 카페에 가입해서 증상에 대해 하루에도 몇 번씩 질문하고 검색하고 했었으나 병원을 옮길 생각은 하지 못했다. 아니 않았다. 안일한 것인지도 모르겠지만, 아빠의 섬망이 뽕! 하고 나아져서 다시 집으로 돌아올 수 있을 거란 희망을 쉽사리 놓지 못한 것도 있다. 따라서 오로지 증상과 예후에 대해서만 관심이 있었는데, 요양병원이라는 단어를 듣는 순간 이젠 카테고리가 달라졌음을 인정해야만 했다. 하루 종일 요양병원에 대한 정보만 검색하다 보니 치매 카페에 많은 정보가 있음을 알게 되었고 홀리듯 가입을 해 버렸다. 그리고 그곳에서 나의 구원자이자 친구가 될 썬을 만난다.

액팅아웃 환자입니다

그날의 바람과 날씨를 기억한다. 선선하고 건조한, 그래서 왠지 모르게 서글픈 바람이 부는 보랏빛 노을의 오후였다. 보랏빛 하늘을 뒤로하고 들어선 백화점은 따뜻하고 행복해 보였고 노릇노릇한 에그타르트 향기가 향기로웠다. 그래서 마음은 더욱 무거워졌다. 차가운 바람과 뜨거운 한숨이 뒤섞인 그런 날. 잊지 못할 오후.

점심을 먹고 소파에 누워서 핸드폰으로 고양이 모래를 사는데 서비스로 뭐가 딸려 오네, 이걸 사야 하네 마네 따위의 일상적인 메시지를 남편과 주고받던 오후였다. 병원에서도 입원 초반보다는 콜이 줄어들었고 일주일 뒤 퇴원이 예정되어 있었다. 이제 별다른 수가 없다고 느껴서 전화를 안 하는 건지 병동을 옮겨서 안 하는 건지 모르지만 어쨌든 하루 이틀은 매우 조용해서 요동치는 불안도 조금은 편해지고 있었다. 하루에 한 번 정도 가서 아빠 상태만 체크하고 돌아오면 되는 꿀 같은 휴식기였다. 그러나 병원에서 날아든 한 통의 전화를 받고서야 아, 이 조용함은 폭풍 전야의 고요함이었다는 걸 깨닫는다.

"보호자분! 환자분께서 간호사를 때리셨어요. 지금 바로 와 주세요!"
"네? 간호사를 때렸다고요?"

더 이상 나빠질 것도 없다고 생각한 내 심정을 비웃는 듯 잠시의 휴식은 더 큰 고난을 버틸 힘을 비축하라는 신의 선물이었던 것 같다. 정신없이 휘몰아치는 불안이 날 익사시키려 넘실댄다. 아빠가 사람을 때렸다는 말을 듣고도 받아들여지지 않았다. 멍하니 앉아 있다가 상황 판단을 제대로 하려고 다시 전화를 걸었는데, 아마도 잘못 걸었거나 무언가 착오가 있었다는 말을 듣고 싶었는지도 모르겠다.

"정말 죄송합니다. 간호사분 많이 다치셨나요? 정말 죄송합니다. 제가 지금 바로 가긴 할 건데, 걱정이 되어서요."

간호사가 전화를 받자마자 물기가 차올라 꺽꺽대는 목소리를 간신히 눌러 담아 말을 끝맺는다.

"보호자님! 간호사 선생님은 많이 안 다치셨고요. 심하게 안 때리셨어요. 걱정 마세요. 다만 섬망이 너무 심하시네요."

나를 안심시키려는 간호사의 말을 듣고도 어찌할지 몰라 발을 동동 구르며 거실을 20바퀴 정도 돌다가, 자꾸 왜 그러냐며 덩달아 거실을 돌던 엄마에게 짜증을 내곤, 퇴근 후 같이 면회 가자는 남편의 말도 무시한 채 동네에 있는 백화점으로 향했다. 맨손으로 갈 자신이 없어서 뭐라도 들고 가야 할 것 같았다.

활동하는 카페에다가 간호사 선생님들에게 간단한 먹을거리를 선물해 드려도 될지 질문을 써 놓고, 80퍼센트 정도의 비율로 달린 긍정적인 댓글을 보고 미안한 마음을 담아 에그타르트를 세 박스 사서 택시를 잡아타 병원으로 가는 길에도 심장이 쿵쿵댄다.

보라색 하늘이 왜 이리 서글프고, 손발을 벌벌 떨며 무서워하던 택시 안의 나는 얼마나 아팠는지… 그때의 마음이 나에게는 많이 힘든 기억으로 남아 있었나 보다. 에그타르트와 보랏빛 하늘이 글을 쓰는 지금도 기억

한편에 서늘하게 박제되어 있으니 말이다.

저녁 식사 시간이라 한창 분주한 병동 간호 데스크에 얼굴을 들이미니 간호사들이 나를 보곤 자기들끼리 눈빛을 교환하는 것처럼 보인다. 꼭 문제아 자식을 둔 부모같이 송구스럽기 그지없다. 손바닥에 땀이 나기 시작해서 주먹을 꽉 쥐고는 용기를 내서 물어본다.

"저희 아버지에게 맞으신 간호사분 뵐 수 있을까요? 사과드리고 싶어서요."

마침 옆 병실에서 처치를 하고 나온, 동그란 안경을 쓴 간호사가 나를 보고 밝게 인사를 하며 다가왔다.

"어! 보호자님이시구나?"

하…, 나도 작은 편인데 이 간호사는 나보다 더 작다. 거기다 어려 보인다. 체구도 작고 여리여리해 보이는 간호사가 웃으며 오히려 나를 토닥거리는데, 시야가 점점 일렁거리기 시작했다.

"전화 받고 놀라서 오셨구나. 저 괜찮아요. 어르신이 놀라셔서 하신 몸짓에 제가 떠밀린 거예요! 걱정 마세요. 안 다쳤어요."

'아빠, 나를 생각했다면 나만한 딸 또래의 여자아이는 때릴 수 없는 거잖아. 저 가녀린 간호사를 때릴 때가 어디 있다고 때린 거야. 아빠는 힘도 세고 주먹도 단단한데. 좀만 스쳐도 많이 아플 텐데…'

아빠에 대한 절망감과 어린 간호사에 대한 미안함. 그리고 나에 대한 서글픔이 뒤섞여 주책맞게 눈물이 흐른다.

"어어 보호자님 울지 마세요. 저 진짜 괜찮아요!"

"정말 너무 죄송하고 할 말이 없네요. 별거 아니지만 제발 받아 주세요."

간호사의 손에 에그타르트 봉투를 다짜고짜 쥐여 주곤 고개를 돌렸다.

다행히 그녀는 선뜻 받아 간호 데스크로 돌아갔다. 그 뒷모습을 보는 내내 '설마 고소라도 하면 어떻게 하지?'라는 불안함. '이런 환자가 한둘이겠어?'라는 몰염치, 그리고 지금 이 상황에 대한 어이없음이 뒤섞여 하나로 정의되지 못한 감정으로 한참을 서 있다 휴게실로 향했다. 요 근래 나에게 맑은 마음과 밝은 감정이 있었을까 싶을 만큼 모든 게 엉망진창이 되어 버렸다.

휴게실에서 남편이 올 시간만을 기다리며 앉아 있으니 옆자리에 백발이 성성한 할아버지와 가족들이 눈에 뜨였다. 아빠와 비슷한 연세로 보이는 할아버지의 정신은 아주 또렷해 보였고, 무슨 이유로 입원하셨는지 모르겠으나 보행도 어려워 보이지 않았다. 엄마아빠 옆에서 종알대는 손주와 손을 꼭 잡고 계신 할머니까지 복작복작한 가족들 사이에 앉아 계시는 할아버지는 무척 행복해 보였다. 본의 아니게 그 장면을 보며 불쑥 튀어나온 또렷한 감정이 나를 놀라게 했다.

'부럽다…'

이런 마음을 들킬세라 창문을 노려보고 있자니 이내 창문마저 뿌예진다. 어디서 자꾸 눈물이 들어차는지 모를 노릇이다. 창문에 서린 김과 눈싸움 한판을 끝마치려는 때에 병원으로 퇴근한 남편이 내 어깨를 톡톡 친다.

8시쯤 되었을까? 원칙적으로는 이 시간에 면회가 불가하지만 우리는 예외였다. 우리가 오랫동안 병실에 머물러 주는 것이 아빠의 상태에 도움이 될 거란 판단에서인지, 간호 데스크에서도 별다른 터치는 없었기에 자유롭게 면회가 가능했다. 뭐…, 그렇다고 해도 최소 시간의 면회만 했으므로 나머지 시간은 죄책감으로 치환될 뿐이다. 아빠를 자극하지 않기 위해 남편이 한껏 낮춘 자세로 인사를 했지만 아빠의 눈길이 심상찮다. 아빠의 눈이 희번덕거릴 땐 뭔가 좋지 못한 일이 일어날 징조다. 우리 둘을 앉게 하더니 별안간 1인실을 예약해 달라며 성화다. 그러면서 "내 병실 전용 CCTV를 달아 줘라.", "저것들이 나를 감시하는 것 같다.", "의료사고가 났다.", "의료전문 기자를 불러 나를 인터뷰시켜라."라며 한참을 뜻 모를 말을 하더니 마지막엔 퇴원 후 허영만이 나온 백반 기행을 떠날 거라며 준비를 해 놓으라 엄포를 놓는다.

"아빠! 그 몸으로 혼자 가시게?"

"그래, 나 혼자 떠날 테니 아무 말하지 마라."

사람 패 놓고 속 편한 소리 하네 싶어 화가 치밀어 뭐라 쏴 붙일 준비를 하는데 남편이 내 어깨를 누른다.

"그래요 아버님 퇴원하시면 하고 싶은 거 다 하세요. 저희가 도와 드릴게요."

결혼 후 아빠 담당은 늘 나였다. 어릴 적부터 수없이 싸우는 걸 반복하다 아빠랑 싸우는 게 부끄러워질 나이가 되자 내 화를 삭이고 아빠를 달래는 법을 익혀 나름 평온하게 살아왔고, 그것에 꽤나 자부심이 있었다.

"아빠 같은 성질 더러운 노인을 컨트롤할 수 있는 건 나뿐이야."라며 아빠에게 집착적으로 '효'를 행했던 건 아빠의 이기적이고 뻔뻔한 요구사항, 분노 등이 남편에게는 향하지 않게 하려는 의도도 있었다. 그렇게 허덕이며 4년 동안을 집중 마크하면서 살았는데, 이렇게 허무하게 자리를 내줄 거였으면 좀 편하게 살아도 될 걸 그랬나 싶다. 여하튼 아빠 컨트롤 담당은 이제 나에게서 남편에게로 자연스레 변경되었다. 그러나 나의 자격은 부서 이동(?)에 그치지 않고 부적격 판정까지 받게 되었는데, 남편 왈 아빠를 동네 할아버지보다 더 매몰차고 차갑게 대한다는 이유에서였다. 인정하는 바다. 나는 아빠를 보고 있는 것조차 힘들었다. 차라리 동네 할아버지였으면 이렇게까지 짜증스럽진 않을 것이다. 평생을 자기 하고 싶은 대로 살며 20대 초반부터 그렇게 응급실 수발을 시키더니 이제는 사위까지 패키지로 묶어 행패를 부리는 것을 보니, 애처로움을 훨씬 뛰어넘는 증오가 치받쳐 올랐고 그걸 억누르는 것만으로도 에너지 소비가 커서 다정함과 너그러움과는 일찍이 작별을 해야 했으니 말이다.

남편의 달래기 스킬로 한층 온화해진 분위기를 틈타 간호사를 왜 때렸냐고 물어보았다.

"내가 언제 때렸냐? 말도 안 되는 소리 하지 마라."

고개를 홱 돌리며 아빠가 대답했다. 잡아떼는 건지 기억을 못 하는 건지 모를 일이지만 내가 생각하는 아빠는 간호사를 무시하고 하대할지언정 고의로 때리지는 않을 사람이라, '그래. 간호사 말대로 악의 없이 밀친 걸 거야. 그리곤 기억을 못 하는 걸 거야.'로 결론짓고 그날의 소동은 마무리되었다.

간호사 폭행사건이 있은 후, '귀가 잘 안 들림', '수분 제한'이라고 적힌 문구 옆에 '액팅아웃 환자'라는 환자 상태 표시 문구가 새로 달렸다. 1주에 한 번씩 획득하는 MVP 타이틀 같은 건가 보다. 액팅아웃이 뭔지 검색해 보니,

액팅아웃(acting out) - 정신분석에서 유래한 용어로, 환자가 무의식의 위협적인 충동이나 불안에서 자아를 보호하기 위해 취하는 방어기제의

하나다. 흔히 '행위화'로 번역된다.

　말 그대로 환자들의 충동적인 폭력행위로, 환자 자신의 불안함과 분노 등이 무의식적으로 격발되는 일종의 방어기제 중 하나라고 한다. 아빠는 이제 공식적으로 병원 내의 '요주의 인물'이 되었다. 그사이 나는 병원의 전담부서로부터 요양병원 연계를 안내받았고 소견서에 적힌 상태를 확인 후 입원시키기에 적합하다고 판단한 요양병원이 나에게 전화를 하면 그곳에 들러 사전답사를 하는 방식으로 퇴원 일정을 잡아 나갔다.
　일주일 남은 퇴원. 뭐 하나 정해진 것도 나아진 것도 없기에 롤러코스터 정상으로 향하는 듯 불안한 마음이지만 그래도 살아 나가야 하기에 마음을 다잡아 본다. 다시 처박히는 한이 있더라도 말이다.

지옥 끝에서 구세주를 만나다

"요즘 사이비가 극성이라던데 조심해라."

엄마와 남편, 주변인까지 입을 모아 걱정 어린 염려를 전달했다. 이유는 내가 치매 카페에서 만나 연락하기 시작한 동갑내기 썬이라는 친구 때문이었다. 2월 말 즈음, 대구에서 특정 종교단체 코로나 확진자가 기하급수적으로 늘어났고 그들의 전도 수법이 심리상담이라던가 공통점을 찾아 친해지려는 것 등이라고 뉴스에서 한참 방송되었을 때라 가족들 입장에선 꽤나 걱정되었을 것이다.

그러나 그녀를 만난 계기에는 꽤 그럴듯한 히스토리가 있다. 요양병원 입소 과정 등과 관련한 내용을 검색하며 큰 난관에 부딪혔는데, 바로 아빠의 폭력성이었다. 아빠는 키가 170cm 후반에 몸무게는 80kg이 넘는, 널찍한 흉곽과 팔다리 모두 통나무 같은 몽골전사 스타일이었고 젊은 시절부터 꾸준히 단련한 체력과 완력까지 나이에 비해 탑클래스의 피지컬을 지녔다. 웬만한 간호조무사나 간병인으로는 컨트롤이 힘든 환자라는 뜻이다.

신경과나 정신과 의사가 있는 병원으로 가야 한다는 소견은 결국 항정신성 약물 투여를 당연한 전제로 깔아 두고 하는 말이었다. 아빠가 난동 부릴 때마다 제발 진정제라도 놔 달라며 울부짖고 싶었으나 막상 요양병원을 선택하려고 하니 최대한 약물 없이 아빠를 잘 달래며 봐줄 곳을 찾고 싶었다. 그러나 쉽지 않았다.

아빠의 소견서를 요양병원으로 전송했다는 연락을 받은 그날은 정좌불능 모드였다. 괜스레 긴장되고 걱정되는 마음과 어떤 희망과 작은 기대감이 섞여 각성상태였다고나 할까. 전화를 기다리는 시간이 너무 길게 느껴지고 개인적으로 요양병원 투어를 해 볼까 하여 전원담당 부서에 소견서를 몇 장 요청해 받아 들고 집으로 향했다. 집에서 10분 남짓한, 5층 건물을 통으로 사용하며 심평원 1등급 평가인증 현수막을 대문짝만하게 걸어 둔 요양병원이 번뜩 떠올랐기 때문이었다. 이때까지만 해도 전원에 큰 애로 사항은 입원비 정도일까 싶었다. 버스정류장 근처라 오며 가며 수없이 봐 왔던 곳이라 진입장벽이 낮게 느껴지기도 했고.

그렇게 가벼운 맘으로 털레털레 들어선 요양병원. 직원들의 표정도 밝아 보여서 나쁘지 않았다. 그러나 커피 한잔을 건네받고 담당 실장과 상담을 시작한 면접실 안의 화기애애한 분위기는 상황 설명을 할수록 점점 경직되어 갔다. 고령에 공격성과 섬망 증상, 심부전과 뇌졸중. 그리고 심근경색 이력, 현재 강심제와 이뇨제를 쓰고 어쩌고저쩌고… 아빠의 병력 설명을 하다 폭력, 고함 부분을 이야기해야 할 땐 나도 모르게 움츠러든 어깨를 펴고 자세를 다시 잡아야 했다. 이것저것 적어 내려가던 볼펜을 잠시 멈춘 담당 실장은 아무래도 일반병실보다는 집중치료실에 계셔야 할 환자분인 거 같다는 진단을 내렸다. 이제는 어느 병원에서도 아빠는 정상 범주에서 벗어난 특이 환자구나 싶어 마음이 씁쓸했다.

썩 좋지 않은 기분으로 들어선 집중치료실의 모습은 현재 입원해 있는 병원과는 달라 당황스러웠는데, 큰 스테이션이 하나의 병실로 많은 수의 병상들이 다닥다닥 붙어 있었고 그 사이를 두어 명 남짓한 간병사가 이리저리 바삐 움직이고 있었다. 입구에서부터 끝까지 주욱 훑어 내는 시선의 마지막 장소는 폭력성과 공격성이 있는 환자가 머무는 독방이었다. 방이라고 하기에도 좀 애매한 공간, 칸막이로 시선이 차단되어 무인도처럼 뚝 떨어져 위치해 있는 이질적인 공간에 젊은 아저씨 한 명이 침대에 우두커니 앉아 있었다. 어떠한 감정도 보이지 않는 환자의 표정. 오래된 공허함이 그 공간을 가득 채우고 있었다. 조금 놀란 표정으로 실장을 바라보니 폭력성이 너무 심해 남자 환자들만 모여 있는 치매 정신병원으로 곧 전원될 환자라고 한다. 이런 환자들만 모아 놓는 병원이라면 난리도 아니겠구나 싶은 생각에 정신이 아찔해져 한숨을 푹 내뱉고 있으니 실장이 묻는다.

"차라리 처음부터 이쪽으로 입원을 하시는 것도 방법인데, 연락처나 명함을 드릴까요?"

기분이 무척 이상하다. 예상 못 한 건 아니지만 기분이 나빴다. '이곳에 모시면 저 아저씨가 나간 빈자리에 우리 아빠가 들어가겠구나.'라는 생각이 들어 목덜미 부근이 스멀거린다. 내가 딱히 대답이 없자 한층 아래인 일반실도 보여 주겠다며 안내를 해 줘서 따라가니 이번에는 여러 개의 침대가 테트리스하듯이 붙어 있는 작고 좁은 병실로 이루어진 병동에 도착했다. 그리곤 병실 한쪽 구석에 앉아 있던 깡마른 외국인 간병인과 눈이 마주치는 순간, 대형 병원처럼 한국인 간호사나 조무사가 돌봐 줄 거란 나의 생각은 철없는 저세상의 바람이었음을 깨닫고 머릿속 어딘가에서 실금이 쫙 가는 소리가 들린 거 같다. '아빠만 요양병원에 입원하면 만사 오케이지.'라고 하찮게 품은 기대마저 죄다 하나씩 어긋나 가고 있어

심기가 점점 불편해졌다. 당장 이곳에서 나가고만 싶었다. 어지러웠다.

'마치 이곳은 작은 지옥 같구나.'

이곳에 부모를 데려다 놓은 사람들도 어찌할 도리가 없었음을 짐작하면서도, 이렇게밖에 생각하지 못하는 스스로의 편협함에 어지러움을 느끼며 돌아서는데…, 아! 나를 쳐다보는 여러 개의 눈동자와 눈이 마주쳐 버렸다. 짧게 미용한 머리 덕에 남녀를 구분하기 힘든, 마르고 조그마한 노인들이 나를 바라보고 있었다. 모두 다르게 생겼지만 모두 비슷한 모양새. 그들의 까만 눈동자엔 내가 있었지만 또한 내가 없었다.

'무서워…, 싫어….'

본능적인 거부감에 소름이 돋는다. 지옥의 문턱 너머를 훔쳐본 것 같은 기분이 들었다. 이내 가슴에서 욱신욱신한 통증이 느껴진다. 누군가가 내 심장을 꽉 쥐었다가 풀었다가 하는 것 같았다. 턱 끝까지 차오르는 떫은 이물감의 정체는 아마 긴장을 풀면 당장이라도 터져 버릴 것 같은 눈물이리라.

외가와 친가 조부모 모두 집이나 대형 병원에서 임종을 하셨기에 요양병원의 이미지는 그리 나쁘지 않았다. 적어도 급성기 병원과 크게 다르지 않을 거라고 생각했다. 나는 꽤 긍정적인 성격이고 나쁘게 표현하면 머릿속에 꽃밭이 그득한 사람이다. 무인도에 표류하면 예쁜 돌이나 줍고 다니다 굶어 죽을 거라는 심리 상담이 딱 맞는 인간이라 평소 요양병원이 어떤 곳일지 깊게 생각하지 않았고 그 결과는…, 말 그대로 생각보다 좋지 않았다. 심지어 그 좋지 않다 생각한 요양병원에서도 아빠를 기피하는 눈치가 역력하다.

'쌍! 집에서 아빠 모실 자신이 없어서 요양병원부터 알아보는 주제에…,

뭐가 그리 신났다고 제 발로 이곳을 찾아왔을까?'

스스로에게 짜증이 솟구쳐 머릿속의 꽃밭을 다 지분지분 밟아 으깨는 기분으로 입술을 꽉 깨물었다.

'이 딴 게 다 뭐야. 뭐냐고?'

모조리 다 짓이겨 버리고 나니 질척하게 흐르는 그것들의 진물 사이로 냄새가 한참 맴돌았는데, 그건 바로 병원의 방향제 냄새였다.

"요양병원을 고를 때 소변 냄새가 많이 나는 곳은 기피하세요. 기저귀를 제때 갈아 주지 않거나, 오물 쓰레기가 제대로 관리되지 않는 곳이에요."

돌봄 카페에서 이런 글을 읽어서 그런지 들어가기 전부터 냄새에 굉장히 예민해져 있었고, 그런 내 코를 들쑤셔 놓은 건 건물을 가득 메운 지독한 방향제 냄새였다. 이 냄새는 병원을 나왔을 때도 쉽게 사라지지 않고 오랫동안 나를 괴롭혔는데 그것은 마치 죄책감, 그리고 책임감의 무게와 같이 몇 번을 씻어 내고 옷을 갈아입어도 머리카락 사이사이에, 살갗에, 손톱에 남아 며칠 동안 숨 막히게 날 괴롭혔다.

그렇게 요양병원 방문을 끝마치고 첫 방문이 절망과 슬픔으로 정리되자 병원에서 정리해 준 요양병원에 의존만 할 수 없겠구나 하는 위기감이 들었는데, 넋 놓고 있으면 어딘가의 격리실에 아빠를 가둬 놓게 될 것 같아서 나름대로 정보검색을 하다 치매카페에 가입까지 하게 되었다. 그곳에는 나같이 폭력적이고 공격적인 성향을 가진 부모로 인해 고통받는 사람이 많았다. 마치 지옥도에 표현된 그림처럼 어딘가에서 도움을 요청하기 위해 손을 뻗고 있음이 글들에서 느껴졌고, 그래서 보는 내내 좌절감만 느껴졌다. 답이 없구나 싶어서다. 나처럼 홀로 혹은 가족들과 죽을 둥

살 둥 견뎌 내고 있었고 불안과 절망의 파도에 빠져 외침에 응하지 않는 구조대를 하염없이 기다리고 있는…, 마치 표류자와 같은 모양새였다.

치매가족으로 인한 여러 가지 사건사고와 기함을 금치 못할 전국의 특이 케이스를 죄다 모아 둔 것 같은데도 뚜렷한 대안이 없어 보이는 글들에 '아…, 그저 이렇게 영원히 고통받는 수밖에 없는 거구나.' 하며 우울함 가득한 기분으로 카페 창을 닫으려던 중 찾게 된 '폭력적인 치매 환자를 케어해 주는 요양병원을 찾는 법'이란 글은 정말 가뭄의 단비 같은 발견이었고 그 글의 작성자는 위에 언급한 '썬'이라는 친구였다.

꼼꼼하면서도 정확도 있게 정리되어 있으면서도 경험이 적절히 섞인 정보로 구성된 글을 읽고 나니, 첫 요양병원 방문기로 터져 있던 내 멘탈을 어떻게 붙잡아야 할지 방향성이 잡혔다. 또한 글 서두에 적힌 키워드가 '고령, 남성, 공격성, 폭력성'으로 나의 현 상황과 일치했기에 그녀의 게시글을 모두 읽고 난 후 나는 고뇌에 빠지게 되었다. 인생의 모토가 개 조심보다 사람 조심인 낯가림 심하고 경계심 강한 성격이건만, 자꾸 지금 당장 그녀에게 1:1 채팅을 걸어 이런저런 이야기를 풀어 놓고 공감과 조언을 받고 싶은 욕구가 강하게 밀려왔기 때문이다. 꽤 오랜 시간 동안 모니터 앞에서 마우스를 눌렀다 뗐다를 반복하다가 '치매가 사랑병이라네요.'라는 제목의 첫 게시물까지 읽고 나서, '그래. 해 보자!' 하며 머금은 불안을 꿀떡 삼켜 넘기곤 1:1 채팅하기를 눌러 "제발 도와주세요."라고 메시지를 남겼고 곧 답이 왔다.

"지금 근무 중이라서 챗을 하지 못해요. 제가 연락처를 하나 드릴 테니 이쪽으로 연락 주시겠어요?"

썬은 선뜻 연락처를 넘겨줬지만 나는 한참을 망설였다. 연락해도 될까? 또 홍 씨 아저씨 때처럼 좌절만 하게 되는 건 아닐까? 그러나 다행히 그것은 기우였고, 반갑다고 표현하면 안 되겠지만 그녀는 나와 너무나 비슷한 상황에 처해 있었다. 어쩌면 조금 더 억울할지도 모른다. 결혼 2년 차부터 90살의 치매 시아버지를 모시게 되어 버린 30대 초반의 며느리. 나와 동갑내기였다. 짧은 통화를 끝마치고 썬은 사회 복지사 공부를 하고 있는 중이니, 도움이 필요하면 언제든 연락 달라는 말과 함께 본인이 모은 공격성이 있고 폭력적인 환자를 수용해 줄 만한 병원을 정리한 엑셀 파일을 보내 주었다. 그녀가 넘겨준 소중한 파일은 남편이 심평원 등급 기준 순, 위치 순으로 따로 정리한 엑셀 파일과 병원 연계로 연결된 리스트와 취합되어 아빠 퇴원일 전까지 우리가 다녀와야 할 새로운 요양 병원 목록으로 재정리되었다. 썬의 등장과 도움으로 요양병원 찾는 일이 착착 정리되고 가야 할 길이 보임에 약간의 용기가 퐁- 하고 생기는 기분이 들었다.

그 용기는 카톡 리스트에 새로 갱신된 썬의 이름을 눌러 "우리 만날까요?" 하는, 소개팅 앱에서나 날릴 대사를 칠 수 있게 해 주었다. 썬 역시 기다렸다는 듯 "좋아요!"라고 대답해 주어 나이 서른넷 먹고 처음으로 번개란 걸 해 보게 되었다. 죽고 싶은 딸과 죽고 싶은 며느리가 만나게 되었으니, 장소와 날짜는 순식간에 잡혔다. 너무나 외롭고 힘든 사투 중에 만난 전우였고, 그녀가 말해 주는 정보와 경험은 나에겐 놓칠 수 없는 것들이었다. 그러니 사이비 아니냐는 가족들의 걱정도 흘려 넘길 신념의 근거는 나름의 이유로 확고했다.

'와, 나와 같은 사람이 또 있다니! 얘는 심지어 시아버지라잖아? 이 정도 시나리오를 구상할 수 있다면 설사 사이비라도 괜찮아.'라는 생각마저 들었는데 그만큼 난 갈증을 느끼고 있는 상태였다. 나보다 더, 혹은 나만큼은 힘든 사람을 만나서 이 거지 같은 현실을 마구잡이로 털어 내고 싶었다. 당시 친구들이 건네는 따뜻한 위로와 조언은 나에겐 전혀 와닿지가 않았다. 그들의 경험이라 해 봤자 멀게는 사돈의 팔촌, 가까워 봤자 조부모선에서 끝났고, 우리 아빠 같은 케이스는 더더욱 찾아볼 수 없었다. 대화를 할수록 '아무리 그래도 넌 먼 친척이잖아. 나는 아빠라고…'하는 못내 하지 못한, 구질거리고 못난 징징댐이 뒷맛 씁쓸하게 남았기 때문에 친구들에겐 이런 이야기를 되도록 꺼내지 않았던 것 같다.

그런 지난했던 시간들을 보낸 나에게, 동갑내기 전우인 썬은 등장 그 자체로 마치 지옥 끝에서 구세주를 만난 기분이었다. 글을 쓰는 지금 회상해 보면 그녀를 만나기 전날 밤은, 10여 년 전 남편과의 소개팅 전날보다 더욱 두근대며 잠도 설쳤던 것 같다.

죽고 싶은 딸 죽고 싶은 며느리

2월의 어느 날, 바람에 차가움이 묻어나지만 햇빛에는 너그러움이 있던 날씨에 우린 만나게 되었다. 아담한 키에 서글서글한 눈매를 가진, 화장기 없는 얼굴과 곱슬머리의 썬이 통통 튀는 맑은 억양으로 계산대에서 말을 건다. 어떤 사람일까? 어떤 성격일까? 잠 못 이루는 새벽을 겨우 넘긴 채 두근대는 마음으로 만난 썬은 걱정과는 달리 탄산음료같이 쾌청한 분위기의 친구였다. 그에 비하면 나는 주제에 낯을 가리느라 꽤나 뻣뻣한 상태였는데, 그런 내 마음을 물렁물렁하게 녹여 주는 건 이 상황에서도 달달한 걸 먹겠다는 썬의 대쪽 같은 취향이었다. 태생이 빵순이인 나는 본능적으로 동족임을 감지했고, 미끄러지듯 마음의 문이 열리는 것을 고대로 받아들이기로 했다.

인적이 드문 골목 카페 2층. 썬과 나는 케이크를 받아 들고 어색하게 마주 앉았다. 뻘쭘함에 데룩데룩 굴리던 눈이 마주쳤을 때 얘도 내 심정과 같구나 하는 확신이 들며 뭐라고 시작해야 할까 고민하던 중 썬이 먼저 입을 열었다.

"우리 말 편하게 할까요?"

우리가 가져온 서로의 이야기는 너무나 컸고 길며 묵직했기 때문에 존대는 쓸데없는 무게를 더할 뿐이라는 썬의 제안은 실로 현명한 것이었다. 말끝을 싹둑 잘라 내자 분위기는 한결 가벼워졌고, 그렇게 썬의 이야기가 시작됐다.

결혼 4년 차. 90세의 홀시아버지 치매 수발을 하는 며느리라는 빡센 타이틀 뒤에는 그에 못잖은 빡센 스토리가 있었다. 결혼 전에는 괴팍한 성정의 시아버지 때문에 파혼 직전까지 갔고, 그 후에 시아버지의 치매가 발병했으며 초기부터 중기까지 약 2년간을 치매 수발을 들고 있다고 했다.
'이야. 명절 특집 단편 드라마, 혹은 인간극장에서나 나올 거 같은 캐릭터가 바로 내 앞에 있구나.'
이런 이야기를 커뮤니티에 올리면 "제발 이혼하세요."라며 도시락 싸 들고 썬을 말릴 사람들이 일렬종대로 한 소대는 될 것이다. 이 하드코어한 신혼 생활 이야기를 듣고 있으니 그녀의 글 속 "숨이 콱콱 막혀 죽을 것 같다."라는 문장이 절로 떠올랐다. 그만큼 타인들은 감히 짐작도 못할 숨 막히는 고통과 역경을 견디며 넘어지고 일어서길 반복하며 (최대한 아버님을 보호하는 방향으로) 방법을 찾는 그녀의 뒤통수에서 후광이 보인 건 내 시력 문제는 아닐 것이다.

썬과 내가 딸과 며느리의 입장으로 만난 건 어쩌면 꽤나 다행이라고 볼 수 있었다. 만약 같은 자식의 입장에서 만났다면 서로의 입장과 관점의 차이로 인해 비교가 되어 "너는 그래도 요 정도잖아? 나는 이만큼이야."라며 누가 더 불행한가를 두고 배틀이 열릴 수도 있었겠으나 며느리와 딸이기에 반려자의 입장에서 대변해 주며 서로를 위로해 줄 수 있었다.

예를 들면. 내가 남편에게 가지고 있는 짙은 부채감에 대해 썬이 명쾌하게 답을 내주는 식이다.

"너무 미안해하지 마. 가족이니까 하는 거야. 네 남편도 너와 네 아버지를 가족이라고 생각하니까 할 수 있는 거지! 그런 걸 미안해하는 게 어쩌면 남편을 더 서운하게 할 수 있어. 고맙다는 마음만 진심으로 표현해 주면 돼. 나는 그게 힘이 되더라고."

성질 고약한 아버지를 가진 죄로 지레 주눅 들어 있던 내 쪼그라든 마음속에 온기가 전해지는 듯하다. 그야말로 표적을 정확히 관통하여 마음속 깊숙이 꽂히는 위로에 마음이 찡해졌는데, 그녀의 남편과 내 삶의 궤적이 너무나도 비슷한 관계로 나 역시 화답을 해 줄 수 있는 자격이 주어졌다.

"너희 남편도 너 같은 배우자를 만난 건 전생에 지구를 두 번 정도 구했나 싶을 만큼 큰 선물이라고 생각할 걸? 내가 남편에게 갖는 마음은 부채감도 크지만 사랑도 커. 네 남편도 그럴 거야. 목숨을 내줄 수 있을 만큼! 말로 설명 못할 고마움이고 사랑이야."

이런 식으로 말이다.

썬과 나는 "정말 그럴까?", "그럼 그렇고 말고!"라며 서로에게 힘을 불어넣어 줬고 그 순간 우리는 서로에게 존재 자체가 위로이자 선물임을 분명히 깨달을 수 있었다. 또한 서로의 이야기를 하는 동안 내내 소름이 돋았으니 놀라우리만큼 비슷한 두 아버지들의 모습이 그 이유였다. 돈에 집착하는 아버지, 모자에 집착하는 아버지, 감성이 풍부한 아버지, 신경 써 주지 않으면 삐지는 아버지, 전화 안 하면 화내는 아버지, 입맛이 까다로운 아버지, 리액션이 풍부한 아버지….

심지어 매달 생활비 100만 원을 내놓으라 당당히 요구하는 모습까지도 똑같아서 어디 이름 모를 곳에 있는 학원에서 할아버지들 상대로 자식들에게 '생활비 100만 원을 뜯어내는 법'을 따로 가르쳐 주나 싶은 생각이 들었을 정도다.

"이 소름 돋는 공통 키워드는 무엇이란 말이냐? 혹시 너의 시아버지가 우리 아빠의 6.25 때 생이별한 쌍둥이 형제인 것 아냐?"

우리는 서로의 너무도 비슷한 상황을 듣고 시답잖은 농담을 하며 깔깔깔 웃어 대기 바빴고 서로의 이야기가 길어질수록 재미난 소설책을 읽듯 열정적으로 경청하고 또 위로했다.

준비한 이야기보따리의 입구를 막고 있던 자잘한 소주제들을 깔깔대며 소모하고 나니, 저 밑에 깔려 있던 고통과 불안의 찌꺼기들이 서서히 모습을 보이기 시작한다. 포크로 반절 정도 남은 케이크를 깨작이며 접시 바닥을 긁어 대는 날 끝의 기분 나쁜 쓱싹거림과 함께 입을 뗀 건 나였다.

"난 요즘 아빠 장례식장 예약하는 상상을 하면서 잠을 자. 그래야 잠이 오거든."

"대체 이 고통이 언제까지일지 모르겠어. 그게 너무 불안해. 차라리 기간이 정해져 있다면 이렇게까지 힘들진 않을 거 같아. 있지 썬, 나는 우리 아빠가 날 좀 그만 괴롭혔으면 좋겠어."

"어…, 그니까…, 이제 그만 죽었으면 좋겠어."

지나가던 사람이 없었기에 망정이지 그 좁은 카페에서 누구라도 들었으면 욕 얻어먹기 딱 좋은 패륜한 말들을 줄줄 쏟아 냈다. 아니 쏟아져 버렸다고 표현하는 게 맞을 듯하다. 한번 뱉어 내기 시작한 것들은 봇물 터진 양 감정의 파도에 밀려 미친 듯이 줄줄 흘러내리고 있었다. 이런 말을 자기 부모도 아닌 시아버지를 위해 누구보다 치열하게 노력하고 있는 썬에게 해도 될까 하는 찰나의 고민들도 쏟아져 나오는 감정들에 휩쓸려 어딘가로 사라져 버렸다. 그 순간 대화의 기능은 소통이 아닌 그저 방출로써 존재했기에 불가항력이었다. 헉헉대며 모든 걸 쏟아 내고 나니 그제야 덜컥 불안한 마음이 든다.

'나를 이상한 사람으로 보면 어쩌지…'

슬그머니 바라본 썬의 눈에는 눈물이 그득했고, 이윽고 그녀의 눈에서도 눈물이 뚝뚝 떨어졌다.

"나도 그래. 나도 우리 아버님이 이제 그만 돌아가셨으면 좋겠어…"

거대한 슬픔의 너울이 우릴 덮쳤다. 이 좋은 날 이런 이야기를 하는 우리가 너무 애처롭고 슬퍼서. 우리의 소원으로 몇 번씩 죽임을 소망 당하는 아버지들이 불쌍하고 또 불쌍해서….

누구보다 잘해 드렸다 자부하고, 또 더욱 잘하려고 노력했던 우리의 젊음, 사랑, 효도의 결말이, "이제 그만 돌아가셨으면…"으로 채점된 성적표가 억울해서. 내 말끝에 눈물을 흘리는 썬을 보고 있자니 나도 내가 너무 불쌍해서 눈물이 줄줄 났다.

그날 그렇게 죽고 싶은 딸과 죽고 싶은 며느리는 살고 싶어서 엉엉 울었다. 한바탕 눈물을 쏟아 낸 후 우린 동일한 프로젝트를 계획하며 아쉬운 마음을 뒤로하고 헤어졌다.

- 폭력적이고 문제가 많은 아빠들을 최대한 보듬어 줄 깨끗하고 좋은 요양병원을 찾아 입원시키기 -

요양병원 모험기

일요일은 일주일 중 남편이 딱 하루 쉬는 소중한 날이다. 그래서 우리 부부는 일요일마다 곳곳으로 돌아다니며 맛집 탐방을 하는 게 소확행이었으나 이젠 요양병원으로 그 목적지가 달라졌다. 썬이 정리해 준 엑셀 파일 안에서도 위급 상황 발생 시 1시간 안에 갈 수 있는 위치의 요양병원이 1차 검토 리스트에 올랐고 거리순대로 두어 곳을 정리하여 들러보기로 했다.

그런 와중에 병원에 입원해 있는 아빠의 상태는 날로 나빠지고 있었다. 어느 날은 우리를 부르라며 밤새 고성을 지르고 있다고 하여 쫓아가 보니 잠이 든 건지 아닌지도 모를 모양새로 눈을 감고 일정한 템포로 "나와라! 나와라!"라는 소리를 주문처럼 내지르고 있었다. 그 모습이 첫날 병동 격리실에서 "아~ 아~" 하는 소리를 지르던 섬망 할머니와 똑같은 모양새인지라 이젠 아빠도 빼박 섬망 환자구나 싶었다. 탄탄했던 팔은 근육과 지방이 쪽 빠져 쪼글거리는 피부 위로 혈관이 툭툭 불거져 나왔고, 두꺼운 바늘이 꽂혀 있었던 흔적으로 호피 무늬 같은 피멍 자국이 즐비하다. 그러나 더 이상 마음이 무너진다거나 찢어진다거나 하는 느낌도 없다. 애초에 무너질 만큼 쌓여 있는 것들도 없으니 말이다.

간호사들도 우리에게 어찌할 방도가 없다는 걸 느꼈는지 '어떻게 좀 해 보세요.'보다는 '저희가 알아서 해 볼게요.'라는 태도로 바뀌었다.

"어르신 상태 보고, 정 못 주무시는 거 같으면 수면제 미량 투약할게요. 걱정 마세요"

간호사들이 도리어 우릴 위로하는 단계까지 왔으니 어느 지점에서 서로 무언가를 포기한 상태였던 거 같다. 또한 언제 쫓겨날지 모르는 막막함에 한계치까지 올라왔던 불안한 마음은 퇴원이 예정되는 순간 오히려 편해졌고 병원의 호출도 여유롭게 대처할 수 있었으니 요양병원을 물색하러 다니기엔 딱 좋은 시기였다.

리스트를 받아 열심히 검색해 본 결과 요양병원은 도시형과 지방형으로 나뉜다는 것을 알았는데, 우리가 원하는 깔끔하고 쾌적한 시설의 도시형 요양병원은 애초에 넘볼 대상이 아니었다. 그러나 지방형 요양병원은 위치 때문인지 사이즈와 뷰가 괜찮은 병실들도 종종 보였고 입소 기준도 도시형에 비해 덜 까다로운 편이었다.

그렇게 정한 첫 번째 병원은 경기도 이천시의 ㄱ요양병원으로 딱 봐도 종합병원급의 거대한 사이즈를 자랑하는 곳이었다. 진입하는 도로에서부터 탁 트인 뷰와 고즈넉한 분위기까지 감돌고 있어서 지옥 같던 첫 요양병원 방문의 트라우마가 상쇄되는 기분이었다. 다만 전날 방문 예약을 했음에도 불구 우리가 담당자를 찾으니 출근을 안 했다는 당황스러운 답변에 잠시 싸함을 느꼈지만, 시설 투어를 하면서 만난 쾌적한 병원 시설에 마음이 좀 누그러들었다. 해가 잘 들어 포근해 보였고 열린 병실 틈으로 보이는 알록달록한 이불들의 모습은 병원보다는 요양원, 혹은 경로당 같은 느낌이 들었다.

"와 여기는 거기랑 다른데? 괜찮은데."

수선을 떨며 남편 옆구리를 쿡 찌르자 남편 역시 아빠가 입원해 있는 병원과 별반 다른 점 없는 시설이 맘에 든 눈치였다. 층층마다 한 바퀴씩 돌아보고 난 후 모든 요양시설이 좁고 빼곡한 것은 아니구나 다행이다 싶어 썬에게 보고를 하자, 기다렸다는 듯 "나도 가 볼래!"라는 답장이 왔다.

그 후로 방문한 ㄴ요양병원은 ㄱ요양병원에서 차로 10분 거리라 들러 보기로 한 곳인데, '폭력적인 남자 환자'라고 했는데도 선뜻 방문을 권하였으며 상담도 친절하고 적극적인 편이었다. 그 점이 앞서 방문한 ㄱ요양병원과 차이가 있었다. 두어 단계의 보안장치를 통과하여 들어선 병동은 부드러운 건물 외관과는 다르게 긴장된 기류가 흐르고 있었는데 딱 봐도 알코올 중독이나 폭력성 치매 등을 앓고 있구나 하는 느낌이 드는 남자 환자들이 많이 보였다. 들어서며 보았던 2중 3중으로 된 병동의 안전장치가 납득이 갔다. 심지어 출입카드 없이는 엘리베이터도 작동하지 않는단다.

"어, 근데 아까 들렀던 요양병원은 이런 장치 없었잖아?"

"그러게. 거긴 외부인도 내부인도 그냥 마음대로 왔다 갔다 할 수 있던 거 같던데…"

"우리 아빠 탈출해서 택시 타고 집에 가 버리면 어쩌지?"

"그러게…"

두 병원엔 장점도 뚜렷하지만 쉽게 지나칠 수 없는 애매모호한 단점들도 하나씩 있었는데 ㄱ병원의 경우 허술한 보안과 데스크 직원들의 심드렁한 태도였다. 문을 들어서면서부터 병동에 이르기까지 보안과 관련한 어떤 장치도 볼 수 없었고, 병실투어를 우리끼리 하라고 올려 보낸 직원의 태도도 맘에 걸렸다. 이런 것이 왜 평가 기준에 포함 되냐면 부모가 너무 버거워 요양기관에 맡겨야 하는 시점이 올 땐 결국 그곳이 자식들의 최후의 보루가 된다. 그 막다른 지점에서 직원들이 노인들을 대하는 태도는 보호자로서 가장 먼저 체감될 온도가 될 것이고 그래서 내 부모를 단순 병상을 채워 줄 환자가 아니라 조금은 짠하게 봐줄 수 있는지가 중요했다. 솔직히 개털 뽑는 헛소리라는 걸 안다. 직원이라는 이유만으로 남의 부모를 애틋하게 봐줄 의무는 없다는 것도. 그럼에도 불구하고 자식들 앞에서 그런 '척'이라도 해 주는 병원과 아닌 병원은 분명 노인들을 대할 때 태도의 차이가 있을 것이라고 판단했다.

뉴스에 나오는 여러 가지 사건사고들을 보며 최소한의 위험요소만이라도 배제하고 싶은 마음과 더불어 이기적인 평가 기준이라는 것도 인정한다. 하지만 우린 이 기준에 부합하는 곳을 찾기 위해 많은 노력을 했고 그 뒤에 따라오는 선택 과정의 피곤함도 감수했다. 아마 모든 자식들은 다 이러지 않을까 싶다.

하여튼 ㄱ병원은 이렇고, ㄴ병원의 단점은 아빠와 같은 성향의 환자들이 많다 보니 아빠에게나 기존 환자들에게나 위험도가 너무 높아 보였다. 입원시켜 놓고도 환자들이랑 싸우는 건 아닐까 매일 전전긍긍할 게 뻔했다.

각 병원들의 일장일단이 너무 뚜렷한 고로 선택을 보류한 채, 아쉬운 마음에 썬이 정리해 준 리스트에서 한 곳을 더 뽑아 방문하기로 했다. 그곳은 경기도 의왕시에 위치한 정신병원 산하 치매병원이 같이 운영되는 ㄷ병원이라는 곳이었다. 일반적으로 환자가 많은 병원은 항상 상담 양상이 비슷하게 흘러가는 편인데, 초반엔 밝게 시작하나 후반부로 갈수록 점점 잿빛으로 어두워지는 상담 실장의 표정이 좀 꺼림칙했다. 정신병원으로 유명한 곳이었기 때문에 항정신성 약물에 대해 좀 더 섬세하게 처방을 해 주실 수 있지 않을까 하는 기대감 때문에 방문한 곳이었지만 이곳 기준으로도 우리 아빠는 특 AA급의 문제 환자였다. 이 경우엔 통합 간병을 사용할 수 없고 1인실 + 1인 간병인이 무조건 붙어야 입원이 가능하다고 했다. 간병비에 대해 물어보니 1인 간병은 하루에 10만 원이 넘어 병원비와는 별도로 간병비만 한 달에 300만 원 정도가 지출될 거고 대부분 외국인 간병사라서 수틀리면 그날 저녁 바로 짐 싸가지고 탈주할 수도 있으니 24시간 간병 대기를 해야 하는 가족들이 무조건 있어야만 한다는 답변에 우린 발걸음을 돌려 나와야만 했다.

경기도 일대를 휘젓고 집으로 출발하려고 하니 벌써 하늘이 어둑하다. 하루에 세 곳의 병원을 둘러보고 나니 기운이 쭉 빠졌으나 퇴원이 4일밖에 남지 않은 이 시점에 크게 와닿는 병원이 없다는 게 더 문제였다. 돌아가는 차 안. 문득 동네 번화가에 새로 지어 큼지막한 간판을 올리던 요양병원이 생각나 별 기대 없이 전화를 걸어 보았다. 상담 직원의 밝고 힘 있는 목소리에 남은 기운을 쥐어짜 네 번째의 병원으로 향했다. 신축 건물의 상부 4층을 모두 사용하고 있는 곳으로 깔끔한 외관과는 달리 엘리베이터에서 내리자마자 진동하는 지린내 때문에 무슨 정신으로 상담을 했는지 기억도 안 날 만큼 빠르게 도망치듯이 나왔다. 그렇게 그날의 요양병원 탐방은 끝이 났다.

남편과 회의를 거듭한 결과 압도적으로 더 좋은 곳이 나타나지 않는다면 이천시의 ㄱ병원이 괜찮을 것 같다는 결론이 지어졌다. 그러나 우리에겐 요양병원 선택만큼 중요하고 커다란 과제가 있었으니 바로 아빠를 어떻게 입원시키는지의 문제였다. 퇴원하면 곧장 집으로 가는 줄 알고 있을 것이고 요양병원이란 단어를 꺼내는 순간 아빠는 모든 것을 개박살을 낼 것이다. 그것은 썬의 시아버지 케이스가 확실하게 보여 줬으므로 예정된 수순임에 분명했는데, 힘들게 보낸 요양원에서 강제 퇴원을 당한 후 거부 의사가 더욱 과격해졌다고 했다. 이 문제로 썬도 나도 골머리를 앓게 되었고 도무지 30대 초반 여성들의 대화 내용이라고 하기엔 살벌한 내용들이 카톡으로 오가고 있었다.

"병원 공문을 위조해서 설득시켜 보자."

"안 되면 사설 119를 불러서라도 강제 입원을 시켜야 되지 않을까?"

"근데 그거 불법일 수도 있다는데 불법이면 경찰 대동 하에 보호입원이 가능한 건가?" 등등 내가 그리 힘들게 쌓아 올린 평범함의 벽이 와르르 무너지는 소리가 들리는 듯했다.

해결책을 찾을 수 없는 내용이 길어질수록 우린 지쳐 갔다.

"힘내자!"

"그래, 파이팅…, ㅠㅠ."

서로를 향한 응원으로 대화가 끝났고, 소확불(소소하지만 확실한 불운)의 하루가 또 지나가고 있었다.

내 딸 밥은 먹었냐?

유·소·청년기를 아빠와 복닥거리며 살다 지금의 남편과 결혼한 후 공간 분리는 되었으나 감정 분리는 하루아침에 딱 되는 성질의 것이 아니었다. 특히 우리 같은 부녀에겐…. 그리하여 아침에 일어나 한 번, 점심 먹고 한 번, 저녁 운동 가며 한 번, 이런 식으로 많게는 하루에 서너 번도 넘게 안부 전화를 해 대는 내 모습을 두고 주변에서는 효녀라며 칭찬했지만 그렇게 때맞춰 전화하지 않으면 "너는 나한테 관심이 없냐?"고 팩 토라져서 며칠씩 가는 아빠의 뒤끝 때문에 본능적으로 몸에 밴 습관일 뿐이었다. 시차 6시간의 해외에서도 빼먹을 수 없는 아빠와의 통화는 효도라기보단 분리되어야 할 감정이 질척하게 눌어붙은 족쇄와 같은 느낌이 강했다. 하지만 강제되어 답답한 것뿐이지 통화 자체는 싫지 않았는데 그 이유는 매번 전화를 받자마자 "딸, 밥은 먹었냐?"라고 물어봐 주는 아빠의 목소리가 항상 다정했기 때문이다.

내가 매일매일 무얼 하고 무얼 먹었는지 궁금해하는 건 우리 아빠뿐이라는 사실은 그때도 지금도 마찬가지다. 말 나온 김에 다정하고 배려심이 넘치는 우리 남편도 내가 오늘 점심 뭘 먹었는지는 단 한 번도 궁금해하지 않더라고 소심한 폭로도 해 본다. 생각해 보면 그렇게 매일 나에게

밥은 먹었는지 운동은 다녀왔는지 물어봐 줬던 이유는 아빠에게도 누군가 그렇게 물어봐 줄 사람이 있었으면 하는 소망의 발현은 아닌가 싶다.

글을 쓰는 이 시점에선 나에게 더 이상 "밥은 먹었냐?"라고 물어봐 줄 사람이 없다는 게 사무치는 외로움으로 다가올 때가 있는데, 그래서일까 아빠도 나와 같다면 그의 마음 기저에도 오래된 외로움이 깔려 있었던 것은 아닌가 싶어 입맛이 씁쓸해질 때가 있다.

여하튼지 아빠의 "밥은 먹었냐?"라는 말은 그만큼 나에게 의미가 크다. 평범한 일상의 필수 요소 같은 존재고 상징이었다.

"아버님 삼일 뒤 이천 병원에 모시기로 했어."

우리 뒤를 이어 ㄱ병원에 방문하여 상담을 마친 썬이 시아버지의 입원 결정을 전했다. 우리와는 달리 상담 직원도 친절했는지 금액대와 입원환경까지 맘에 든다 말하는 그녀의 목소리가 꽤 밝았다. 썬의 시아버지 입원일이 아빠의 퇴원 전날이기에 안전하게 전원에 성공한다면 우리에게도 가능성이 있다. 썬의 승전보가 들리면 나도 이곳으로 모셔야지 싶어 내내 갈피를 못 잡았던 마음의 무게가 조금 가벼워졌.

물론 아빠 입장에선 다가올 미래에 요양병원이라는 단어는 없었다. 집중치료실에 온 이후 잊을 만하면 당장 집으로 가겠다며 소동을 일으키고 있었으니 말이다. 본인이 퇴원하면 무조건 집으로 가게 될 것임을 확신하는 아빠와 요양병원으로 보낼 생각에 맘이 편해진 나. 우리 부녀는 동상이몽 속에서 소박한 희망을 품고 있었으나 뭐 하나 계획대로 되지 않는 변수의 일상 속에서 '아빠를 어떻게 설득할 것인가?'는 해결되지 못한 나만의 난제였다. 다만 아빠의 몸 상태가 공격적인 치료에도 그다지 좋아지는 게 없고 정강이의 상처도 자꾸 덧나가고 있으니 집으로 가지 말고 꼭 요양병원으로 모시라는 의사의 말은 나에겐, '어떻게든 보낼 수 있겠지 뭐.'라는 행복회로를 돌릴 구실이 되었고 남편에겐 결연한 의지(안 되면 힘으로라도!)를 불태우게 만드는 계기가 되었다.

퇴원 삼일 전. 저녁 면회 시간 요양병원으로 모실 생각을 품고 아빠를 마주하자니 지레 밀려오는 죄책감에 부드럽게 대해 줘야지, 짜증은 내지 말아야지 하며 단단히 마음을 먹고 병실로 들어선다. 멍하니 침대에 앉아 있던 아빠가 인기척을 느끼곤 우리를 쳐다본다. 오늘따라 눈빛이 유난히 촉촉하네 생각을 하던 찰나 곧이어 들썩이는 아빠의 입술 사이로 내가 그토록 듣고 싶었던 말이 흘러나왔을 때 난 알 수 없는 소리를 내며 병실을 뛰쳐나갈 수밖에 없었다.

"내 딸 밥은 먹었나?"
"미안하다. 미안해…."

아빠다. 저 모습은 내가 그리던 아빠가 맞다.

이제 익숙해져 버린 낯선 대머리 신사가 아닌, 조금은 잘 삐지고 예민하지만 그래도 나의 안부를 물어봐 주는 내가 사랑하던 아빠가 저기에 앉아 있다. 어쩌면 병원에 입원한 이후 내내 그리워했던 모습일 텐데도 너무 생경하게 느껴져 병원 복도에서 숨죽여 흐느껴야 했다.

눈물에서 그런 쓴맛이 날 수 있는지 처음 알았다.

마음속 천불에 불꽃이 피어올라 온몸에 진득진득하게 엉겨 굳어진 슬픔이 녹아내리는 듯이. 그것들이 휘발되어 풍겨 대는 연기가 내 눈과 코를 타고 올라와 숨 막히게 맵고 따가워 눈물이 났다. 슬프고 안타깝고 이런 감정보다는 그냥 이 모든 상황이 다 속상하고 짜증이 나서 눈물이 났다.

요양병원으로 모시기로 결정을 한 지금, '저렇게 제정신으로 돌아와 버리면 한순간에 바스러져 버리는 내 마음은 어찌하나? 집에 모시고 가서 다시 예전처럼 평범한 일상을 꿈꾸어도 될까?' 하는 희망이 생겨나고 그것이 말도 안 되는 욕심이란 것도 알지만…, '씨발… 난 그런 욕심도 부리면 안 돼?'라는 그런 모순된 감정이 들었다.

그럼에도 불구하고 저 애달픈 노인을 요양병원으로 입원시켜야겠다는 내 이기심이, 신에게 한 번 더 쌍뻐큐를 먹이고 싶을 만큼 거대해진 분노가, 뭉치고 뭉쳐 기어코 눈물샘을 꽉 틀어막아 버린 게 아닐까?

얄궂을 만큼 야박한 양의 눈물이 살갗을 따갑게 가르며 찔끔찔끔 흘러나왔다. 닦을 것도 없이 그대로 눌어붙어 버린 눈물자국을 대충 소매로 문지르곤 다시 돌아가니 커튼이 쳐진 병상 안에서 시뻘게진 얼굴의 남편이 헉헉대며 나온다. 간호조무사 한 분이 기저귀를 교체하려고 들어왔으나 아빠의 거대한 몸을 어찌하지 못하고 고전하고 있기에 남편까지 합세하여 한 명은 다리를 들고 한 명은 엉덩이를 드는 식으로 한참을 끙끙대며 겨우 성공했다고 한다.

주차된 차 안에서 상황 설명을 해 주던 남편이 배시시 웃으며 말한다.

"와! 아버님 힘 겁나 세다. 너무너무. 강제 입원 어떻게 시키지? 이거."

패륜적 내용을 한껏 상기되어 말하는 남편의 표정이 너무 웃겨서 결국 나는 푸흡! 소리를 내며 엉엉 울었다.

내 아버지를 소개합니다 - 2

 오늘도 아빠는 앞으로 다가올 미래에 어떤 일이 생길지 꿈에도 생각하지 못한 채 그저 눈만 깜빡거리며 침대에 누워 있다. 그리고 그 옆엔 오늘도 한숨을 푹푹 쉬어 대는 내가 있다. 꾸준하게 일상적인 나날들. 아빠의 난동으로 불려 온 것까지 완벽하다.
 퇴원 이틀 전.
 이날은 두 번째의 액팅아웃 전화를 받은 날인데 이번엔 기저귀를 갈아주던 간호조무사를 때렸다고 했다. 짜증 섞인 표정의 조무사에게 첫 액팅아웃 때처럼 하염없이 고개를 숙이고 사과를 하고 있으니 옆에서 보고 있던 수간호사가 그냥 싫다고 반항하는 과정에서 손이 실수로 스친 거 같다며 설명을 해 주었다. 첫 번째도 그렇고 두 번째도 그렇고 상황과는 별개로 폭행이라는 단어는 모든 걸 압도할 만큼 공포를 준다. 여러 가지 이유에서. 또한 아빠의 매콤한 왕주먹은 스치듯 지나갔다 해도 결코 약한 것이 아니었기에 의도가 있건 없건 상관없다. 결과적으로 아빤 사람을 때린 거고 상대방은 많이 아팠겠지. 두 번째 겪는 일이지만 덤덤해질 수가 없다. 절망 그 자체다.
 대체 무엇이 그리 싫어 사람을 때렸나 하고 상황을 살펴보니 예상되는 지점이 보였다. 이번엔 기저귀다. 기저귀 교체 작업은 아빠의 기분에 따라 난이도가 굉장히 들쭉날쭉했는데, 케어 인원 대부분이 여성 조무사들이기에 인지가 맑은 날은 수치스러움을 강하게 느끼는 듯했다. 그래서 오늘은 정말 싫다고 때렸을 수도 있었겠구나 하는 마음에 침상 옆에서 대기했다. 액팅아웃이 또 일어날지도 모르니까.

시간이 되니 과연 여러 명의 여성 조무사가 병실로 들어왔다. 목욕을 하지 못하는 와상환자들을 위해 드라이샴푸와 젖은 수건 등으로 위생관리도 해 주고 로션도 발라 준다. 그 시간에 기저귀도 갈아 주곤 하는 듯 보였는데 아빠의 액팅아웃을 경고하러 닫힌 커튼 쪽으로 발길을 향하는 순간 "아이고 고급 호텔이 부럽지 않습니다. 이렇게 깨끗하게 해 주시니 제 기분이 무척 좋네요. 감사합니다."라며 껄껄 웃으며 넉살 좋게 농을 치는 아빠의 목소리가 들리는 것이 아닌가. 기저귀 케어는, 인지에 따라 어느 날은 본인을 싫어하는 악의 무리의 부당한 공격으로, 어느 날은 응당 받아야 할 고급 서비스로 번갈아 인식되는 듯했다. 때려 놓고 혼자만 웃으면 뭐 해? 이미 분위기는 싸했고 나는 민망했다.

케어가 끝난 후 자꾸만 자기 옆에 좀 앉아 보라고 재촉하는 아빠의 요구를 가볍게 무시하곤 복도로 나가 지나다니는 사람들을 구경하고 있는데, 데스크에 서 있던 중년의 수간호사와 눈이 마주쳤다. 보호자로서 대부분 젊은 간호사와 이야기할 일이 많았지만 이렇게 사건이 터질 때는 나이 지긋해 보이는 간호사들도 종종 볼 수 있었다. 피로함이 역력한 시선과는 온도 차가 있는, 연민 섞인 시선이 나를 향할 땐 살짝 위로도 되었는데 그래서 용기 낼 수 있었는지 모르겠다. 나도 모르게 수간호사에게 다가가 질문을 했다.

"수간호사님은 지금까지 많은 환자를 보셨을 테니 여쭤보고 싶은 게 있어요. 우리 아버지가 많이 특이한 케이스인가요? 그렇다면 이런 환자들은 어떻게 케어를 해야 하나요?"

처참한 심정이 될 때마다 무의식적으로 행해 왔던 자기 위로의 진화였을까? 그날따라.

'어르신 같은 환자 많아요, 너무 무서워 말아요. 다들 이러시는데요. 뭐.', '생각보다 유별난 케이스가 아니에요.'라는 식의 말을 듣고 싶었다. 평범함의 범주에서 크게 벗어나지 않는단 소리를 들어야 퇴원 이틀을 남겨 둔 내 마음에 안식이 찾아올 것 같았다. 그러나 이어서 들려온 수간호사의 답변은 늘 그렇듯, 내가 원하는 것이 아니었다.

초등학교 때부터였을 거다. 남들과 조금 다르다고 느낀 걸. 나는 항상 '왜?'로 시작되는 의문을 허리춤에 꼬리처럼 달고 다니던 꼬맹이였다. 절단나기 일보 직전이었던 가정환경과 가난은 내 부모에게 자식의 교육까지 신경 쓸 여유를 주지 않았다. 따라서 부분적 방임과 함께 나는 조금 띨띨한 애로 자라 나갔다.

음악 시간. 다들 익숙하게 치는 피아노를 나만 못 쳤다. 왜? 악보를 못 봐서. 수학 시간. 구구단을 못 외운 애들만 남는 '방과 후 부진아반'에 남겨져서 항상 놀림을 당했다. 나의 신발주머니 속 실내화는 제때 세탁되지 않아 늘 꼬질꼬질했고, 수업 준비물은 항상 안 가져와서 친구들에게 빌리는 것이 다반사였다. 숙제라는 걸 매일매일 해야 하는 건지도 몰랐다. 그래서 선생님이 무서운 얼굴로 "숙제 안 해 온 애들 손들어!"라고 하실 때마다 내심 '다른 애들도 안 해 왔겠지?' 하고 손들면 나밖에 없었던 그런 기억이 있다. (참고로 우리 동네는 강남8학군 안에 포함되어 초교 때부터 교육열이 강했던 가정들이 많은 편이었다.) 그렇지만 그림은 곧잘 그리는 편이었는데, 딱히 배우지 않았어도 번번이 상을 타 왔고 재능 있다며 칭찬도 많이 들었다. 때문에 배우지 않아도 얻어지는 것이 있고, 그것들은 태어나는 순간 랜덤하게 할당되는 줄 알았다. 구구단을 외울 줄 안다거나 피아노를 칠 줄 안다거나 하는 것들 말이다.

'왜 우리 아빤 할아버지지?' (태어나자마자 아빠 스펙 = 50대 대머리)
'왜 우리 집은 반지하지?' (동네 분위기상 친구들의 집은 대부분 단독주택)
'왜 우리 집은 차가 없지?' (아빠 면허 취소)
'왜 나는 비 오는 날 엄마가 데리러 오지 않지?' (엄마 집 나감)

꾸준한 의문을 거듭하다 '아, 난 좀 뒤떨어진 아이구나. 할당받은 것이 많지 않은 아이구나!' 하며 스스로 결론 냈다. 그렇게 '무한 WHY?'를 멈추게 되었고 그때부터 나는 남들과는 다르다는 걸 자연스럽게 받아들이며 살아왔던 것 같다.

그런 언더그라운드 라이프에 익숙해진 꼬맹이에게 확실한 비주류의 삶을 교육하기 시작한 건 아빠였다. 아빠 역시 평범함과는 거리가 먼 사람이었다. 장난감 하나를 사 주더라도 남들과는 약간씩 다른 걸 사 가지고 왔다. 기억나는 것이 몇 있는데 하나는 초등학교 4학년 때였을까. 여자아이들 사이에서 유행하던 아이템이 있었는데 헤어피스가 양 끝에 달려서 착용하면 영턱스클럽이나 SES의 멤버같이 길게 땋은 헤어포인트를 연출할 수 있는 헤어밴드였다. 친구들이 너도나도 그걸 쓰고 다니길래 "아빠! 나도 저거 사 줘." 하며 며칠 밤을 졸라댔고 드디어 아빠가 사 온 건…, 금발 피스가 달린 헤어밴드였다. 한번 학교에 하고 갔다가 대차게 놀림 받고는 방구석 어딘가에 처박아 버렸다. 또 스티커 사진이 한참 유행할 때 다이어리 뒷면에 붙이기 위해 사진을 교환하는 것이 그 시절 초딩들의 트렌드였는데, 보통은 예쁘게 차려입고 귀여운 표정, 윙크, 손가락 브이 이런 포즈로 사진을 찍었다. 하지만 나는 평범함을 거부하는 아빠의 코치 (더 많은 웃음! 더 많은 미소!) 때문에 조커처럼 입만 쭉 찢어져 촌스럽게 웃고 있는 사진을 찍어야 했고, 사진을 본 친구들이 표정이 왜 이러냐며 낄낄대는 통에 한동안 SNS 활동을 중단할 수밖에 없었다.

아빠는 사랑을 주는 방식도 남달랐는데 비유를 해 보자면 폭식 같다고 할 수 있다. 내가 "아빠 이거 너무 맛있어요." 하고 좋아하면 아빠는 뭔가 깨달았다는 듯 그다음 날 똑같은 과자를 한가득 사 왔다. 그러나 늘 그랬던 것은 아니고 기분에 따라 상황에 따라서, 어떤 날은 씨알도 안 먹히는가 하면 어떤 날은 몇 날 며칠을 그 과자만 먹고 연명해도 될 만큼의 양을 사 오곤 황당해하는 나를 흐뭇하게 바라보곤 하는 식이다. (이것은 한번 꽂히면 하나만 먹어 대는 나의 식습관에도 영향을 주었다.) 때문에 종잡을 수 없었다. 방이 정리가 안 되었다는 이유로 내가 아끼던 물건들을 싹싹 빌던 내 앞에서 다 때려 부수다가도, 세일러문을 좋아하지 않냐며 어느 일요일 낮 용산으로 데려가 원화 엽서를 삼만 원어치나 사 주기도 했다. 마지막으로 옷 가게를 하는 아빠로 인해 고등학교까지 아빠 취향이 강하게 반영된 새벽 시장표 옷과 신발을 신었어야 했는데, 그 취향이라는 게 가히 시대를 앞서나간 유니크함의 정점이었다.

그렇게 어딘가 특이한 아빠는 나 역시 특이하게 키웠고 그리하여 우리 부녀는 '보편적'이라는 단어와는 점점 멀어져 갔는데, 성인이 된 이후로는 그 특이함이 몸서리치게 싫고 거북스러웠다. 도태된 자들에게 붙는 낙인 같은 느낌이라 누군가가 "너는 참 특이하구나." 하면 칭찬보단 모욕으로 흡수되어 기분이 썩 좋지 않았다. 그래서 부단히 노력했던 것 같다. 아빠와의 마찰도 최대한 줄여 가며 흔한 효녀 딸처럼 보이기 위해 애썼다. 아빠를 부양하고 사는 성실한 딸의 모습이, 말만한 처녀가 고령의 부친과 매일매일 박 터지게 싸우는 모습보단 훨씬 평범함의 범주에 속할 테니 말이다. 물론 그 과정에서 억장이 터질 일도 많았다. 싸우기도 참 많이 했다. 이십 대 초중반에는 그로 인해 삐져나오는 날것의 감정을 숨기지 못해 주변 사람들에게 보일 때가 많았는데 그때 잠깐 만나던 남자 친구가 했던 말이 잊히지가 않는다.

"너는 왜 그렇게 아빠랑 싸워? 너네 아빠랑 싸운 이야기 지긋지긋해. 좀 비정상적인 거 아냐?"

그 말을 듣고 적잖은 충격에 빠진 나는 더욱 은밀하게 내 특이한 가정사는 고양이가 모래 속에 똥을 덮듯 깊숙한 곳에 묻어 숨겼고 딱 보기 좋을 만큼만 손질해서 전시했다. 그런 이십 대의 노력은 삼십 대에 빛을 발했고 평범한 인간의 정석이라 볼 수 있는 남편과 결혼을 했다. 드디어 나도 평범한 가정과 평범한 삶을 얻었다. 어딘가에서 무언가가 조금씩 불안하게 삐쭉거리긴 했지만 그래도 얼추 보편적인 삶의 형태라는 테두리 안에는 위치한 거 같아서 마음이 놓였다.

그러나 수간호사의 답변을 들으며 내가 그리 힘들게 쌓아 올린 평범함의 벽이 와르르 무너지는 소리가 들리는 듯했다.

"환자분이 유독 특이하세요. 오랫동안 근무하면서 이런 환자분은 본 적이 없는 것 같네요."

'아무리 그래도 그렇지. 그 긴 시간 동안, 이 큰 병원의 수많은 환자들 중 우리 아빠가 진상 원탑이라니!'

알량한 안식을 위해 불편한 진실을 증명 받고 나니 기가 막힌다.

'역시 내 인생은 평범할 수 없구나.'

절망스러웠지만 한편으론 속 시원했다. 그리고 문득 떠오르는 한 가지 깨달음.

'부재와 존재는 결코 노력으로 떨쳐 낼 수 없는 것이구나.'

안타깝지만 인정해야 한다.

그것이 나의 삶이고 아빠의 삶이기에.

뉴본(new born) 그랜파

"아버님 같은 환자는 본 적이 없어요."

오늘 낮 수간호사의 답변이 적잖은 충격이었나 보다. 터덜터덜 집으로 돌아와 그대로 곯아떨어져 버린 내 기분은 일어나서도 회복이 되지 않았고 저녁면회 대신 외식을 선택했다. 그래서 우리는 드라이브도 할 겸 차로 30분 거리의 근교로 가서 식사를 하던 중이었다. 식사를 마치고 일어나려는 때 남편의 전화가 울린다. 당연하게도 아빠다. 저 멀리서 통화를 하며 한참을 실랑이하고 있는 모습이 아무래도 요양병원 이야기인 듯싶다. 남편은 삼 일 전부터 요양병원에 대한 떡밥을 살짝살짝 뿌리고 있었는데 흐릿한 인지 속에서도 아빠의 거부 의사는 완고했다. 대부분의 대화는 남편의 의견 묵살 & 본인의 의견 (강한) 피력. 그러니까 아빠 할 말만 하다가 끝난다는 것이다. 내내 할 말을 씹힌 남편이 오늘은 조금 신경질이 났는지 살짝 언성을 높이다 통화가 끝났다.

"아빠가 뭐라는데?"

"늘 똑같지 뭐, 오는 길에 빵을 사 오라고 하시길래 안 된다고 했더니 불같이 화를 내시더라고. 그러더니 갑자기 먼저 요양병원 이야기를 꺼내시더니 죽어도 안 간다고 고래고래 소리 지르고 끊으셨어."

"어…, 그래?"

늘 다정하고 고분고분하던 사위. 그 사위만큼은 자기편이라고 생각했었을 텐데, 해 달라는 건 안 해 주고 자꾸만 요양병원 어쩌고 하는 것이 노여웠는지 오늘의 아빠는 분노모드다. 억지로 끌고 가겠다고 한 것도 아닌데 말이다. "요양병원도 그리 시설이 나쁘진 않더라고요."라며 슬쩍 운을 떠본 정도로 이런 반응이라면 앞길이 그리 밝진 않겠구먼…. 핼쑥해진 표정으로 차 시동을 거는데 또다시 아빠에게 전화가 걸려 왔다.

"야, 이 씨발놈아!"

"……."

아빠가 내 남편에게 공식적으로 뱉은 첫 번째 욕설이었다.

뭐라 대답을 하기도 전에 바로 끊겨 버린 전화. 황당함에 차 안은 일시적 음 소거 상태가 되어 버렸다.

"설마 이거 몰래카메라인가?"

갑자기 너무 웃긴지라 갑작스러운 쌍욕 어택에 어안이 벙벙해진 남편 옆에서 사과도 않고는 낄낄댔다.

"아니 욕을 하면 했지 번개처럼 바로 끊는 건 뭐람?"

다행히 남편은 충격을 받았다거나 한 눈치는 아니었다. 아빠가 본인에게 전혀 위협이 되는 상대가 아닌 걸 알기 때문일 테다. 강자는 약자에게 쫄지 않는다.

아빠는 지금까지 자신이 집안의 강자라고 굳게 믿고 있는 듯했으나 누가 봐도 그 위치는 이제 명실공히 남편의 것이었고 그것을 깨닫게 된 현재, 아빠는 할 수 있는 가장 위협적 액션을 취한 것뿐이다. 그런 것마저 우리 부부는 이미 예상했기에 화가 나기보단 그 모양새가 조금은 안쓰럽게 느껴졌다. 서로 이런저런 생각을 하며 집에 오던 중 병원에서도 전화가 걸려 왔다.

"어르신이 많이 흥분하셔서 잠도 안 주무시고 계속 소리를 지르시네요. 수면제 미량 투여하겠습니다."

쩝, 봐도 불안하고 안 봐도 불안하다. 그나마 병원에 있으면 편했던 시절은 지났고 이제는 빨리 퇴원하는 게 낫다 싶을 정도다. 어차피 병원은 집에 가는 길에 있으니 잠깐 들러 볼까 하고 아빠에게 향했다.

9시가 조금 넘어 도착한 병원. 고요한 병동에 면회객은 역시 우리뿐이다. 데스크에 가볍게 인사를 하니 아빠에게 손찌검을 당했던 조그마한 간호사가 방긋 웃으며 브리핑을 해 준다.

"보호자님 안 오셔도 되는데 걱정돼서 오셨군요? 전화를 괜히 했네요. 그죠? 수면제를 투여할까 했는데 지금 막 잠이 드셔서 지켜보고 있어요."

어떤 면에선 생판 남이 자식보다 낫다. 내 머릿속엔 그냥 뭐라도 놔주지 싶은 마음이 있었기 때문이다. 사람들을 밤낮으로 이리 들볶아 댈 거라면 위험부담이 있을지언정 차라리 약물의 힘을 빌려 잠시 주무시게 하는 게 낫지 않나 싶었으나, 그런 마음은 있으나 마나 한 체면을 위해 구석에 처박아 놓고 대충 대답한 후 병실로 들어갔다. 그냥 아빠 얼굴만 잠깐 보고 나올 생각이었다.

"헉!"

그러나 커튼을 걷자 그 안에서 날 맞이한 건 생각지도 못한 모습의 아빠였고 나는 터져 나오는 신음에 황급히 입을 막았다.

아빠의 손에는 아기들이 할 법한 하얀 손 싸개 같은 게 끼워져 있었는데, 그 아래 손목에는 억제대가 채워져 침대 프레임 양쪽에 결박되어 있었다. 가슴에 덕지덕지 붙은 의료기기들과 링거줄 때문에 상체는 탈의 상태였고 덮여져 있던 병원 이불은 걷어차 버렸는지 바닥에 떨어져 기저귀만 하고 있는 하체까지 숨김없이 날것 그 자체로 전시되어 있었다. 이 기가 막힌 아빠의 모습을 보고 있자니 마치 갓 태어난 신생아가 떠올랐다. 하필 대머리라 더 베이비 같지 않은가? 나이 여든에 아기의 모습으로 회귀되어 있는 모습을 보자니 문득 한 생각이 스쳐 지나갔다.

'인간의 시작과 끝은 그 모양새가 동일할 수도 있겠구나.'

어쨌든 남편에게는 절대 보여 주고 싶지 않은 모습이라 발발 떨리는 다리를 간신히 억누르며 몸을 돌리려는데, 아빠가 "으음" 하는 소리를 내더니 가래 낀 목소리로 으르렁대듯 나를 잡아 세운다.

"가지 마라."

등골에 소름이 쭈뼛 돋는다. 공포영화가 따로 없다.

"경찰을 불러라."

못 알아들어서 멍청하게 되물었다.

"아빠 뭐라고 했어?"

"당장 경찰을 불러라. 저것들을 고소해야겠다."

음. 오늘도 제정신이군. 왔다 갔다 하지만 그래도 디폴트값에 가까운 상태는 꾸준한 격노 상태와 더불어 매일 병원을 고발하겠다는 마음가짐을 가진 노인 쪽에 더 가까웠고 난 차라리 이 상태를 꾸준히 유지해 주길 원했다. 전처럼 어쩌다 한번 좋아지면 그 상태로 인한 희망고문에 더 고통스러웠기 때문에.

이윽고 숨소리가 점점 거칠어지더니만 팔을 좌우로 휘두르며 링거줄을 빼려고 낑낑대다 손 싸개 때문에 맘대로 되지 않자 발을 이리저리 구르며 같은 말만 반복한다.

"당장 경찰 불러…."

근데 왜인지 전처럼 짜증이 나지 않았다. 그저 한없이 애처로웠다. 아빠는 나에게 든든하진 않지만 그래도 버팀목 같은 존재였는데 그런 아빠가 기저귀만 차고 알아듣지 못할 소리를 하며 버둥대고 있는 걸 봐야 하는 나 자신에게 연민이 느껴질 만큼 우울감이 몰려왔다. 눈물이 날 정도는 아니었지만 울고 싶은 기분이랄까. 이대로 무시하고 나가면 한바탕 난리가 날 거 같기도 하고 불쌍하기도 해서 아빠의 손 싸개를 꼭 잡고 속삭인다.

"내가 경찰 불렀어. 이제 곧 올 거야. 그러니까 맘 놓고 자도 돼."

"그래. 잘했다."

그제야 아빠의 발버둥이 멈췄다.

그렇게 면회는 끝이 났다.

벌거벗은 임금님

퇴원 하루 전날. 어젯밤 모습이 뇌리에 박혀 내내 생각나는 통에 잠을 설쳤다. 당장 내일이 퇴원인데 아빠는 전혀 설득하지 못했고 어디로 갈지 어찌해야 할지 막막한 상황에 답답해서 누웠다가 일어났다가 앉아 있다가 그렇게 온몸을 혹사시키니 오전부터 컨디션이 좋지 않다. 누가 좀 도와줬으면 하는 하찮은 욕심도 이젠 부질없다. 한두 번 한 생각인가. 적막한 집이 그야말로 지옥 같다. 그 속을 괴롭게 부유하던 중 병원에서 전화가 온다. 적응될 법도 한데 여전히 마음이 내려앉는다.

"보호자님, 내과 과장님이 방금 환자분께 내일 퇴원하시라 이야기하고, 치료 종료하겠다고 말씀드리니 갑자기 옷을 모두 벗고 소리를 지르고 계시네요. 어떻게 하면 좋을까요?"

시간이 지나도 적응할 수 없는 이유는 이렇게 내 예상을 훨씬 뛰어넘는 사건들이 생겨서다. 이런 부분에서 아빠는 우리의 머리 꼭대기에 앉아 있다고 할 수 있겠다. 기껏 해 봐야 최악은 액팅아웃 정도라고 생각했는데 알몸 시위라니 이것이 뭔 일이란 말인가. 이것을 과연 섬망이라고 할 수 있는가?

"제가 지금 갈게요. 심해지시면 진정제 투여라도 부탁드려요. 죄송합니다."

"네 저희가 최대한 진정시켜 볼 테니 조심해서 오세요."

핸드폰을 저 멀리 밀어 버리고 맨바닥에 벌렁 누워 버렸다.

보통 같았으면 무슨 일이냐며 나보다 더 걱정을 했을 엄마는 지금 없다. 아빠가 입원한 다음 날 짐을 싸서 우리 집으로 왔고 약 3주 동안 함께 지내다 엊그제 본인 집으로 돌아갔다. 아빠의 퇴원과 입원으로 신경이 날카로워진 내가 쓸데없는 신경질을 부릴까 나름 배려 차원으로 분리를 선택한 것이다. 아, 아무래도 허튼 여유를 부린 것 같다. 우주에 혼자 툭 떨어진 기분. 불행과 불안으로 이루어진 중력이 나를 이리저리 밀가루 반죽 하듯 치대는 통에 정신을 차릴 수가 없다.

외롭고 무섭다.

몽실몽실한 우리 집 고양이들을 아무리 만져 봐도 덜덜 떨리는 손발은 따듯해지지 않았고 목구멍으로 아무것도 넘어가지 않아 아침 점심도 쫄딱 굶었다. 나는 원래부터 혼자 있는 걸 좋아했기에 아무도 없는 집의 고요를 사랑했는데, 꽉 채운 잡념들이 삐그덕거리며 소음을 내고 있는 것 같아 머리가 지끈거린다.

'솔직히 이 정도로 괴롭혔으면 이제 좀 조용해질 때도 되지 않았나?'

이런 기대가 있었다. 특히나 퇴원 하루 전만큼은. 그렇다, 어리석게도 나는 아빠에 대한 일말의 기대를 버리지 못하고 있었다.

'그래 일단 몸이 좀 나아질 때까지만 요양병원에 입원해 보자꾸나.'

이런 대답을 해 줄 수 있는 아빠였다면 얼마나 좋을까?

드라마나 다큐 혹은 에세이 등에 등장하는 부모들은 자식들에게 짐이 되는 걸 죄스러워한다. 또 스스로 이상해짐을 느끼면 자처해서 시설로 가려고 하는 그런 부모를 자식들은 못 보낸다, 엉엉 울며 붙잡고 애달픈 실랑이를 하고…, 뭐 어버이날 특집 드라마에서나 볼 수 있는 스토리가 일반인이 생각하는 초기 치매의 그림 아닌가? 그러나 실상은 전혀 다르다. 위의 경우는 얼마 안 되는 착한 치매의 경우다. 실제로는 총성 없는 전쟁, 소리 없는 아우성이다. 대부분 우리 아빠 같을 것이다. 긴가민가하는 상황에서 수없이 발생하는 기행과 돌발행동에 너덜너덜해진 자식들은 나와 같을 것이고….

아빠의 초반 스탠스는 치료고 뭐고 필요 없으니 당장 퇴원을 시켜 달라는 협박조에 가까웠으나 전혀 들어 먹히질 않자, 그렇다면 만족할 만큼 서비스(치료)를 받아먹은 뒤 퇴원을 하겠다로 방향을 틀었다. 이것은 나아지지 않는 몸 상태도 한몫을 했다. 병원에서는 아빠의 상태는 일정 수준 이상으로 좋아지지 못하는 상태라고 말했고, 그것은 이제 치료 이전의 아빠의 몸 상태로 돌아가지 못한다는 선고와 같았다. 나와 남편은 그 사실을 받아들였으나 아빠는 아니었고 명백한 의료사고라고 인식하고 계셨다. 따라서 당신은 이 병원에서 마땅히 책임져야 할 사람이고 그렇기에 이 병원의 서비스를 제공받을 권리가 있다고 자신의 지위를 설정한 뒤 이제는 의사에게도 거리낌 없이 하대를 하기 시작했다. 그런 아빠에게 퇴원 통보는 그의 직무유기로 받아들여졌을 것이다. 오랜 시간 아빠와 감정을 맞닿고 살아왔기에 그 사고방식의 알고리즘이 빠르게 해석된다. 오늘의 알몸 시위는 이런 메시지를 담고 있을 것이다.

"당장 내가 원하는 방향으로 상황을 맞춰라."

아무래도 퇴원도 입원만큼 빡세게 힘들 거란 결론까지 덤으로 도출해 낸 뒤 나는 진이 쭉 빠져 완전 녹다운이 되었다.

무거운 몸을 일으켜 주섬주섬 채비를 하던 중 썬에게 메시지가 왔다. 그 무렵 썬도 나름대로 힘든 사투 중이었는데 드디어 시아버지를 요양병원에 모시는 날이었기 때문이다. 하지만 우리가 그저 빛이라고 찬양했던 요양병원은 막상 데려와 입원 수속을 진행하다 보니 폭력성 있는 썬의 시아버지를 그리 반기지 않는 눈치였고 상태를 보자마자 1인 간병을 하셔야 할 수 있다는 병원 측의 이야기에 썬의 기분이 많이 상해 있었다.

"이럴 거면 여기 안 모셨지! 힘들게 모시고 오니 왜 말이 달라져?"

문제 환자라 미리 상담을 했고 격한 액팅아웃이 있을 수 있다 말했건만 갑자기 달라지는 입원실 사정과 불친절한 외국인 간병사와 미적지근한 병원 측 태도에 썬과 나 모두 멘붕이 와 버린 상황.

"야, 우리 아빤 빤쓰도 안 입고 병원에서 난동 부리고 있대."

썬이 화답한다.

"씨발! 다 망했어. 우리에겐 천국은 없어!"

아빠의 침대는 문 쪽에 위치해 있다. 때문에 병실 쪽으로 걸어가다 보면 저 멀리서도 자연스레 아빠의 모습이 보이게 되는 구조다. 병동 복도에 도착해 몇 발짝 가지도 않았는데 벌써 벌거벗은 대머리 영감님이 보이는 듯싶어 흐린 눈을 하고 최대한 느리게 걷고 있는데 어떤 아주머니 한 명이 못 볼 것을 봤다는 듯 혀를 차며 지나간다.

"아이고, 저 영감님은 왜 저렇게 홀딱 벗고 앉아 있대? 쯧쯧"

할 수만 있다면 나도 돈 주고도 못 볼 기이한 장면을 목격한 행인이 되어 이곳을 지나치고 싶다는 생각이 굴뚝같았다. 아빠는 정말 말 그대로 실오라기 하나 걸치지 않은 채 홀라당 벗고 침대에 앉아 졸고 있었다. 병실에는 오후의 겨울 햇볕이 화사하게 내리쬐고 있었고 안 그래도 흰 피부와 매끄러운 대머리에 빛이 반사되어 보고 싶지 않은 압도적인 살색의 향연이 눈에 들어왔다. 주렁주렁 매달려 있던 모든 링거줄과 의료기기들도 다 회수되었고 결박을 했던 보호대와 손 싸개도 없다. 중요 부위만 가리고 있는 하얀 베개만이 아빠에게 남은 전부였다. 현장에 있던 간호사의 증언으로는 오늘 오전, 다소 휑해진 본인의 몸에 어리둥절한 아빠가 회진 돌던 담당의에게 물었다고 한다.

"왜 링거를 다 빼놓은 거요?"
"따님이 말 안 해 주시던가요? 내일 퇴원하실 예정이어서요."

당연히 내게 전달받았을 거라 생각한 의사는 무심결에 답했을 거다.

"퇴원은 무슨 퇴원! 지금 이 상태로 어딜 가라고!"

거센 아빠의 반발이 이어졌을 것이고,

"네, 어르신은 이제 요양병원으로 가셔서 마저 치료하셔야 해요. 이것도 따님에게 모두 전달을 했습니다."

의사의 말이 끝나기가 무섭게 아빠는 조용히 기저귀까지 모두 벗어던지고 대자로 누워 버렸다고 한다.

"그럼 어디 한번 내보내 봐라."
"……"

아…, 의사 선생님 죄송합니다.

"그리곤 따님을 부르라고 소리를 계속 지르셔서 연락은 드렸는데요. 지금은 남자 간호사를 불러 달라는 요청 정도밖에 없으셔서 수면제는 안 놓고 두고 보고 있어요."

'하…, 그놈의 수면제 놔 주세요. 제발!'

이번엔 진짜 말할 뻔했다.

턱 끝까지 올라온 요구사항을 내뱉을까 말까 고민하던 찰나 썬의 새로운 메시지가 도착했는데 그 덕에 한 번 더 꿀떡 삼킬 수 있었다. 이 고요한 난리 통 속에서 전우의 메시지는 한 줄기 빛과도 같다.

"다행히 이야기가 잘 됐어. 우리 아버지 일반병실 말고 집중치료실에 모시기로 했어. 내부가 깔끔해서 괜찮더라고. 기다려 봐 병실 사진 보내줄게."

내가 갔을 때는 일반병실만 그것도 문틈으로 살짝 보는 것만 가능해서 내심 불안했는데 썬이 보내온 집중치료실의 사진을 보니 처음 방문했던 집 앞 요양병원의 그것보다 좀 더 넓어 보였고 병상 간격도 적당한 것 같았다. 냄새도 안 나고 분위기도 조용하다는 뒤이은 후기까지.

"개인 간병도 보호자가 불가하면 억지로는 않는다고 그냥 그럴 수 있다고 얘기만 한 거고 최대한 해 보겠대. 걱정하지 말래."

최대한 해 보겠다는 말에 왠지 마음이 안정되어 농담도 툭 던져 본다.

"우리가 예민했나 봐."

"야, 이제 우리 아빠 빤스만 입으면 되겠다."

떨어져 있으나 함께한다는 느낌이 드는 썬과의 대화로 심란한 내 마음이 점차 평온하게 가라앉았고 간호사의 권유로 집으로 돌아왔다. 이후 아빠가 옷도 입고 저녁 식사도 마치신 후 잠에 들었다는 병원의 이야기에 나도 겨우 첫 끼를 먹으며 하루를 마무리할 수 있었다.

결전의 퇴원 당일.

퇴원 수속으로 정신이 없던 오전 시간에 썬에게 카톡이 왔다.

"우리 아버님 어젯밤에 난동 부리셨다고 2인실로 옮기래. 어떻게 이러냐? 하루 만에! 여긴 안 되겠어. 나가야 할 거 같아."
썬의 말대로 우리에겐 천국은 허락되지 않았다.
'그럼 허락된 건 지옥밖에 없겠구나. 그래 한번 가 보자!'
나는 한껏 반항적이 되어 비장하게 아빠의 병실로 향했다.

결전의 퇴원일

퇴원일 오전, 병동 복도에서 마주친 담당의가 묻는다.
"어르신 어디로 모시기로 하셨어요?"
"아, 그게요…."

어젯밤, 그러니까 퇴원 전날 밤 아빠의 알몸 시위가 끝났다는 연락을 받고 남편과 아빠의 거취에 대해서 논의를 했다. 본인 발로 병원에 들어가겠다고 해도 될까 말깐데 저렇게 온몸으로 거부하는 아빠를 보니 긴급회의가 필요했다.

"썬이네 시아버지처럼 누가 누군지 아예 못 알아보는 것도 아니고…, 울 아빤 인지가 너무 또렷한데 어떡하지? 이러면 강제 입원밖에 방법이 없는데…."

"아버님은 여전히 힘도 세셔. 기저귀 갈 때 발로 몇 번 차였는데 엄청나더라. 강제 입원도 제어 가능할 때나 이야기지. 나 혼자서는 아버님 도저히 무리일 것 같아. 사람을 여럿 부르면 몰라도…."

"진짜 답 안 나오네. 억지로 하다간 사달이 날 거 같고."

"근데 말이야. 혹시나 하고 물어보는 건데 내 생각하지 말고 솔직하게 답해 줘. 네가 만약 우리 집에서 아버님 모시고 싶다고 하면 나는 그 뜻에 따를 수도 있어."

"오빠 그건 절대 안 돼! 우리 다 죽는 일이야."

집에 모시자는 말에 깜짝 놀라 정색을 섞어 대답했지만, 사실 마음속엔 우리 집에서 아빠를 보살핀다는 선택지도 희미하나마 존재했다. 저 귀퉁이 어디쯤에. 여기저기 굴러다니는 잡념들과 섞여 마치 중요하지 않은 것처럼 숨겨 놓았던 조그마한 욕심의 모습으로….

사실 아빠가 우리 집에 앉아 있는 모습은 그다지 어색한 장면은 아니다. 입원하기 전까지만 해도 자주 왔으니 말이다. 주말에도 종종 한두 번씩. 그리고 6개월마다 가야 하는 병원 검진 전날에는 무조건 우리 집으로 왔다. 병원과 더 가까운 우리 집으로 오는 게 오전부터 움직이기 편해서다. 우리 집에 온 날엔 항상 연어 초밥을 먹고 후식으로 뜨끈한 아메리카노 한잔을 즐긴 후 고양이들과 소파에 누워 11시까지 TV를 보다 그대로 스르륵 잠이 드는 게 아빠의 해피한 루틴이었다. 다음 날 꼭두새벽부터 일어나 씻은 뒤 본인 덮은 이부자리를 장롱에 넣어 놓고 옷까지 말끔하게 챙겨 입은 후 아침 뉴스를 보며 굼실굼실 일어나는 우리를 맞이할 정도로 아빠는 깔끔하고 부지런한 면이 있었다. 그런 아빠와 한집에서 지내는 건 가끔 물 떠와라, 커피 내와라 할 때만 살짝 귀찮은 정도지 별로 힘들진 않았다. 심지어 아빠가 가면 허전함을 느낄 때도 있었다.

그러나 그때라면 모실 수 있었겠지만 지금은 아니다. 엄마와 썬에게 상담을 해도 답은 똑같았다. 절대 못 버틴다는 게 공통된 의견이었다. 나는 두 달간의 병원 생활로 에너지가 바닥을 드러낸 지 오래고 너덜너덜하게 지친 상태였다. 거기다 텅 빈 에너지 대신 증오가 가득 차오르고 있었는데, 아빠가 보여 주는 1차원적인 행위에 대해서가 아닌 총체적인 증오였다. 무슨 생각을 하며 살아온 건지. 그 나이에 아무 대책도 없이 자식을 낳아 그마저도 이렇게 고통을 주고 괴롭히는데 써먹는지. 부모가 아닌 인간으로서 환멸을 느끼는 상태였고 그 증오를 누를 수 있는 에너지가 내게는 없었다. 그런 내가 아빠를 집에 모신다? 사랑과 정성으로 돌봐 줄 수 없는 건 불 보듯 뻔했다.

"오빠, 일단 아빠 집으로 모셔다 놓자!"

지금이야 병원 놈들 괘씸해서 퇴원 안 하겠다 저러고 있지만 아빠는 꾸준하게 집에 가고 싶은 의사를 내비쳤다. 새벽에 짐 싸서 집으로 가겠다며 간호사들 뒤집어 놓은 게 한두 번도 아니었고. 그러니 집에 다시 데려다 드리는 건 순순히 받아들이지 않을까. 애초에 병원을 거부했던 이유도 병원에 가면 다시는 집에 못 돌아올 거 같아서니까 말이다. 갑자기 그 본능적인 기민함이 안타깝게 느껴졌다. 결국 우린 그 길을 가야 하니까. 어쨌거나 요양병원 입원은 아빠가 그토록 돌아가고 싶어 하던 집으로 모신 후 최대한 설득과 회유를 통해 저 완고한 거부 의사를 말랑하게 손질한 후 최대한 무력충돌 없이 진행하기로 했다. 아빠를 꽁꽁 묶어 억지로 데려갈 순 없으니까 결국 우리에겐 이 방법밖에 남아 있지 않은 셈이다.

"이런 상황이라서 그냥 집으로 모시기로 했어요."

의사도 내내 시달렸던 기억이 나는지 납득 간다는 듯 고개를 끄덕였다.

"아…, 그러시군요. 그래도 빨리 병원으로 모시는 게 좋아요. 상태가 점점 나빠지실 거예요."

대충 알겠다고 대답한 후 짐을 챙기려 병동에 들어서니 멀리서부터 시끌시끌하다. 병실로 가 보니 아빠는 절대 안 가겠다 고집부리던 어제의 일이 무색하게 걸치나 마나 한 환자복 대신 당신이 사랑해 마지않는 자기 옷으로 싹 갈아입고는, 패셔니스타의 화려한 퇴장을 위해 꼭 필요한 중절모가 사라졌다고 찾아내라 성화 중이었다. 모자의 행방을 알 리 없는 간호사 두세 명이 아빠의 고함 소리를 뒤로하고 열심히 모자를 찾고 있었다. 그 사이에서 아빠는 오케스트라 지휘하는 것처럼 여기도 봐라 저기도 봐라 지시하며 근육이 다 빠진 다리로 혼자 일어나려다 넘어질 뻔한 것을 남편이 달려가서 간신히 붙들었다. 아빠가 시뻘게진 얼굴로 사위에게 안기듯 부축을 받으며 외친다.

"그게 얼마짜리 모잔 줄 알아? 얼른 찾아내서 가져와!"

퇴원하는 날까지 끝까지 민폐를 끼치는구나 싶어 도저히 참을 수가 없었다. 주먹을 불끈 쥐고 한바탕 퍼부을 생각으로 이를 바득 갈던 찰나, 간호사가 휠체어를 가져왔고 뒤이어 남편이 재빠르게 아빠를 앉힌 후 종이봉투에 처박혀 있던 중절모를 찾아냈다. 모자를 쥐여 주니 조용해지는 것이 세 살배기 아이랑 똑같다. 그렇지만 애는 귀엽기라도 하지 우리 집 대머리 영감님은 귀여운 구석이 하나도 없다. 모두가 분주한 이 현장에서 아이러니하게도 유일한 혈육인 딸인 내가 가장 쓸모없는 존재가 되어 있었다. 나는 아빠의 모자를 찾아 주고 싶지도 않았고 편하게 앉을 수 있는 휠체어를 가져다주기도 싫었다. 오로지 짜증만 내고 싶었다. "이 모자는 아주 멋쟁이들만 쓰는 모자이고 이따위 병원에서 이런 취급을 받을 만큼 내가 핫바지가 아니다."라며 혼자서 중얼대는 아빠가 너무 미웠다. 그래서 열심히 짐을 챙기는 남편과 그걸 도와주는 간호사를 앞에 두고도 아빠를 그저 째려보기만 했다. 이 병원에서 최대한 빨리 아빠를 데리고 사라져 주는 게 그나마 병동의 평화를 위해 내가 할 수 있는 최선이 아닐까 싶어 눈에 보이는 대로 짐을 쑤셔 넣고 재빨리 병실을 나왔다. 씩씩거리며 병실 문을 나서는 와중에 하필 지켜보던 수간호사와 눈이 딱 마주쳤다. 민망한 마음에 가벼운 목례를 하고 지나치려는데 갑자기 잘 가시라며 날 꼭 안아 줬고 그래서 조금 놀랐다. 이게 바로 연륜 있는 간호사의 통찰력인 것일까? 그녀에겐 더 이상 좋아지지 않을 환자를 데리고 악다구니할 내 암담한 미래가 보였을지도 모른다. 타이밍 자체로만 본다면 '앞으로 더 빡세질 테니 맘 굳게 먹으렴.'이란 메시지가 담겨 있는 포옹일 수도 있지만 그마저도 나에게는 벅찬 위로였다. 그날 그녀가 전해 주던 온기는 오랫동안 기억에 남아 힘이 되었다.

아메리카노가 뭐라고

병원 로비로 내려와 수납을 위해 대기표를 끊고 기다리는 도중 휠체어에 앉아 모자를 만지작대던 아빠가 옆에 있는 나를 툭툭 친다.
"뜨끈한 아메리카노 한잔 먹고 싶다."
가뜩이나 긴장하고 있는데 아빠의 주문 사항을 들으니 내 뒷골이 뜨끈해진다. 아메리카노는 심부전 환자에게 위험 음식 TOP3 안에 든다. 당연히 될 리가 없다.
'아빠는 이 난리를 치고 퇴원을 하는데 먹을 게 생각이 나? 아빠 몸 상태가 어떤지도 모르지? 절대 커피 먹으면 안 된다는 말 못 들었어? 커피 안 돼!'
이런 말이 목구멍까지 차올랐으나 초월적인 인내심을 발휘하며 부드럽게 말했다.
"아빠는 지금 커피 먹으면 안 돼."
하지만 애석하게도 아빠는 딸의 인내심과 부드러운 말에는 전혀 관심이 없었다. 또 오늘따라 사람이 왜 이렇게 많은지. 기나긴 대기시간 덕에 휠체어에 앉아 멀뚱거릴 것밖에 없던 아빠는 참을 인(忍)을 마음속으로 세 번씩 갈기고 있는 딸내미의 맘도 모르고 5분에 한 번씩 아메리카노를 요청하기 시작했다.

'이런 십 센티! 장송곡으로 아메리카노를 틀어 줄까 보다.'

웬만한 아메리카노 러버(lover)들도 지금 이 순간 우리 아빠에겐 명함도 못 내밀 거라고 단언한다.

'진정한 애호가라면 죽음의 문턱에서도 이렇게 휠체어를 굴리며 아메리카노를 찾아야지! 암, 그렇고말고.'

커피 좀 사 달라 조르는 여든의 노인과 짜증이 난 표정으로 구시렁대는 서른의 딸. 우리의 모습을 삼인칭으로 옮기면 볼만할 것이다. 〈인간극장〉 같은 다큐멘터리 안에서 〈웬만해선 그들을 막을 수 없다〉 같은 시트콤을 찍는 것처럼 보이지 않을까? 짐을 차로 옮기느라 주차장에서 올라온 남편이 퉁퉁 부은 우리 부녀를 보고는 의아한 표정을 짓는다.

"왜? 왜?"

상황 설명을 하니 싱긋 웃더니 로비에 있는 카페에 가서 재빠르게 아메리카노 한 잔을 사 와 아빠에게 건넨다.

"그냥 마시게 해 드려."

그걸 보고 있자니 지금까지 내가 반대한 의미가 무엇인가에 대해 생각해 볼 필요가 있었다. 과연 아빠의 건강을 위해서 그런 건지. 아빠가 미워서 그런 건지…

"아버님! 여기 아메리카노 가져왔어요."

아빠는 장난감을 선물 받은 어린아이처럼 화색이 돈다. 기대에 찬 표정으로 뚜껑을 열고 허겁지겁 커피를 입에 들이밀다 입천장을 데었는지 로비가 떠나가라 비명을 지르며 손을 획획 내저었다.

"앗, 뜨거!"

예전의 나였다면 냉큼 달려가 냉수 한 잔을 받아와서 컵에다 미지근하게 섞어 줬겠지만, 지금의 나는 그저 그 모습을 경멸스럽게 바라보고만 있다.

'이 노인이 내 아빠가 아니었으면…'

부모와 자식의 연이라는 게 탈부착할 수 있는 게 아니라지만, 나는 이제 그만 떼어 내 버리고 싶었다.

'차라리 나도 모르고 자신도 모르는 치매 노인이라면 더 나았을지도 모르겠지.'

이런 생각마저 든다. 한참이 걸려 수납을 마치니 미리 호출한 사설 앰뷸런스 기사가 와 있었다. 남편은 차를 가지고 가야 했기에 앰뷸런스엔 보호자인 내가 함께 탔다.

오롯이 아빠와 나. 둘만의 시간이 시작되었다. 바라보는 내 눈빛이 너무 서늘해서일까. 아빠는 누워 있는 와중에도 뜨끈한 아메리카노 컵을 보물처럼 꼭 잡고 있었는데, 나는 손 한번 잡아 주지 않은 채 덜컹대며 흔들리는 아빠를 그대로 쳐다보고만 있었다. 아빠의 목에서는 그렁그렁 가래 끓는 소리가 났고 갑자기 숨을 멈췄다가 이내 푸 내쉬기를 반복했다. 그러다 컥컥하는 소리와 함께 숨이 턱 하고 멈췄을 땐 이대로 모든 게 끝나 버렸으면 하는 생각까지 들었다. 집으로 가는 내내 아빠는 어지럽다고 했지만 대꾸조차 하고 싶지 않았던 나는 그저 참고 기다리라는 말만 무심하게 내뱉었다. 건조하기 짝이 없는 시간이었다. 그렇게 우리 부녀는 앰뷸런스에서 실컷 덜컹대다 집에 도착했다.

친절한 앰뷸런스 기사는 아빠의 침대를 탁탁 접어 각도를 맞춘 뒤 휠체어같이 만들어 아빠를 태우곤 차에서 엘리베이터까지 조심스레 이동한 후 침대에 아빠를 부축하여 눕혀 주시기까지 했다. 이토록 모든 사람의 호의와 배려로 연명한 3주간은 아빠가 집에서 물 한 잔을 원샷 한 후 내뱉는 한마디 문장으로 그 대단원의 막을 내렸다.

"나는 내심 니들 집으로 데려가서 보살펴 줄 줄 알았다. 근데 집은 무슨! 에라 니미럴, 못 된 것들 같으니라고…."

파출부를 불러다오

사람이 당황하면 말문이 턱 막힌다는 표현이 이럴 때 쓰이나 싶었다. 그런데 나는 말문뿐만 아니라 기도 막히고 코도 막혔다. 아빠는 와중에 우리 집에 올 마음이었구나. 뻔뻔하다고 해야 할지 안타깝다고 해야 할지…. 사실 평범한 가족이라면 방금 퇴원해서 제대로 걷지도 못하는 노인을 딸의 집으로 데려가 모시는 게 당연할 수도 있겠지만 우리는 그러지 않았다. 나름 그럴싸한 명분이 있노라 변명거리는 확보했지만 그 명분이 과연 도의적이고 상식적인 것인지에 대한 대답은 1년이 넘어 글을 쓰는 지금도 답을 찾지 못했기에 평생 자식으로서 가져가야 할 숙제로 남아 있다.

'과연 그때 그 선택이 최선이었을까?'

그런 관점에서 보자면 아빠의 불만은 당연한 것이라고도 할 수 있다. 이해를 못하는 바는 아니다. 그러나 숨 쉴 틈도 없이 밀려드는, 감히 인생 최대의 고비라 평가할 수 있는 새로운 난관들은 나에게 충분히 심사숙고를 할 만한 시간을 주지 않았다. 최대한 서로가 다치지 않는 선에서 허겁지겁 선택을 해야 했고 뒤따라오는 후회는 미련 없이 씹어 삼켜 버려야 버틸 수 있었다. 죄스러운 마음까지도. 그래서 아빠의 불만에도 우리는 그저 침묵으로만 일관했다.

그러자 아빠는 우리가 입을 닫고 있는 것을 반성의 제스처라 생각했는지 기세등등해져 (우리가 준 용돈으로) 모아 둔 돈이 꽤 있다며 그 돈으로 내 수발을 들어줄 파출부를 불러 달라고 요구했다. 아빠 입장에선 꽤 합리적인 제안을 했다 생각했겠지만 건강상태가 문제였다. 건강한 노인이라면 그저 밥이나 챙겨 주고 청소해 주는 정도로 괜찮겠지만 아빠는 끼니 전후로 셀 수 없이 많은 약을 먹어야 하며 결정적으로 '심신의 상태가 너무 좋지 않음. 언제 돌아가셔도 이상할 것 없음.'이라는 담당의의 소견 때문에 돈의 문제를 떠나 가사도우미는 적합한 대안이 아니었다.

"그럼 도우미 대신 간병인은 괜찮지 않나?"

나는 얼른 핸드폰을 들고 방문 간병인을 검색해 봤다. (빨리 아빠의 니즈를 충족시키고 이 상황을 종료해 버리고 싶었다.) 그러자 간병인을 구인할 수 있는 사이트가 딱 한 곳 나왔는데 메인 화면에 가득 찬 간병인 목록이 남성/치매/뇌질환에 체크하고 재검색하자 다섯 명 정도로 훅 줄어 버렸다. 그마저도 세 명은 이미 간병 중이고 두 명은 병원 간병 전문이라 선택할 수조차 없었다.

"돈을 더 얹어서라도 찾아봐야 하나? 어쩌지?"

미간을 찌푸리며 남편에게 물어보니 남편이 황당한 표정으로 대답했.

"너, 뭐가 착각하나 본데 우리 목적은 아버님이 지쳐서 스스로 병원을 간다고 할 때까지 기다리는 거야. 뭘 해 드리면 집에 계시는 시간이 더욱 길어지시겠지."

피식 웃음이 난다. 아무리 지랄을 해도 나는 딸이고 어야둥둥 다 받아 줘도 남편은 남이구나 싶어서다. 나는 이 와중에도 아빠의 요구사항을 들어준답시고 버둥대고 있구나. 요양병원을 보내려는 마음은 대체 어디로 간 거지? 적절한 때 당초의 목적을 상기시켜 준 덕에 제정신을 차린 나는 아빠의 요구사항을 묵살했다.

"미안한데, 아빠가 원하는 건 들어줄 수가 없어. 아빠는 환자라서 파출부는 안 오려고 할 거고 재택 간병인은 부를 수 있는 사람이 없어."

역시나 그 대답은 아빠 맘에 들지 않았고 곧이어 격한 반문들이 돌아왔다.

"너희들은 생각이 있는 거냐?"

"아무런 계획도 없이 이럴 수가 있느냐?"

"니들이 아무리 모자라도 그렇지 아픈 아버지를 두고 이렇게 냉정하고 모질게 굴 수 있냐?"

"내 밥은 어떻게 할 거냐? 니들이 번갈아 가며 차려 줄 거냐? 아니면 나보고 이렇게 굶어 죽으라는 거냐?"

또, 저놈의 밥 이야기다. 나는 입을 삐죽 내민 채로, 버럭 화를 내는 아빠에게 말했다. 아니 내뱉어 버렸다.

"삼시 세끼 밥 따박따박 챙겨 드시고 싶으시면 요양병원을 가야지!"

아빠가 사납게 반문하는 저것들은 사실 우리 계획의 일부긴 하다. 나는 잠시 섬망 중에도 정확하게 상황을 캐치하는 아빠의 생존본능이 경이롭다고 생각했다. 저런 불만이 쌓이고 쌓이다 보면 집보다 병원이 더 낫다는 판단이 들 테고 그러면 대접받고 싶어 하는 성격상 병원으로 다시 가자고 하지 않을까 라는 기대에 집으로 온 것인데, 그런 상황에서 나의 공격은 조금 섣부른 것이었음을 내뱉고 나서야 깨달았다. 아빠가 제 풀에 지쳐 병원으로 간다고 할 때까지 집에서 버텨 보기를 성공적으로 달성하기 위해선 우리 둘의 입에서 절대 요양병원이라는 단어는 나오면 안 될 금기어였는데… 변명해 보자면 나는 그저 간결한 메시지만 남겨 주고 싶었을 뿐이었다. 정말이다.

'아빠! 정신 차려! 아빠가 무슨 대단한 부잣집 노인인 것처럼 개인 파출부 타령이나 하고 있을 때가 아니라고!'

그러나 섣부름의 대가는 컸으며 아빠는 신뢰가 무너진 표정으로 남편은 억장이 무너진 표정으로 날 쳐다봤다. 아빠의 벼락같은 고성이 쏟아진다.

"니들이 첨부터 이럴 작정으로 나를 집에 데려다 놨구나. 나는 절대로 요양병원은 안 간다! 너희들이 뭐라 해도 절대 안 가!"

아빠의 소리 뒤로 차가운 시선이 내게로 쏟아진다. 남편이었다. 오전부터 아빠의 과도한 요구를 버텨 내면서도 포커페이스를 유지하던 남편은 내가 모든 걸 다 망쳤다며 나를 차가운 시선으로 쏴붙이고 있었다. 갑자기 튀어나온 '요양병원'이란 단어는 아빠의 트리거가 되어 분위기는 한층 더 험악해졌으며 그나마 조금씩 이어지던 대화도 불가하게 되었다.

"오늘 하루 밥은 어떻게 할 거냐?"

극도로 예민해져 상을 두드리는 아빠에게 포장해 온 죽 두 통을 꺼내 식사를 준비하는 동안에도 남편의 서늘한 눈빛은 쭉 이어졌다. 인정한다. 나는 너무나 감정적이었다. 그러나 남편도 알고 나도 안다. 이제 아빠와 나누는 모든 감정들이 하나둘씩 통제의 영역을 벗어나고 있다는 것을. 그래서 싸늘한 눈빛 외에 별다른 액션이 없던 (그래서 더 큰 죄책감을 몰고 왔던) 남편은 깊고 쓴 한숨을 후우 내뱉곤 물었다.

"나는 지금 회사 때문에 가야 하는데 넌 나 따라서 갈래? 아니면 아버님 옆에 좀 있다 올래?"

이 질문엔 '사고 친 걸 수습하고 오라'라는 뜻도 있지 않을까 싶었다. 그러나 나는 고민하는 척도 안 하고 아빠와 나의 보금자리였던 작은 집을 도망치듯 나왔다.

"집에 갈 거야."

조심스레 닫는 현관문 틈으로 훤히 보이는 안방에서 테이블 위에 죽을 놓고 후후 불어 가며 먹는 아빠의 모습이 보였다. 아빠는 간다는 우리의 인사에도 전혀 반응하지 않았다. 나는 아빠의 모습이 반, 반의반, 이윽고 문에 가려 완전히 안 보일 때까지 서성이다 겨우 용기 내어 뒤돌아 나왔다. 그날 오후 5시, 방금 막 저녁 식사를 마쳤다는 전화 이후로 아빠는 더 이상 연락을 받지도 하지도 않았다.

정신병원은 처음이죠?

완벽하게 엉망진창이 되어 버린 퇴원 첫날. 나와 썬은 카톡으로 서로의 안부를 묻고 앞으로의 방향에 대해 심도 있는 이야기를 했다. 그래봤자 '씨발, 존버'라던지 '인생 처참', '우리에게 안식은 안정제와 억제제뿐'이라는 섬뜩한 단어들로 이루어진 넋두리가 반이었다. 그래도 썬은 나보단 이성의 영역에 가까운 사람이었고 또한 정보도 풍부했다. 급한 대로 집에 두고 왔지만 아빠가 어떻게 지내는지 걱정되어 전전긍긍하는 나에게 일단 노인장기요양등급을 신청하라고 조언을 하고, 주민센터에 가서 독거노인 케어 서비스라는 것을 등록하면 식사 등을 챙겨 준다는 정보를 알려 주었다. 그녀의 조언을 따라 필요한 서류를 챙기기 시작했다. 최소한의 안전장치는 해 두고 싶어서였다.

이즈음 썬의 멘탈 역시 바사삭 부서지기 직전이었는데, 기대했던 병원에서 2인실로 옮기라는 청천벽력 같은 통보를 전해 듣고 아예 퇴원을 준비하고 있었다. 아, 우리의 계획(검증된 요양병원으로 아버지들을 입원시키는 계획)이 하나둘씩 삐딱선을 타고 있다. 원래 계획대로라면 병원에서 설득에 성공, 바로 이천 ㄱ병원에 입원, 모두의 평화였을 텐데…, 설득도 실패고 요양병원 입원도 실패했다.

"지금 알아본 병원이 한 곳 있는데 가 보고 괜찮으면 말해 줄게."

우린 예상치 못한 결과에 계획을 전면 재수정해야 했고, 나는 그녀의 선행(先行)과 아빠의 포기 선언만을 기다려야 하는 무기력한 처지가 되었다.

'내 운명은 앞으로 어떻게 될까? 아니 당장 내일은 어떤 하루가 펼쳐질까?'

불안은 익숙해지지 않는 것이었다. 그런 생각들로 뒤척이니 날이 밝아 오기 시작했고 도살장에 끌려가는 소 같은 심정이 아침부터 명치 부분에서 올라왔다.

"오늘 하루도 시작이구나. 어서 아빠한테 가야 하는데…."

어제저녁 5시부터 끊긴 아빠의 연락이 신경 쓰인다. 빨리 가서 확인하고 싶은 마음에 조급해졌으나 역설적으로 격하게 가기 싫다는 마음도 반대편에서 쑥 올라온다. 팽팽한 양가감정 사이에서 쉴 새 없이 쿵쿵대는 심장박동을 누르며 향한 곳은 정신건강의학과였다. 처음부터 그곳을 가기 위해 집을 나선 건 아니었다. 택시를 타면 중간에 취소를 누를 새도 없이 순식간에 아빠 코앞까지 데려다 줄 것 같아서 최대한 멀리멀리 돌아갈 수 있는 교통수단을 고르며 걷다 보니 버스정류장 앞 정신과 건물까지 도달했던 것뿐이다. 들어갈까 말까 한참을 고민하다 문 앞에서 엄마에게 전화를 했다.

"엄마, 나 너무 힘들어서 약을 좀 타 먹고 싶어. 괜찮겠지?"

엄마는 항정신성 약품에 부정적인 입장이었다.

"조금만 견디면 너희 아빠도 포기하고 병원에 들어갈 텐데 그때까지만 좀 견뎌 보지. 정신과 약은 몸에 안 좋지 않니? 참을 수 있으면 참아 봐.

어떤 부작용이 있을지도 모르고 감정을 약으로 조절한다는 게 엄마는 조금 걱정스러워…"

뭔가 이 상황을 철저한 관조자의 입장에서 말하는 듯한 엄마에게 부아가 치밀었다. 아빠의 상태가 나빠진 이래 엄마는 내 분노와 책망에서 자유로울 수 없었다. 엄마는 같은 슬픔을 가진 동지였으나 동시에 책임자였고, 원흉이었고, 부채자였다. 특히나 엄마는 할 수 없고 나만이 해결할 수 있는 상황을 대할 때 엄마가 보내 주는 감정이나 위로 등은 강 건너 불구경한다는 느낌이 강하게 들었고 그런 감정이 들 때마다 엄마는 내 분노를 받아 내야 했다. 지금도 마찬가지다.

"지금 아빠가 어쩌고 있는지 알아? 안 서방한테는 어떻고! 별 이상한 소리를 하면서 사람을 들들 볶아 대는데 나 보고 어떻게 견디라는 거야. 왜 참으라는 거야? 당장 죽을 거 같은데!"

'엄마가 와서 수발을 좀 들던가.'라는 말이 목구멍까지 차올랐지만 꺼내진 않았다. 예상된 거절에 역시나 실망하게 될 나 자신과 설사 엄마가 그 제안에 응한다 하더라도 절대 그렇게 하게 두진 않을 것이기 때문에 무의미한 말이다. 그런데도 그냥 누군가가 나 대신 아빠를 책임져 줄 테니 좀 쉬렴이라고 말해 줬으면 하는 맘이 간절했다. 그래서 정신과 이야기를 꺼냈을 때 항정신성 약에 대한 부작용보다는 정신과를 찾을 만큼 피폐해진 내 정신 상태에 대한 위로의 말이 듣고 싶었는지도 모른다. 뭐, 내 속마음이 어쨌든 간에 엄마는 또 한 번 이유 없이 날벼락을 맞았고 나는 못된 말을 실컷 퍼부은 후 병원으로 발로 옮겼다.

정신의학과에는 조금 애매한 시간대임에도 불구 꽤나 많은 사람들이 앉아 있었다. 남녀노소 할 것 없이 많은 사람들이 저마다의 이유로 의자에 앉아 차례를 기다리고 있었는데 생각보다 너무나 평범한 모습에 가지고 있던 편견이 깨지는 기분이다. 오히려 그곳에서 가장 이질적인 것은 찌들대로 찌들어 누리끼리한 혈색에 퀭하게 들어간 눈과 볼, 아무렇게나 대충 걸친 옷과 빗질도 안 한 푸석한 머리를 모자로 푹 눌러 가린 피폐함의 극치를 보이는 나 자신이었다. 구석에 앉아 손톱에 낀 때를 틱틱 벗겨 내며 30여 분간을 기다렸을 때 내 순서가 왔다. 속을 꽉 막고 있는 수없이 많은 이야기를 하기 위해 시간별 순서대로 목차를 매겨 머릿속에 정리하고 있는데, 이름이 불리고 들어간 진료실에서 백발이 허옇게 서린 의사를 마주하는 순간 모든 게 홀라당 섞여 버렸다. 의사는 다소 차가운 표정으로 묵묵히 내가 내뱉는 엉망진창 이야기들을 타임라인별로 노트에 적어 내려가다가

"쯧쯧…, 지금까지 어떻게 버텼어 그래? 약 안 먹고는 버틸 수가 없었을 상황인데?"

하이라이트 즈음에 감상평을 툭 던져 주었고, 그 감상평은 나에게 진한 감동을 주었다.

"저요? 진짜 너무 힘들어요. 어흑…, 엉엉…"

얼굴의 혈관들이 쫙 쪼이는 기분이 들며, 열이 훅 오르는 순간 눈물이 줄줄 흘러내렸다. "힘들었지? 그동안 어떻게 견뎠니?" 누군가가 이런 말을 해 주길 얼마나 기다렸던가?

'그렇지. 나 약 안 먹고는 버틸 수 없었던 거 맞지?'
'내가 못 견디고 정신과에 온 게, 아빠에게 따뜻한 말 한마디 못 건네주는 게, 내가 못 돼먹은 아이가 아니라 내 정신력이 약해빠져서 그런 게 아닌 거지? 지금 이 상황은 누구라도 견디기 힘든 상황인 게 맞는 거지?'

마주 앉은 의사가 공식적으로 인정해 주는 순간, 끊임없이 스스로에게 질문하고 자학했던 것들이 비로소 시원하게 내려가는 기분이 들었다. 이윽고 의사는 "아빠는 요양병원에 보내세요. 그리고 환자분은 약을 먹으세요."라는 명쾌한 결론을 처방과 함께 내렸고 20여 분 남짓한 진료가 그렇게 종료되었다.

  핑크색 하트 모양의 우울증 약, 부정맥에 쓰이는 심장약, 수면제, 그리고 항불안제. 알록달록한 네다섯 개의 알약들이 담긴 약 봉투를 품에 안고 나니, 말이 씨가 됐다는 생각이 번뜩 들어 쿡쿡 웃었다.

과거에서 온 소포

 이 이야기는 조금 더 과거에서부터 시작된다. 결혼 후 1년이 지난 시점부터 아빠는 본격적으로 나의 부재로 인한 공허함을 우리 부부의 관심과 애정으로 등가교환하길 원했다. 요약하자면 혼자 살기 적적하고 우울하니 우리 부부를 달달 볶아 댔다는 뜻이다. 단순 노인성 우울증이라고 치부하기엔 그 정도가 점점 심해진다고 느꼈던 건, 당시에 키우던 고양이가 많이 아파 안부 전화며 뭐며 신경을 못 쓰자 아빠는 노골적으로 불만을 표시했고 그 때문에 나는 신경쇠약에 걸리기 직전이었다.

 그런 우리 둘 사이에서 늘 중립적인 입장을 고수했던 남편도 이번에는 내 편을 들어주었다.

 "아버님 좀 심하시긴 하네. 아무리 서운하셔도 그렇지, 딸이 오래 키우던 고양이가 다 죽어 가는데 자기한테 신경 못 써 준다고 저렇게 화를 내시는 게 이해가 안 가."

 그것이 결정적인 분기점이 되었다. 더 이상 이런 식으로 받아 줄 수는 없다 생각하는 와중에 아빠가 엄마의 심기를 제대로 건드리는 사건이 터진다. 엄마는 내가 아빠에게 들들 볶인다는 걸 인지하고 있었으나 딱히 해 줄 수 있는 게 없었기에 같이 아빠 뒷담화를 하는 걸로 나를 토닥여 주곤 했다.

　그러던 중 외갓집 식구들에게 줄 옷을 한 보따리 챙겼다며 아빠가 뜬금없이 우리 둘을 집으로 호출했는데, 옷 가게를 하는 아빠가 어떤 옷을 주려고 하나 싶어 약간의 기대를 품고 온 엄마는 아빠가 챙겨 놓은 옷을 보고 실소를 금치 못했다고 한다. 땡처리 가게에서 팔아도 안 팔릴, 나이대와 성별을 가늠하기 힘든 애매한 스타일의 옷들이 봉투에서 줄줄 나왔다. 보는 내가 화끈할 지경인데 아빠는 그야말로 당당했다. 나는 오래전 도망간 마누라에게도 이 정도의 관용을 베풀 수 있는 사람이라는 식의 태도를 보이며, 그래도 김밥집에서 김밥이나 마는 너보다는 내가 더 낫지 않느냐는 말로 엄마의 심기를 상하게 했다. 예전 같았으면 그냥 참는 사람이 이기는 거라며 말도 섞지 않고 돌아섰을 엄마였지만 지금은 달랐다. 서울을 떠나 고향땅에 정착한 지 20년. 아빠 말마따나 김밥도 말고 설거지도 하며 시골텃세 + α를 모두 겪은 엄마는 더 이상 예전의 엄마가 아니었고, 그래서 이 말도 안 되는 헛소리의 향연을 듣지 않겠노라 강한 거부의 의사를 표명했다.

　"당신, 지금 뭔 헛소리를 하는 거예요?"

　그날은 솔직히 아빠가 심하긴 했다. 내가 봐도 옷들은 너무 엉망이었고 하루에 만 원도 못 파는 옷 가게를 유지한답시고 따박따박 생활비를 받아 가겟세로 날려 버리는 아빠보단 혼자서 벌어먹고 살아 보겠다며 김밥집에 출근하는 엄마가 내 입장에선 훨씬 나았으니 그걸 아는 엄마는 이때다 싶었을지도 모른다. 나는 팝콘을 와작거리는 심정으로 흥미진진하게 엄마의 공격을 응원했다. 엄마의 울분 섞인 외침 속엔 "당신이 결혼한 딸내미를 너무 들들 볶는 바람에 애가 우울증이 와서 약을 먹는다더라!"는 약간의 조미료가 가미된 공격이 포함되어 있었으며, 예상치 못한 엄마의 반격에 적잖이 당혹한 아빠는 내가 우울증이 왔다는 소리에 덜컥 겁을 먹어 버리고 만다. 이날 아빠가 굳이 왜 엄마를 불러내어 쓸데없이 면박을 당했는지는 미스터리다. 연락 한 통 하고 살지 않던 외갓집 식구들에게 잘 보일 이유도 없었을 텐데. 추측해 보자면 나의 분가 후 혼자가 되어 버린 본인의 처지를 보여 주기 위한 일종의 퍼포먼스였는지도 모른다.

  그 후 몇 년간 우울증은 나의 무기가 되었다.
  아빠는 내 (가짜) 우울증에 겁을 먹었는지 들들 볶는 횟수가 적어졌고, 그에 비해 내 행복도는 점점 올라갔으니 아이러니한 일이라고 할 수 있다. 가끔 아빠가 선을 넘는다고 생각될 땐, "아빠. 나 우울증이 좀 심해진 거 같아."며 적절한 겁을 줘 가면서 나름 안정적인 생활을 이어 간 지 5년 차의 겨울. 기어코 내 손 위에는 우울증 약이 올라왔다. 애초에 예견되어 있었던 일인지도 모른다.
  알록달록 장난감같이 예쁘게 빛나는 핑크색의 우울증 약은 마치 과거에서 출발한 착불 소포 같다는 느낌이 들었다. 아마 오래전부터 내 것이 었을 수도 있겠다는 생각을 하며 대충 가방에 약을 쑤셔 넣은 후 오랜 우울의 근원을 마주하기 위해 택시를 탔다.

파인애플 오렌지

아빠의 집 앞.

도망치듯 나온 어제와 같은 마음은 오늘도 변함없는데, 그 마음 그대로 지닌 채 저 안으로 들어가려니 죽을 맛이다. 입술을 쥐어뜯으며 문 앞을 서성이다 겨우 현관을 열었다. 항상 문을 열면 한눈에 보이는 작은 거실 안 볼륨 높은 TV 소리와 함께 "너희들 왔냐?" 하며 늘 반겨 주던 아빠가 있었다. 아빠가 애정하는 메뉴였던 연어 초밥을 사 와 한 상 차려 놓으면 콧노래를 흥얼대며 맛있게 잡수던 그 모습이 어제 같건만…, 간신히 들어선 지금 그때와 같은 건 저놈의 시끄러운 TV 소리뿐이다. 어젯밤 5시부터 연락이 되지 않은 이유는 불편한 심기 때문일 거라고 어렴풋 예상은 했지만, 아빠는 내가 온 걸 느꼈음에도 고개 한번 돌리지 않은 채 소파에 앉아 TV만 보고 있었다. 예전과 같은 반가움도 없고 한 상 가득 차려진 연어 초밥도 없는 우리 사이엔 낯선 적막만이 감돌았다. 왔다는 티도 내기 싫어 그림자처럼 조용히 들어와 우두커니 서 있으니 내 쪽을 힐끗 쳐다보곤 분노에 가득 찬 목소리로 짓이기듯 뱉어 내는 아빠의 말은 마치 내 마음을 할퀴고 찢어 내려는 듯 쓰라렸다.

"니가 사람이냐? 니가 사람이면 이럴 수가 없다!"

"……."

대답할 만한 말이 딱히 없었다.

네가 사람이냐는 물음엔 '내가 퇴원해서 이 집에 혼자 있는 걸 알면, 꼭 두새벽부터 와서 청소도 하고 밥도 차려 줘야지, 점심이 한참 지난 시간에 미적거리며 얼굴을 디미는 게 맞냐?'는 물음의 함축적 표현임을 알기에, 오기 싫어 안 온 거지만 차마 그걸 입 밖으로 꺼내 대답할 수 없는 상태인 나로서는 마땅히 대답을 할 게 없었다. 예상하지 못했던 반응이 아니기에 나는 그저 침묵으로 답변했다.

그러자 아빠는 항의의 표시로 죽이 든 뚝배기를 테이블에 내리치며 소리쳤다.

"어디서 이따위 걸 먹으라고 가져온 거냐, 대체? 다 식어 버려서 먹을 수가 없다! 데워 오든지 다른 먹을 걸 사 오든지 해라!"

참고로 아빠는 심부전(수분 제한), 당뇨(염분, 당분 제한)로 죽밖에 먹을 게 없다. 그래서 더 병원으로 모셔야 하지만 납득시킬 자신도 없기에 굳이 죽만 디미는 이유를 설명하지 않고 침묵을 번복했다. 입을 다문 채 언제 드셨는지도 모를 뚝배기의 죽을 치우고 냉장고의 새 죽을 꺼내는데 휙 낚아채서는 뭉툭한 손가락으로 뚜껑을 열기 위해 한참을 실랑이를 한다.

"뚜껑 좀 열어라!"

죽 뚜껑이 잘 안 열리자 오만 짜증을 내뱉으며 내 앞으로 던지듯 밀어 놓고 소리친다. 노기가 가득한 눈빛. 그것을 마주하니 억울했다. 화가 나는 건 난데, 아빠에게 따져 묻고 싶은 게 많은데… 내 침묵의 이유는 되려 당당하게 짜증과 화를 내고 있는 아빠의 모습에 말문이 막혀 버린 것은 아닐까? 어쨌든 말을 안 섞으니 감정과 행동이 심플해졌다. 하라는 대로 뚜껑을 열어 죽을 데웠고 아빠의 식사가 시작되었다.

며칠 굶은 사람처럼 허겁지겁 죽을 먹다 이내 컥컥 소리를 내며 기침과 재채기를 연달아 하는 아빠. 입에 죽이 한가득한 상태로 재채기를 하니 침과 함께 밥풀이 비산한다. 손으로 대충 쓱쓱 닦더니 또 허겁지겁. 도대체 뭐가 저렇게 급한 걸까 싶어 천천히 드시라 권하고 싶지만 아빠를 자극하고 싶지 않아서 또다시 침묵을 택했다. 그저 밥풀이 내 쪽으로 튈까 싶어 의자를 조금 뒤로 밀어 거리를 두고 지켜보는데 오늘 아니면 못 먹을 것 같이 맹렬하게 죽을 먹는 (반은 기침으로 내뱉는) 아빠를 보니 짜증과 안쓰러움이 동시에 피어오른다. 늘 그랬지만. 혼자 버티다 지쳐 제 발로 병원에 가겠다는 소리가 나올 때까지 내가 기다릴 수 있을까? 그 사이 보게 될 수많은 안쓰러운 상황을 이겨 낼 수 있을까?

내 앞에 있는 아빠는 오직 살기 위해 먹는 것처럼 죽을 입으로 밀어 넣고 있었고 그 모습이 버려진 짐승처럼 비참했고 애처로웠다. 하지만 애처로움도 잠시. 식사를 대충 끝마친 아빠가 한마디 툭 던진다.

"어제 말한 파출부는 불렀냐? 언제 오냐?"

예상치 못한 질문이었다. 거절하며 그 이유에 대해 설명을 했던 거 같은데… 왜 또 물어보지? 아빠의 의도를 파악하기 위해 잠시 버퍼링이 걸렸고 그런 내 모습이 아빠를 또 열받게 했나 보다.

"너희들이 아무리 어리고 생각이 없어도 그렇지. 나를 살리려는 노력도 안 하고 손을 놓고 있구나. 니들은 아무런 대책도 계획도 없이 이렇게 나를 자연사시킬 생각이냐? 도대체 무슨 생각을 갖고 사는지 뭔 말이라도 좀 해 봐라! 니들처럼 못된 자식이 어디 있는가 밖에 나가서 물어봐라 아주 고약하고 나쁜 놈들 같으니…"

아빠의 못된 말들이 나를 사정없이 후려쳤고 나는 기어코 이성을 잃고 말았다.

"아빠! 그만 좀 해 진짜! 아빠야말로 대체 무슨 생각이야? 우리가 어리고 생각이 없어서 부모를 못 본다고? 병원에서 간호사 때리고 의사한테 욕해서 여기저기 뛰어다니며 죄송하다고 수습하고 다닌 게 누군데? 지금도 봐! 아빠 혼자서 아무것도 할 수 있는 게 없잖아. 밥 하나도 제대로 못 차려 드시면서 대체 뭘 할 수 있다고 요양병원 안 가고 집에 있겠다며 고집부리는 건데?"

아, 그동안 지켜 왔던 침묵은 작금의 개지랄을 위한 움츠림이었나 보다. 숨을 한번 고르고 패악을 이어 나갔다.

"안 서방한테 막 대하고 소리 지르고! 시어머니가 아시면 이혼감이야 이게! 나보다 몇 배나 귀하게 자란 집 아들한테 아빠가 뭔데 욕을 해? 대체 뭘 해 줬다고? 나는 아빠 때문에 진짜 미쳐 버릴 거 같은데 아빠는 내 생각은 하나도 안 하고 맨날 아빠 먹고살 생각만 하면서 살아? 어떻게 그래? 나한테 아빠가 어떻게 그래?"

얼굴이 뻘게진 채 고래고래 소리 지르는 나를 그저 물끄러미 쳐다만 보던 아빠는 갑자기 옆에 있던 펜과 종이를 집어 들곤 무언가를 열심히 쓰기 시작했는데 이미 이성이 끊긴 나는 아빠의 그런 모습도 미워서 쉬지 않고 퍼부어 댔다.

"자꾸 우리 보고 모자란 것들이라고 하는데 내가 도대체 아빠한테 못한 게 뭐야? 그런 아빠는 할머니한테 그렇게 잘하고 살았어? 할머니 임종도 내가 지켰잖아! 사망신고 안 하고 돈 타 먹은 거 걸려서 뱉어 내야 하는 돈도 내가 다 내주고! 빚도 내가 다 갚아 줬지? 아빠가 할머니 데리고 여행을 다녀 봤어, 나처럼 생활비를 주길 했어? 대체 아빠는 나한테 무슨 자격으로 효도를 원해? 뭘 도대체 얼마나 더 해 주길 원하는 거야!"

케케묵은 예전 것들이 냄새를 풍기며 나오기 시작한다. 아빠는 객관적인 기준으로 평가하자면 효자라고 할 수 없었다. 애 딸린 홀아비가 늙은 노모를 끝까지 모시고 산다는 자체를 효도라고 말한다면 어쩔 수 없지만. 아빠가 효를 행하는 과정에서 많은 이들의 희생이 필요했다. 어쩌면 할머니 본인까지도. 그래서 나는 아빠가 당연하게 내놓으라 독촉하는 '자식의 도리'에 대해서 늘 억울한 입장이었다. 마치 100원을 저금해 놓고 10,000원의 이자를 내놓으라 요청하는 뻔뻔함에 비유할 수 있을까? 20대 초반 대학을 가지 않고 경제활동을 시작하면서부터 아빠는 생활비를 요구하기 시작했다. 억울했지만 차마 거부할 수 없던 어린 내게 효도는 일종의 가스라이팅과 같은 느낌으로 받아들여졌고 그것에 대한 미묘한 불만은 10년간 누적되어 오다 아빠가 중년에서 노년으로 넘어가는 시기 즈음 자연스레 '늙고 병든 우리 아빠, 돌아가실 때까지 잘 돌봐 드리자.'는 마음에 흡수된 줄 알았다.

하지만 없어지지 않고 어딘가에서 번들대고 있었던 게 틀림없다. 그게 하필 지금 터져서 죽 뚜껑 하나 제대로 열지 못하는 약해질 대로 약해진 여든 살 노인에게 퍼붓게 될 줄 어찌 알았으랴? 목이 찢어져라 퍼붓고 나니 혈압이 떨어지며 급격한 피로가 몰려왔다. 조금만 더 참았으면 이런 마음 아빠에게 내보이지 않고 끝날 수 있었는데… 자괴감과 죄책감에 현기증이 날 것 같은 순간, 아빠가 여태껏 무언가를 열심히 써 내려가던 구겨진 종이를 슬며시 내밀었고, 당황한 나는 '이거 혹시 나에게 미안하다 사과를 하고 싶은데 민망해서 편지를 쓴 건가? 그런 거면 아빠한테 어떤

모션을 취해야 하지? 미안하다고 빌어야 하나?' 하는 생각을 하며 받아들였는데…, 그 내용을 본 순간 나는 머리가 새하얘질 수밖에 없었다.

'파인애플 오렌지'
뭔 말이야 이게? 삐뚤빼뚤하지만 정확하게 쓰여 있는 저 두 단어들은 이 상황에 전혀 어울리지 않았기에 멍하니 아빠를 쳐다보니 아까의 역정 내던 모습은 온데간데없이 움츠러든 말투로 중얼댄다.
"사 오기 싫음 말고…."
대답을 들어도 뭔 소린지 모르겠기에 이 두 단어의 의중을 파악할 때까진 한참의 시간이 걸렸다. 그리고 깨달은 순간 한숨이 목구멍을 타고 올라왔다.
"어휴~ 씨발!"
잠시라도 아빠가 정상적인 반응을 보여 줄 거라 기대한 내가 병신 같아서 화가 났다. 이젠 의미 없는 걸 알면서도 왜 아빠에게 멋대로 기대하고 멋대로 상처받는 걸까? 내가 먼저 발랑 까뒤집어 쏟아 내면 아빠도 나름대로 솔직한 속내를 말해 줄 거라는 일말의 기대가 있었다. 그러면 비로소 이 비상식적인 상황들로 점철된 이상한 나라의 대머리 월드에 온 이유를 조금은 알 수 있을 것 같았는데…, 몇 번의 기대가 허무하게 바스러지는 걸 겪었음에도 아직도 아빠를 끔찍하게 사랑하는지 또 한 번의 기대가 무너지는 걸 견딜 수 없었다.
기대는 분노로 변했으며 파인애플 오렌지가 적힌 애처로운 종이를 사납게 낚아채 구겨 버리고 집에서 나가려는데 아빠가 물어본다.
"나 저녁밥은 어떻게 하나?"
"몰라. 아빠 나 없으면 밥도 못 먹으면서 내 말은 듣지도 않고 믿지도 않잖아!"

"알았다."

힘없는 아빠의 대답을 뒤로하고 밖으로 나오니 숨이 안 쉬어진다. 가슴을 탕탕 쳐대며 숨을 고르던 중 남편에게 전화가 왔다. 결국 아빠에게 소리를 질렀노라 사정 설명을 했더니 남편이 말했다.

"아버님 말 한마디 한마디에 의미 부여하지 말고 반응도 하지 말고, 드시고 싶다는 거 사 드리고 오래 있지 말고 얼른 집에 가."

탁! 아빠 앞에 전복죽 특대 두 개를 퉁명스레 내려놓고 통보하듯 내뱉었다.

"이거 오늘 저녁이랑 내일 아침에 잡숴. 내일 또 올 테니까. 간식 먹고 싶으면 아빠가 좋아하는 롤 케이크 사 왔으니까 잘라 드시고."

"파인애플이랑 오렌지는 없냐?"

아빠는 내가 어떤 마음으로 사 왔는지 모를 죽과 빵은 안중에도 없다. 한숨이 폭폭 나온다. 소리를 꽥 지르고 나왔지만, 저녁도 챙겨야 했고 와중에 파인애플 오렌지 생각을 안 한 것도 아니다. 근데 죽 뚜껑도 못 여는 아빠가 과일들을 먹기엔 너무 불편할 것 같았고 또 요구하는 걸 다 들어주다 보면 아빠에게 말려 버릴 것 같았다. 이 생각에는 조언을 청한 엄마도 같은 입장이라 힘을 얻어 행동에 옮겼으나 결과는 남편의 타박으로 이어졌다.

"내가 그냥 사 가랬잖아. 대체 빵을 왜 사 간 거야? 아버님이 드실 수 있고 없고는 중요한 게 아냐. 아버님이 드실 수 없다는 걸 인지시켜 드리는 게 목표지."

"요구하는 거 다 들어주다 보면 아빠는 계속 요구할 텐데 사 달라는 거를 어떻게 다 사다 바쳐?"

"제발, 나는 아버님보다 너 컨트롤하는 게 더 힘들다. 그냥 사 드리고 와, 먹는 거 가지고 치사하게 그러지 말고. 자기가 뭘 하고 있냐면 낚시를 하고 있는데 물고기가 미끼를 물기도 전에 찌를 움직이고 있는 거야. 우린 한 방이 필요해. 아버님이 스스로 병원에 가시겠다고 하는 그 한 방이…"

그럴싸한 남편의 비유에 나는 고집을 철회하고 그의 뜻을 따랐다. 오렌지는 반으로 잘라 놓으란 남편의 말에 손질하여 냉장고에 넣어 두고 파인애플은 과육만 깍둑썰어 모아 놓은 걸 사다가 접시에 올려 주니 그제야 맛있게 드신다.

"아이고 살겠다! 살겠어."

아빠가 맛있게 먹는 걸 보고 기분이 좋아지는 내가 슬펐다.

"여보! 이제 인정해야 해. 받아들여."

"받아들이기 싫어. 아빠가 변해 가고 있단 사실을…, 차라리 치고받고 싸우더라도 예전의 아빠로 돌아오기를 원해."

바닥을 구르며 어린아이처럼 떼를 쓰고 싶은 기분을 간신히 억누르고 참담한 기분으로 썬에게 SOS를 쳤으나 썬의 상태도 (늘 그렇듯) 그다지 좋지 않았다.

"나 ㄱ병원 담당자랑 대판 싸웠어. 일요일 퇴소한다고 했는데 토요일 가면 안 되냐고 재촉하는 거 있지! 어제 새벽에 의자 던지고 난동을 부려서 진정제 투여했나 봐. 그래도 폭력적인 환자 케어 가능하다고 해서 모셨는데 하루 만에 나가라고 재촉하는 게 말이 돼? 자기들이 케어가 안 돼서 포기하는 거면 미안한 기색이라도 있어야지. 우리 아버님이 심하게 폭력적인 거라고 자기네들은 잘못이 없대."

"도대체 케어 가능한 폭력의 기준이 어디까지인 건데?"
"그냥 소리 지르고 그 정도로 생각했나 봐."
"어쩐지 너무 심하게 조용하다 했다. 그런 환자 모아 둔 병원치고 너무 고요하다 했어."

애초에 쉬운 길이 아닐 거라 생각은 했다. 그러나 처음부터 약물 처방과 (정말 동의하기 싫었지만) 필요에 의한 결박도 동의한 상태로 ㄱ병원으로 입원 결정을 한 건데 겨우 모시고 나니 하루 만에 나가라고 하는 병원의 작태에 화가 났다. 항변도 하지 못한 채 순순히 모시고 나가야 하는 힘없는 보호자의 입장이 된 것도 억울했다. 아빠의 거취에 불안해서 동동거릴 때마다 뭐가 문제냐며 상태가 심해지면 요양병원에 모시면 된다고 쉽게 말하던 주변인들에게 괜스레 야속한 기분이 들기도 했다.
'되긴 뭐가 돼. 모실 수가 없는데. 이렇게 번번이 쫓겨나는데…'
썬은 요양원 강퇴 이후 더욱더 거세게 저항하는 시아버지를 최대한 안전하게 모시기 위해 온갖 회유와 상황극을 섞어 철저하게 준비했고 겨우 입원에 성공했다. 그런 준비마저 하루아침에 허무하게 좌절당하는 모습을 보니 정말 이 길에 끝은 있을까 하는 아득함이 몰려왔다. 허망한 표정으로 저녁밥을 깨작대고 있으니 남편은 더 좋은 시설의 병원으로 모실 수 있는 가능성을 버리지 말고 방향을 바꿔 다시 도전해 보자며 돈 걱정은 하지 말라고 용기를 북돋워 주었고, 때마침 썬에게서 본인이 알아본 병원이 괜찮아서 바로 전원을 할 거라는 희소식이 들려왔고 그제야 간신히 밥 한 수저를 떠넘길 수 있었다.

아주 많이 쎄함

아침 10시 넘어 출근한 남편에게서 메시지가 왔다.

"아버님이 전화하셔서 에미를 찾으신다. 자꾸 에미가 어디갔냐고 물어보시네."

"엥? 에미가 누구야? 웬 에미?"

당황스럽다. 우리에겐 자식도 없고 아빠에겐 아들이 없으니 에미라고 부를 만한 관계의 사람이 없는데 누굴 에미라고 한단 말인가?

"자기 말이야. 너."

"나 보고 에미라고 했다고?"

"이제 호칭도 가물가물하신 것 같아…"

"하, 멘붕이구만."

붕괴될 멘탈이 있나 모르겠다만 어쨌든 또 뭔가가 붕괴되는 소리가 들리는 거 같다. 그러거나 말거나 그보다 시급한 일들이 많다. 남편의 제안으로 시설이 좋아 보이는 요양병원을 대여섯 곳 골라 닥치는 대로 소견서를 넣었던 것이 며칠 전이었고 병원들의 피드백이 도착하여 남편에게 보고해야 했다.

"그건 그렇고, 있잖아…, 아빠 소견서 넣어 둔 병원들에서 연락 왔어. 강남의 ㅅ요양병원은 재활 전문이래. 강동의 ㅁ요양병원은 거절했고, ㅊ병원은 뇌질환 전문이라 안 된대. ㄴ병원은 담당자 없다고 다시 연락 준대. 근데 분위기가 다시 연락 안 줄 듯해."

  초반에 요양병원을 탐방했던 그때와는 분위기가 완전히 달랐다. 그때는 우리가 병원을 골랐지만 지금은 병원이 우리를 고르고 있다. 심지어 굴욕적인 퇴짜도 익숙해질 만큼 빈번하다. 밥을 입에 쑤셔 넣고 우물우물 씹어 대며 다시 메시지를 보낸다.

  "아, 그리고 소견서 말이야. 썬이 간다는 요양병원에도 좀 보내 줘."

  고양시에 위치한 ㅈ요양병원이 그곳이다. 썬은 시아버지를 이 병원으로 바로 재입원시키려고 준비 중이었다. 나 역시 연락처를 넘겨받아 사정을 설명하니, 수화기 건너편의 간호부장의 목소리에선 일전의 시들시들한, 혹은 지나치게 친절했던 (사태가 어느 정돈지 짐작을 못 하는 거 같아 더 불안했던) 관계자들에겐 들을 수 없던 단호함과 강단이 느껴졌고 문제 환자를 많이 케어해 본 듯 쯤에서 느껴지는 바이브가 있었다.

  "네! 보호자님. 어르신이 너무 힘들어하실 경우에는 안정제 투여해서 재우는 방법으로 케어할 거고요. 먼저 퇴소한다고 하지 않는 이상 저희가 강제 퇴소 조치는 하지 않을 거니 너무 걱정 마시고 모시고 오세요."

  우리가 상담을 다녀왔던 병원에선 절대 먼저 안정제라는 단어를 꺼내지 않았다. 안정제라는 단어에 불편함을 느끼는 보호자들도 있기 때문이겠지만. 우리가 접한 바로는 세 가지 케이스가 가장 흔했다. 안정제를 쓰지 않아 사달을 내거나, 안정제를 써야 하는 수준의 환자들을 아예 받을 생각이 없거나, 혹은 보호자에게 말을 하지 않고 안정제를 써 버리는 경우가 있거나. 그래서 처음부터 케어 방법을 솔직하게 말해 주는 이 병원이 맘에 들었다. 그러나 남편은 조금 걸리는 게 있는 모양이다.

"어, 근데 여보! 이 요양병원은 병원장이 레지던트 수료네? 진료과장은 인턴 수료고. 전문의 정도는 있어야 하는 거 아닌가?"

"여보, 자꾸 왜 옆다리 긁는 소리를 하세요. 우리에겐 이제 대책이 없어!"

다음 날, 썬이 시아버지의 전원을 성공했다는 연락이 왔다.

"입원을 하시자마자 난리는 났는데 병원에선 꽤 쿨하게 대처하네. 시설은 전의 그 병원보다 좋고! 일반병실은 안 되고 문제행동러들 모여 있는 집중치료실에 들어가셨어. 간호사들도 간병사들도 전의 병원보다 친절해."

"다행이다. 이대로 쭉 문제없이 적응하셨으면 넘 좋겠다."

"그러게 말이야. 너는 좀 어때? 별일 없어?"

"어…, 근데 느낌이 좀 쎄해."

말 그대로 쎄했다. 쎄하다는 단어를 어찌 풀어 설명할 수 있을까? 완벽히 이상한 것도 아닌데 그렇다고 정상도 아닌, 맘이 놓일라치면 저 밑바닥 어딘가에서 바늘로 쿡쿡 찔러 대는 바람에 '아 따가워!' 외마디 비명을 지르게 하는, 그런 느낌이 아닐까 싶은…, 쎄함.

이 이야기를 해 보자면 어제, 그러니까 아빠가 나를 에미라고 호칭한 날로 돌아가 시작해야 한다. 아빠가 집으로 퇴원한 지 셋째 날 짜증과 분노를 온몸으로 받아 내기 위해 우울증 약 한 봉을 입에 털어 넣고 갔으나 집에 도착해서 본 아빠는 전날과는 딴판이었다. 종잡을 수 없이 가변적인 아빠의 상태에는 이미 익숙하지만 그날은 정말 평온했다. 우울증 약이 무색해지는 순간이다.

'그래도 소리 지르고 화내는 때보다야 훨씬 낫지 암.'

그래서 나름 여유를 부리며 오랜 시간 아빠를 보살필 수 있었다. 화장실도 박박 닦고 주방 정리도 하고, 먹고 싶다 요청한 누룽지도 보글보글 끓이면서 말이다. 끓인 누룽지를 가스레인지 위에 올려놓고 아빠에게 재차 확인시켜 드린 후 집에 가는 길이었는데 강변북로 위를 지나는 택시 안에서 전화벨이 울렸다.

"누룽지를 못 찾겠다."

"아빠! 가스레인지 위 뚝배기에 끓여 놨어. 아까 보여 줬잖아. 그대로 데워 먹으면 돼."

"아무리 봐도 뚝배기도 없고 누룽지도 안 보이고… 어떡하냐?"

"아니 아빠, 거기 주방 가스레인지 위에…, 아까 내가 확인시켜 줬잖아."

"모르겠다, 모르겠어…."

이런 대화의 반복을 세 번쯤 하고 나니 등줄기에 소름이 쫙 돋기 시작했다. 어제만 해도 저녁에 전자레인지에 죽 데워 잘 먹었다며 전화도 하셨던 양반이 두세 걸음만 떼면 바로 보이는 코딱지만 한 주방에서 뚝배기를 못 찾는다는 게 이상했다.

"아빠 그냥 내가 다시 갈게. 기다리고 있어."

기사에게 차를 돌려 달라고 요청하려는 찰나 다시 아빠에게 전화가 왔다.

"미안하다. 내가 지금 몸이 아파서 그런지 찾는 게 영 힘이 드는데, 그래서 너랑 나랑 사인이 자꾸 안 맞는 거 같아. 오늘은 내가 찾아서 먹을 수 있는 음식을 먹을 테니 걱정하지 말고 내일이나 모레 오너라. 그리고 너희가 이렇게 집에 와서 나를 돌봐 주니 이제야 좀 살 것 같다. 그리고 요양 병원 문제는 내가 TV를 봤는데 좋은 곳도 있다지만 나쁜 곳도 많이 있던데…, 사람들 역시 못 믿을 사람들도 많은데 나는 그게 무섭다. 그러니까 조금 시간을 줬으면 좋겠구나."

정중하고 착한 말을 또박또박하게 하는 아빠였다. 그렇기에 압도적인 쎄함이 더욱 강하게 느껴졌다. 일전의 파인애플 오렌지와는 너무나 다른 결 아닌가? 이건 이것대로 또 비정상 궤도에 진입했다는 뜻인가 싶어 지긋지긋한 불안함이 몰려왔다.

"어때, 겁나 쎄하지?"

"응, 쎄하다. 갑자기 이렇게 좋아지신 게 이상하네."

상황을 모르는 사람이라면 아버지를 집에 모셔서 좋아지신 거 아니냐는 말이 나올 수도 있겠다. 그랬다면 사람 복장 뒤집힐 소리라며 혼자 억억댔겠지만 치매 초기의 양상을 잘 아는 썬 만큼은 그 미묘한 쎄함이 뭔지 알고 있었고 그래서 우리는 아빠의 저 행동 양상을 '아주 많이 쎄한 상태'로 결론 내렸다.

휴머니티드 케어

3無 케어(욕창無, 낙상無, 속박無).

존엄 케어라고도 불리는 치매 케어의 한 종류이다. 내 인생에 생각지도 못해 본 저 단어들의 등장은 사회복지를 공부 중인 썬의 조언으로부터 시작되었고, 이런 세상도 있다는 걸 알게 된 순간 욕심이 생겼다. 상태가 좋아지는 거 같은 날엔 '우리 아빠도 저런 존엄 케어를 받을 수 있는 병원으로 가실 수 있지 않을까?' 하는 욕심 말이다. 이제 아빠가 정상으로 돌아올 거라는 허황된 꿈은 버린 지 오래다. 그러나 아빠의 마지막만큼은 따듯하고 포근한 보살핌을 받았으면 좋겠다는 마음만은 여전하고, 그것을 위해서 적극적으로 행동해 보고 싶었다. 많은 요양병원에 소견서를 넣었으나 큰 기대도 절실함도 없었다. 그러나 마지막으로 소견서를 보낸 후 애가 타고 절실해서 두어 번 확인 전화를 했던 곳이 있는데 바로 충청도 쪽에 있는 ㅁ요양병원이었다. 존엄 케어로 유명한 시설과 케어 수준 뭐 하나 빠질 곳 없는 곳이었다.

'아빠를 이곳으로 모시게 되면 얼마나 좋을까?'

몇 번의 연락 끝에 겨우 상담 실장과 연락이 닿았으나 뭐 늘 그렇듯 이번에도 퇴짜였다.

"어르신 건강 상태가 많이 안 좋으신데…, 우리 병원이 외곽에 위치해서 비상시 바로 응급실로 쏠만한 위치가 아니에요. 그것에 대한 책임소재도 그렇고 요양등급도 없으시니 아무래도 힘드실 것 같습니다."

한층 울적해진 기분으로 썬에게 연락했다.
"응, 나도 이미 존엄 케어로 유명한 요양원, 요양병원에 연락해 봤는데 다 퇴짜 맞었어."
그녀의 답변에 나는 또 한 번 분노하며, 다음과 같이 외치는 것밖에 할 수 있는 것이 없었다.
"야! 우리 아버지들 같은 사람마저도 케어해야 존엄 케어지. 자기들이 케어할 수 있는 순한 환자들만 케어하는 게 존엄 케어냐? 순하고 착한 치매 환자들 상대로는 우리도 존엄 케어 쌉가능이야!"
"우리는 치매 걸려도 꼭 착한 치매에 걸리도록 노력하자. 서로 이상하다 싶으면 꼭 말려 주자.'
오랜 대화는 자조 섞인 농담으로 마무리되었다. 아무도 반기지 않는 폭력적 성향의 치매 환자들의 말로를 실시간으로 체감하는 중이기에 오롯한 고독과 슬픔을 농담으로 희석해야 버틸 수 있었고, 그래서 우리의 대화는 내용과 맞지 않게 경쾌한 편이었다.
"오빤 절대 치매 걸리면 안 돼. 키도 크고 팔다리도 길어서 행패 부리면 범위가 광역이야. 한니발처럼 꽁꽁 묶여 있다가 죽을 수도 있어."
남편에게 이런 말을 두세 번 정도 하다가 쓸데없는 말 좀 그만하라며 면박을 당하기도 했고, 엄마 귓불에 주름이 졌다며 치매보험에 가입을 시키기도 하고, 인터넷으로 치매 영양제 뇌 영양제 등을 검색하기도 했다. 아직 반평생도 안 살았는데 인간의 삶 마지막 장면을 스포일러당한 기분이 들었고, 최후를 대비하기 위해 뭐라도 해야 한다는 생각이 자꾸 몰려왔다. 내 삶도 아빠와 별반 다를 바가 있을까 싶은 생각도 들고, 노인이 되면 다 이렇게 죽는구나, 이 병원 저 병원 떠돌다 결국 자기가 그렇게 사랑하는 자식들에게도 짐이 되고 내 집이 아닌 다른 곳에서 홀로 죽을 수도 있겠다는 생각이 들 때면 감당 못 할 공포가 밀려와 꺽꺽대며 울기도 했다.

그러다 정 견디기 힘들면 우울증 약을 먹고 잠을 청했는데, 다행히도 우울증 약은 꽤 효과가 좋았다. 온갖 잡스러운 생각과 어둡게 밀려오는 막막한 불안함을 노곤하게 몰아냈다. 컨디션은 초반보다 많이 회복되었고 때마침 휴가를 받은 엄마가 다시 집으로 합류하여 나를 돌봐 주기 시작했다. 그렇게 나와 남편은 이 생경한 나날들에 대해 나름대로의 방법을 찾아가며 조금씩 적응해 나가고 있었다.

하지만 아빠는 과연 그러했을까?

조언을 청할 친구도, 살뜰한 보살핌을 해 줄 부모도, 불안함을 달래 줄 알약도 없을 아빠는 홀로 시끄러운 TV 소리가 꽉 찬 조그마한 방안에서 조용히 무너지고 망가지고 있었던 게 아닐까 싶어 글을 쓰는 지금 뒷맛이 씁쓸하다.

슬픔은 나누면 두 배가 된다

아침 9시부터 휴대폰에 불이 났다. 진동이 두어 번 울리다 꺼지고를 반복하더니 화장실 다녀온 사이에 부재중 전화가 열 번이 넘게 와 있었다. 다시 걸려 오는 전화를 받으니 잔뜩 짜증이 난 아빠의 목소리에 오늘 하루도 순탄치는 않겠구나 싶었다.

아빠는 너는 시간이 몇 신데 지금까지 자고 있냐며, 새벽같이 와서 자기를 살펴 줘야 할 거 아니냐며 정상이 아니라며 화를 내더니만 갑자기 받아 적으라고 재촉하며 불러 주는 것들은…, 병어, 간재미 따위의 생선의 이름이었다. 이것을 오늘 꼭 먹어야겠으니 당장 가져오라는 요구에 내가 고분고분하게 대답하지 않았을 건 당연한 일이고, 따라서 아빠의 벼락같은 고함과 함께 통화는 끝이 났다.

그리곤 곧바로 남편에게 카톡이 왔는데 아빠가 전화해서 이렇게 말하셨단다.

"안 서방, 미안하지만 애 엄마 동생 가게에서 (둘째 이모가 우리 동네에서 향토 음식점을 하셨는데 아빠는 그 사실을 기억해 냈다.) 병어 찜을 좀 얻어 줄 수 있겠나? 안 되면 어쩔 수 없고… 이런 부탁해서 미안하네."

이 미친 온도 차는 무엇이란 말인가? 나한테는 아침 댓바람부터 전화해서 온갖 짜증을 다 내더니만… 차라리 내게 이렇게 말해 줬더라면 눈물을 줄줄 흘리며 병어 할아버지라도 가져다 바쳤을 텐데, 안쓰럽게도 아빠는 사위를 잘 몰랐다. 남편은 아빠의 요구를 나만큼 감정적으로 받아들이지 않았고 따라서 무리한 선을 넘는 아빠의 요구를 들어줄 마음 또한 없었으니 말이다. 또한 언제부턴가 남편에게 다이렉트로 연락하여 이것저것 해 오라는 횟수가 늘어 가면서 남편의 인내심이 점점 한계를 보이고 있었다.

"네 말이 맞아. 하나둘씩 들어 드리니 점점 요구사항이 느는 것 같아. 자꾸 전화하셔서 드시면 안 되는 음식들을 사 오라고 하시네. 드시고 싶으신 게 너무 많으신가 봐."

"아…, 내가 진짜 면목이 없다. 일하느라 정신없는데 아빠 전화까지…."

"괜찮아. 근데 오늘은 내가 컨디션이 별로라 저녁엔 같이 못 갈 거 같아. 괜찮으면 혼자 가서 좀 챙겨 드릴래? 아버님 요구조건은 내가 앞으로 강경하게 받아쳐 볼게."

"응, 난 혼자 다녀올게. 미안해, 오빠."

슬픔은 나누면 반이 된다 했던가? 아니다! 나의 거대한 슬픔. 대머리 할아버지를 나누니 고통이 두 배가 되었다. 아빠는 이만큼 큰 고통과 고난을 반으로 뚝 잘라 모자라지 않게 꾹꾹 눌러 담은 후, 이름표를 붙여 우리 둘에게 각각 전달해 주었다. 남편은 남편의 몫만큼, 나는 내 몫만큼. 두 개의 고통은 나눈다고 줄어드는 성질의 것이 아니었다. 오롯이 그것의 주인만이 겪어 내야 할 숙제 같은 것이었기에, 나는 내 몫의 고통으로 신음했고 남편은 남편의 몫을 처리하느라 분주했다. 그래도 우리에게 축복인지 모를 시간들은 흐른다. 아빠가 퇴원한 지 벌써 일주일이 되었기 때문이다. 아빠가 드셔야 할 수많은 약들을 처방받기 위해 입원하셨던 병원에 방문하여 담당의와 상담하니 아직도 요양병원에 안 모셨냐며 되물었다. 아버님은 나이와 지병에 비해 체력이 상당히 좋으셔서 저 상태로 아마 오랫동안 지속될 확률이 높다는 식의 청천벽력 같은 악담(?)은 덤으로. 그날 나는 병어와 간재미 대신 설렁탕 두 그릇을 포장해 아빠에게로 갔고, 한 번도 TV를 끄지 않은 것처럼 방을 가득 채운 소음 속에서 아빠는 쿨쿨 잠을 자고 있었다. 우렁 각시처럼 아빠가 일어날세라 설렁탕을 냄비에 붓고 밥을 하고 대충 집을 정리한 후 후다닥 나온 그날 이후, 나는 아빠에게 가지 않았다.

먼저 의견을 낸 건 남편이었다. 아빠와 나를 한집에 두는 게 불안하다는 이유였다. 내 입장에선 매우 억울한 것이었다. 뭐라도 해 보려고 발버둥 치며 약까지 먹어 가며 꾸역꾸역 출근하고 있었는데…. 하지만 남편의 말도 일리는 있었다. 남편은 아빠한테 어떠한 상처도 받지 않았고 영문을 알 수 없는 분노 또한 받아 내지 않고 흘려보낸다. 일할 때 연락 오는 것이 조금 귀찮을 뿐이었다. 그렇지만 딸인 나는 달랐기에 아빠가 집어던지는 상처들을 그대로 받아 내고 있었다. 놓칠라 싶으면 주워다가 스스로 곱씹으며 생채기를 내고 아빠에게 마구 되받아 쳐낸 후, 무방비로 있는 노인을 공격했다는 사실에 자괴감이 들어 엉엉 울기도 했다.

우리 부녀의 상태는 퇴원 이후 점점 더 위태로워지고 있었기에 아빠의 입원 초기 때처럼 우리 둘을 격리시켜야겠다는 생각이 든 남편이 이쯤에서 제동을 걸었고, 덕분에 난 아빠가 있는 그 집에 더 이상 가지 않을 수 있었다. 다행히 격리 조치는 효과가 있었다. 나 대신 남편이 가면 아빠는 순한 양처럼 변했고 나한테처럼 역정을 내거나 심한 말을 하는 경우도 없었으니 모두에게 행복한 결정이었다.

"아이스크림을 드시고 싶다는데 드셔도 되나? 무슨 아이스크림 좋아하셔?"

"수면제를 좀 타 달라고 하시는데 수면제 드시면 안 되지 않나?"

이따금씩 이런 남편의 메시지가 오면, 마치 아바타처럼 남편을 진두지휘하며 아빠를 보살폈다.

"응, 아이스크림은 그냥 드시게 둬, 배스킨라빈스에서 파는 호두 아이스크림을 좋아하니 그거 사다 드려."

"수면제는 약 봉투에 동그란 알약 반으로 쪼개 둔 가장 조그마한 약이야. 쿠에타핀정인데 그건 자기 전에 하나씩 드시라고 해."

시간이 흘러 2월이 왔다. 시간이 느리듯 빠르다. 아니 빠르듯 느린가? 병원에서 한 달 정도, 집에 와서 일주일 정도의 시간이 흐르니 어느덧 내 생일이다. 해야 할 말에 앞서 잠깐 가족 구성원 소개를 해야 되겠다. 언급한 대로 엄마와 아빠는 재혼 부부다. 아빠에겐 나를 요리조리 때리길 좋아했던, 친엄마 따라 미국으로 간 언니 한 명이 있고 엄마에겐 아들 두 명과 딸이 하나 있다. 이 사실은 내가 중학교 때 알게 되었다. 그러니 이 둘에게 나를 포함해 도합 다섯의 자식이 있는 꼴이다. 타임머신이 있어 과거 여행을 간다면 젊을 때의 엄마와 아빠 둘을 내 앞에 앉혀 놓고 자식도 낳을 만치 낳았으면서 뭐 좋은 꼴을 보겠다고 무슨 결혼을 또 했는지 물어보고 싶다. 여하튼 나의 출생이 가족 구성원에게 축복, 기적, 행복 따위의 감격적인 메시지가 아니라는 걸 어린 나이부터 체감하며 살았던 것 같다. 그냥 핑계로 맛있는 거나 먹고 보복 소비(?)나 하자 싶은 게 생일이 갖는 의미의 전부였고 비싼 케이크를 죄책감 없이 살 수 있는 날 그 이상도 그 이하도 아니었던 거 같다.

그래도 굳이, 굳이 찾아보자면 좋은 게 하나 있다. 아빠는 내 생일날이면 늘 동네 빵집에 들러 본인이 생각하기에 가장 합리적인 형태와 가격의 케이크를 골라 사 오곤 했다. 가끔 운 좋게 내 생일과 본인의 기분 좋은 상태가 맞아떨어질 때는 갈비찜도 하고 전복을 넣은 미역국도 한껏 차려 놓고는 조그만 방에서 날 기다리고 있었다. 우리는 함께 조촐한 파티를 했었고 그 기억이 나에게는 무척 좋은 추억이다. 그 충만함이 소중해서 생일날만큼은 아빠와 함께하기 위해 늘 시간을 비워 두었다. 그것은 결혼 후에도 마찬가지였다. 그러나 이번 생일은 아빠가 사 온 케이크도 없고 갈비찜도 없다. 정신과 약에 찌들어 해가 중천에 뜬 대낮까지 정신을 못 차리는 나와 배가 개구리처럼 부푼 채 먹고 싶은 음식 리스트만 줄줄이 읊어 대는 아빠만이 있을 뿐.

생일에 큰 의미를 두지 않고 살아왔어도 아빠와 함께하는 생일날의 충만함은 제법 좋은 선물과도 같았다. 그러나 이제 그 선물을 다신 못 받는다는 사실이 낯선 상실감으로 다가왔으며 나는 조금 더 우울해졌다. 늘 받던 것을 못 받으면 서운한 법이니까. 상실의 늪을 허우적대고 있으니 친한 친구 두 명이 생일 축하를 해 준다며 나를 끄집어내 줬고 케이크의 초를 끄는 순간까지 혹시 아빠에게 연락이 오지 않을까 휴대폰을 만지작거렸지만 끝내 전화는 울리지 않았다. 그날 남편에게 들은 아빠의 모습에 나는 더욱 좌절했다.

"아버님은 니 생일에 관심도 없으시고 오직 본인 먹을 것만 생각하고 계셔."

"……"

등급 외 판정

"네? 그럴 리가 없는데요?"

내 생각이야 어쨌든 공식적으로 아빠는 신청한 노인장기요양등급에서 '등급 외'로 판정이 났다. 썬의 조언에 따라 노인장기요양등급신청을 했고, 얼마 후 장기요양등급 판정단이 방문하여 아빠를 심사하고 갔는데, 함께 있었던 남편의 말에 따르면 아빠는 그들에게 커피까지 직접 타서 대접하는 여유를 보였다고 한다. 사실 요양병원을 가야 하는 아빠에게는 등급이 큰 의미는 없다. 요양보호사를 들여 자택에서 케어할 케이스도 아니고 요양원이나 주간보호센터 등은 아빠와는 관계없기 때문이다. 그래도 혹시 모를 상황을 대비하여 신청을 하였으나 막상 등급 외 판정을 받으니, 우리가 할 수 있는 것의 범위가 좁아진 듯 답답한 기분이 들었다.

모든 지표는 아빠가 정상이라 말하고 있지만 지금까지 겪은 아빠의 모습은 치매라고 밖에 설명이 되지 않는다. 그래서 나는 인정을 하지 못했다. 아니, 인정하고 싶지 않았는지도 모른다. 일상이 이렇게 망가져 버렸는데 별문제 없이 정상이라니? 치매여야만 했다. 치매여야만 아빠를, 이 현실을 용서할 수 있을 것 같았다. 하지만 이 시점에선 의미 없는 생각이다. 나를 분리시키고 나 대신 아빠를 돌보기로 선택한 남편은 퇴근 후 저녁에나 아빠에게 들를 수 있었고, 그래서 아빠는 거의 하루 종일 혼자 집에 있다시피 해야 했다. 수시로 연락을 해서 언제 오냐, 밥은 어떻게 해야 하느냐 재촉하는 것에 살짝 짜증이 난 남편이 "오늘도 밥 이야기만 하시면 너처럼 요양병원 가시라고 단호하게 말해 봐야겠어."라고 굳은 맘을 먹고 갔으나 지킬 앤 하이드마냥 온순 모드로 대기하는 아빠에게 맘이 약해져 말도 못 꺼내고 돌아오기를 반복했다. 아빠의 기분 그래프 역시 퇴원 초반엔 오락가락 변동이 심했으나 나와 분리가 되고 난 후부터는 조금씩 안정을 되찾아 정말 정상이 된 것처럼 보였다.

"아버님 인지가 좋아지시는 거 같아. 조금 기다려 볼까?"
남편마저 휴전선언을 할 정도로 아빠의 상태는 호전되고 있었다.

'혹시 이거 아빠의 빅픽처 아닌가?'
이런 생각이 들 정도로 상황이 아빠에게 유리하게 돌아가고 있었으니 치매에 연연하는 게 큰 의미가 없다는 생각이 들었고, 노인장기요양등급의 등급 외 판정이 온점을 찍었다.

아빠가 좋아지고 있다는 소리를 들으니, 몇 주 전까지 내면을 가득 채운 증오가 눈 녹듯 사라졌다. 조금씩 기력을 되찾게 된 나는 슬슬 아빠가 궁금해지기 시작했다. 몸은 집에 있지만 마음은 아빠 옆으로 꾸물꾸물 기어들어 갔다. 밥은 제때 먹는지 등 오빠가 연락해서 뭐하는지 물어보라며 남편의 옆구리를 쿡쿡 찔러 가며 아빠의 동태를 살피고 있었다. 그러나 애초에 아빠가 그리 쉬운 상대였으면 여기까지 오지도 않았을 것이다.

"아버님, 저 오늘은 현장을 다녀와야 해서 저녁에 못 갈 것 같습니다."
"그래그래, 내가 밥 잘 챙겨 먹고 있을 테니 걱정 말고 모레나 와라."

남편을 안심시킨 아빠의 착한 말 뒤에는 생각지도 못한 계획이 도사리고 있었으며 역시나 우린 한발 늦게 그 사실을 알게 되었다.

폭풍전야의 온순함. 아마 그런 것일지도…. 평화로웠던(?) 그날 오후 아빠의 아파트 경비실에서 전화가 한 통 걸려 왔다.

"1004호 할아버지 따님 되시죠? 지금 경찰 오고 난리 났어요! 지금 당장 오셔야 할 것 같은데 어디세요?"

아파트 내 비상연락망으로 연락을 한 듯한 경비원의 전화를 받고 눈썹 휘날리게 뛰어가니 이미 상황은 일단락이 되어 있었다. 경비실 앞에서 이야기를 듣는데 난리가 따로 없었다.

"할아버지가 집에 갇혀 있다며 베란다에서 소리를 질러서 아주 한바탕 소란스러웠어요."

아빠가 우렁찬 목소리로 살려 달라고 배고프다고 베란다 문을 열고 10분이나 소리를 질렀단다. 그 목소리에 지나가던 사람들이 놀래 신고를 했고, 경찰이 와서 상황을 확인해 보니 별일 아닌 걸로 여겨 동사무소의 긴급복지 부서를 연결해 주어 구호음식이 전달되고 마무리가 된 듯했다. 경비원 아저씨가 말했다.

"저 할아버지가 저런 양반이 아니었는데 왜 저러셨대?"
"……."

섬망이 남아 있을 시기는 지났으니 정말 제정신 아니면 치매 둘 중 하나다.

'장기요양등급 판정위원회의 심사위원들이 아까의 모습을 봤었어도 과연 등급 외 판정을 내렸을까?'

나는 이 모습이 제정신이라는 것에 정말 동의할 수 없었기에 자꾸만 머릿속에서 왜라는 물음이 뿜어져 나왔다.

'이것에 대한 답을 어디서 찾을 수 있단 말인가? 정말 치매가 아니란 말인가?'

남편이 하루에 한 번씩 음식을 바리바리 싸 가지고 들르니 남는 음식이 문제지 모자란 음식에 대해선 생각해 본 적이 없는데, 배고파서 굶어 죽겠다며 밖에다 소리를 지른 아빠가 도저히 이해가 되지 않았다. 또 그걸 이해하려는 내 모습도 이해가 되지 않았다. 조금씩 회복되고 있던 멘탈도 다시 무너졌다. 노인을 저리 두면 어쩌냐는 둥 한바탕 꾸짖을 마음으로 전화를 했을 (목소리에서 그런 느낌을 받았다) 경비아저씨는 시퍼렇게 질린 우리 부부의 얼굴을 보시곤 딱하다는 듯 혀를 끌끌 찼다. 그러고는 비상연락망 연락처에 남편번호와 자택번호까지 추가로 기재하게 한 후 무슨 일이 또 생기면 바로 연락을 주겠다며 우리를 아빠에게 올려 보냈다.

아빠의 옷 가게엔 많은 것이 들어 있다

아파트 복도에 들어서니 집 문 앞에 박스가 하나 놓여 있고 안에는 인스턴트 죽과 국 레토르트 식품들이 가득 담겨 있었다. 한숨이 새어 나온다.

"나 먼저 들어갈게. 너는 들어오지 말고 밖에서 기다려."

혼자 들어간 남편은 조금의 시간이 지나고서야 나왔다. 들어서자마자 아빠는 "죽이 다 삭았는데 어떻게 먹으라고 들여다보지도 않느냐?"라며 소리를 질렀다고 했다. 어젯밤에 사 온 죽이 다음 날 오전에 삭았을 리 없는데 말이다. 그리고선 국수가 먹고 싶다 요청했으나 거절당한 후 남편 쪽은 쳐다보지도 않고 대답도 안 하고 계시기에 그냥 나왔다고 한다. 결국 또 먹는 것 문제다. 집에 온 직후 먹는 거부터 시작해서 먹는 걸로 끝난다. 병원에서부터 시작된 음식에 대한 강한 집착이 집에 오면서부터 본격적으로 제어가 안 되는 느낌이다. 여하튼 드시고 싶어 하시는 걸 못 드시게 하는 우리 마음도 편치는 않았기에 우리 부부 역시 밥을 제대로 못 먹어 나날이 핼쑥해지고 있었다. 그 와중에 가게의 월세와 관리비 납부 날짜가 다가오고 있었고 아빠 대신 우리가 처리해야 했기에 그 길로 아빠 가게로 향했다.

상권이 죽은 옛 오피스텔 건물 2층에 위치한 아빠의 낡은 옷 가게. 할 수만 있었다면 진즉 빼 버리고 싶었던 아빠의 고집과 아집의 산물이다. 이것을 유지하기 위해 매달 관리비 45만 원에 생활비를 더해 용돈 명목으로 아빠에게 드려야 했다. 아빠가 가게를 꾸려 나갈 수 있는 상태는 훨씬 전에 끝났던 것 같으나 이 망할 놈의 옷 가게는 두 달 전에도 건재했으며, 그것은 모두 우리 부부의 희생 덕이라 할 수 있기에 하루에 만 원짜리 옷도 팔지 못하는 주제에 월세만 홀랑홀랑 먹어 대는 아빠의 가게는 나에게 늘 불만거리였다. 아빠는 매일 동대문 새벽시장에 나가 싼 옷을 사서 (무척 매우) 비싸게 팔았다. 장사꾼이 어느 정도의 마진을 남기는 건 불문율이지만, 그럼에도 불구하고 아빠가 정한 마진은 트렌드에 맞지 않는 구시대적인 설정이었고, 결정적으로 아빤 장사꾼보단 사기꾼의 기질이 강했다. 예를 들면 이마트 행사장에서 세일하는 브랜드 신발을 대량으로 사서 자기 가게에서 두 배 정도 부풀려 팔거나 디스플레이 된 옷을 본인이 종종 입고 다니기도 해서 주머니에서 영수증이 나와 항의하던 손님과 싸우는 걸 보고 몸서리치며 도망 나온 적도 있다. 그러니 장사가 잘 될 턱이 있나.

하지만 아빠는 그마저도 사람들과 어울리는 소통의 장이라 생각했던 것 같다. 친구도 몇 없는데다 하나뿐인 혈육인 고모와는 연을 끊고 살던 아빠가 사람을 만날 수 있는 유일한 곳은 가게가 아니었을까 싶다. 아침 10시에 칼같이 출근하여 조그마한 TV를 켜 놓고 꾸벅꾸벅 졸다가 오는 게 아빠의 하루 일과였고, 나는 착한 딸 노릇을 하느라 그것을 어느 정도는 지켜 주고 싶어 했다. 노인이 그 정도도 못하고 집에 있으면 진짜 우울증이 올 것 같다는 것이 그 이유였다. 또한 어릴 적 가게는 나의 아지트였다. 친구들과 비상계단에서 실컷 놀다가 가게로 가면 아빠는 늘 간식을 사 줬다. 또 부업한다고 덜컥 샀다가 몇 번 쓰지도 못하고 망한 덕분에 빚처럼 떠안은 컴퓨터는 내 차지가 되었고 그렇게 가게는 조그마한 PC방으로 변하기도 했다. 심심하면 가게로 가서 이것 저것 하며 놀다가 탈의실이라고 만들어 둔 조그맣고 좁은 공간에 들어가 놀다가 아빠랑 같이 퇴근하기도 했으며, 중학생 시절 학교에서 안 좋은 일이 있을 때마다 엉엉 울며 가게로 가면 아빠가 늘 시켜 주었던 회덮밥이 내 인생에서 가장 맛있는 회덮밥이라는 건 단언할 수 있다.

그러니 초등학교 때부터 지금까지 이어져 온 저 망할 놈의 가게에 많은 추억이 스며들어 있다는 점을 인정할 수밖에 없는 것이다. 결국 나의 추억과 기억 그리고 아빠의 일상과 싸구려 옷들이 가득 차 있는 가게는 어느 시점부터 아빠의 삶과 엉겨 자연스레 내 몫의 책임이 되어 있었다.

"정리하자!"

'아빠가 이 가게에 다시 올 날이 있을까? 다 낡아 빠진 의자에 앉아 꾸벅꾸벅 조는 우리 대머리 할아버지를 또다시 만날 수 있을까?'

이런 생각이 드니 주체할 수 없는 슬픔이 밀려들어 가게를 정리하기로 맘먹었다. 돌아오지 않는 주인을 기다리는 공간을 오래 남겨 둘수록 내 서글픔은 더 커져만 갈 테니…

치매 카페에서 점점 상태가 악화되는 부모들의 차량이나 집, 가게 등을 정리하는 글들을 볼 때마다 당연히 해야 하는 것이고 단순히 의무 같은 것이라 쉽게 생각했는데, 직접 내가 그것을 해야만 한다고 하니 내 부모의 인생과 그 삶에 얽힌 나의 잔뿌리까지도 잘라 내야 하는 것임을 온몸으로 느끼게 된다. 긴 시간의 추억과 기억은 영원히 그 자리에 머물 수 없으며 실체가 있는 것은 언젠간 사라지는 것임을 느끼고 그 서운함과 허망함에 나는 한참을 앓았다.

싫은 아침과 좋은 밤

아마도 그땐 내 인생을 통틀어 경찰과 구급대원의 전화를 가장 많이 받은 시기가 아닌가 싶다. 병원에 입원했을 때보다 빈도는 적었지만 한 번 한 번의 돌발 상황이 사람 혼을 쏙 빼놓을 정도로 충격적이었다. 이번 사건은 아침 9시에 시작되었고, 출근한 남편에게 119 구급대원의 전화가 걸려 왔다.

"할아버지가 넘어지셔서 3시간째 못 일어나고 있다며 도와 달라고 119에 신고하셨고, 저희가 출동했는데 현관 걸쇠를 잠가 놓으셔서 문을 못 열고 계시네요. 작은방 창문을 깨서 창문으로 넘어가야 할 것 같은데 창문 파손에 대한 부분을 동의해 주셔야겠어요."

한겨울에 창문을 깬다는 말에 잠시 고민했으나 남편의 회사에서 아빠의 집까지 소요 시간은 약 30분 정도, 구급대원들을 문 앞에서 대기시킬 수 없기에 동의하고 출발하려는 와중 상황이 모두 종료되었음을 알리는 전화가 다시금 걸려 왔다.

"할아버지는 일으켜 드렸고 지금은 침대에 앉아 귤 드시고 계십니다. 사위분께 물을 사 오라고 전해 달라네요."

속으로 절망과 한탄을 내뱉고 있는데 이어 두 번의 전화가 더 걸려 왔다. 한 통은 파출소, 한 통은 아빠였다.

　파출소에서는 베란다에서 배고프다 소리 질러 동네를 뒤집어 놓은 사건도 그렇고 상황이 반복되자 보호자에게 재차 관리에 대한 당부를 부탁하는 내용이었고, 아빠는…

"안 서방! 내가 작은방 창문에 유리 깨진 거 다 청소해 놨으니 지금 안 와도 된다. 천천히 와도 된다."

　어디서 뭐 무너지는 소리 안 들리시나요?
　네. 제 억장이요.

　아침 댓바람부터 구급대원과 경찰의 전화 콜라보로 허겁지겁 숨이 넘어가던 우리 부부(정확히는 나)와는 달리 아빠는 평화로웠다. 말을 전하는 남편의 무겁고 가뿐 한숨에 하잘것없는 내 멘탈은 자글자글 구겨져 가고 있었다. 이쯤에서 남편과 내가 아빠를 바라보는 시선이 다름을 짚고 넘어야겠다.

　장기요양등급 심사에서 등급 외 판정을 받고 아빠 치매에 연연하지 않기로 했지만, 나는 아빠의 이상행동을 과민하게 분석했고 그것을 딱 치매라고 단정짓기 어렵다면 가성치매가 아닐까 생각했다. 실제의 지능 저하가 없음에도 불구하고 마치 치매인 것 같은 증상을 나타내는 상태라고 생각한 것이다. 그러나 남편은 아빠의 기질적인 성격 등을 생각했을 때 아픈 사람의 밑바닥이 나오는 것이라고 판단했다. 그렇지만 아빠에 대한 데이터가 나보다는 부족했기에 그 부분에 대해선 엄마의 이런저런 이야기들(주로 아빠의 험담) 속에서 정보를 추출, 이내 본인만의 추리력으로 아빠 상태에 대한 판단을 내린 듯싶었다.

　요약하자면 나는 '치매 or 못해도 가성치매다.'라는 입장, 남편은 '아버님은 몹시 매우 정상'이라는 입장이었다. 남편이 그런 판단을 한 것도 뭐 이해가 안 가는 것은 아니다. 비정상과 정상 그 애매한 경계선 사이에 아빠가 외줄 타듯 아슬아슬한 선 넘기를 계속하고 있었기 때문이다. 아빠가 병원에서부터 지금까지 보인 행동은 뭔가 이상한 것 같아 보였지만, 상대적으로 봤을 때야 그런 거고 절대적으로 평가하자면 그냥 체면치레 같은 거 다 던져 버린, 그냥 본인이 숨기고 있던 진짜 모습을 보여 준 것일지도 모르겠다. 그것은 아빠의 타고난 이기적인 성향과도 관련이 있을 것이고 그 정도는 용인할 수 있는 수준이라고 받아 준 남편의 강철 멘탈 덕분일 수도 있다.

혼란스러운 나에게 썬은 종종 치매로 나아가는 과정에 있는 노인의 심리 변화에 대해 많은 조언을 해 주었고, 그것은 아빠 상태를 체크하는데 꽤 도움이 되었다. 그러나 이런 정보에도 남편과 나의 의견 차는 좁혀지지 않았고 남편은 본인이 판단한 방향으로 아빠를 대했으나 슬슬 아빠의 고질적인 패턴(본인에게 유리한 상황을 만들기 위해 어떤 민폐도 아랑곳하지 않아 하는)에 짜증을 느낀 듯싶었다.

"오늘 아버님 요양병원 이야기하고 바로 병원 모셔야겠어. 안 되면 강제 입원이라도 알아보자. 이렇게는 안 되겠다. 일도 못 하겠고…."

구급대원의 전화만 없었더라면 오늘은 꽤 기대해 볼 만한 하루일 수도 있었을 것이다. 썬의 남편과 처음으로 만나는 부부 동반 모임이 약속되어 있었다. 썬이 많은 위로를 주는 멘토 같은 존재였다면 썬의 남편과 내 삶은 비슷한 부분이 많았고 만나면 하고 싶은 이야기가 많았다. 그래서 흥분된 상태로 오늘 저녁 만남을 기다렸지만, 개구쟁이 대머리 노인의 아침 소동으로 기분이 한껏 눅눅해진 채 결국 아빠 집으로 끌려가야만 했다. 그날 저녁, 남편은 오늘만큼은 어떻게든 요양병원으로 모시기 위한 설득을 성공하리라는 결연한 의지를 미간에 잔뜩 담은 채 아빠 집으로 운전을 했다. 나는 남편에게 밀리는 아빠의 모습을 보게 되면 맘이 약해져 중간에 허튼소리나 찍찍하게 될 게 뻔해서 차에서 기다리기로 했다. 그러나 길지 않을 거라는 남편의 말과는 다르게 점점 차에서 기다리는 시간이 길어지고 있었다.

중간중간 전해 주는 남편의 카톡을 정리해 보면 전과 다름없는 대화의 반복이고 아빠의 의지는 전혀 수그러들지 않았다.

"절대 죽어도 요양병원만은 싫다! 거동이 불편해져 생활이 어려운 건 너희들이 좀 더 자주 와서 보살피면 될 일이고, 그마저도 힘들면 사람을 써라."

그러나 아빠의 몸 상태는 의지가 무색하게 가변적이었다. 좋지 못한 신호다. 평소에도 아빠의 컨디션은 주기적으로 좋다가 나쁘다가 했지만 그날은 남편이 보기에도 매우 안 좋아 보였다고 한다. 배가 부풀어 오르고 다리가 부종으로 통통 부어 있어 개구리처럼 보일 정도였고, 넘어지면 일어나기 힘들 정도로 안 좋아 보였다고 한다. 구급대원도 빨리 병원으로 옮겨야 한다고 권유했지만, 우리의 사정을 듣곤 딱하다는 듯 또한 이런 케이스들이 많다는 듯 알겠다고 하며 말을 아꼈다. 근래 여러 사건들이 맞물려 초반과는 상황이 달라졌기에 남편은 어느 정도는 설득의 가능성이 있다 생각하고 다시 설득을 시도한 듯싶었으나, 밖에서 들어오지도 못하게 걸쇠를 걸고 넘어져서 구급대원을 불러 한바탕 소동을 일으키고, 일하는 사위에게 시간마다 전화하여 업무를 방해한 행동에 대해 아빠는 전혀 거리낌도 없었고 부끄러움도 없었다고 한다.

집으로 모신 지 보름째. 아픈 노인이 혼자 지내는데 불편함이 많은 게 분명하다. 그러나 아직까지 아빠는 '날 보살피기 위해 방법을 모색해라! 꿀리면 뒈지시던지.' 등의 메시지를 보내고 있었기에, 오늘 사건을 약점 잡아 이성과 논리로 무장하여 접근하려던 남편은 사기가 와장창 무너지고 결국 한 시간의 입씨름 끝에 처절한 패배를 안고 집을 나서야 했다.

'우리는 대체 어떻게 해야 할까? 어디로 나아가야 할까?'

정말 아무것도 알 수 없었다. 병원에 모셨을 때보다 더욱 아득하고 막연했다. 그래도 병원에서는 아빠의 상태가 조금이라도 안 좋아지면 바로 의료적인 케어를 받을 수 있었고, 그때마다 연락이 왔기에 나는 내 몸만 추스르면 되었는데, 지금은 아빠 혼자 저렇게 있다가 갑자기 집에서 훅 죽어 버리면 어떡하지 하는 염려에 공포감이 몰려왔다. 아빠와 딸의 애틋한 이별 따위의 그림을 그린 것은 아니지만 그렇다고 아픈 아빠를 아파트에 홀로 처박아 두고 쓸쓸히 죽게 하려는 마음은 1도 없었다.

"가슴 아프지만 그래도 병원에 보내야죠."

뒤늦게 만난 썬과 썬의 남편은 우리의 이야기를 듣고 의견을 보태 주었다. 결국 아빠에게 휘둘리지 말고 우리가 옳다고 생각하는 방향으로 계획을 세워 움직이는 게 맞다. 죽어도 집에서 죽겠다는 아빠를 꽁꽁 묶어서라도 요양병원에 눕혀 약도 먹이고 밥도 먹이고 하는 게 자식 된 도리로 해야 하는 것이다. 적어도 지금 상태보단 나을 테지. 모두가 우리에게 그렇게 하라고 그게 옳다고 말하고 있었다. 그럼에도 불구하고 우리 부부가 더욱 강경하게 아빠를 대하지 못하는 이유는 아빠가 집을 떠나기 싫어하는 이유가 마음에 와닿기 때문일 것이다.

인생의 주도권을 뺏기게 되는 기분은 어떤 것일까?

1년 전의 글을 쓰는 지금. 여태껏 내 뒤꽁무니를 쫓아다니는 불안에 질려 정신과 약을 털어 넣을 수밖에 없었던 트라우마의 정체는 이 물음에서 비롯된 게 아닐까 싶다. 삶의 주도권이 더 이상 나에게 없을 때, 타인에게 폐를 끼치지 않기 위해 싫은 곳으로 가야 하고 그곳에서 삶을 마무리해야 한다면… 나 역시 아빠처럼 죽어도 안 가겠다, 보내지 말아 달라며 자식들의 바짓가랑이라도 붙잡고 울고 싶어지지 않을까?

익숙한 천장, 익숙한 벽지… 내가 이뤄 내어 모든 것이 내 편인 것들 속에서 살다 조용히 죽고 싶은데 자식들에게 혹은 주변 사람들에게 나의 '생존' 자체가 민폐가 되는 날, 이 소중한 것들을 스스로 버리고 뒤돌아서야 한다면 나는 과연 의연하게 버텨 낼 수 있을까? 글쎄… 못할 것 같다. 좁고 허름할지언정 그 임대 아파트 한 칸만큼은 오롯이 아빠의 편이었을 것이고, 낡아빠진 신발과 손때 묻은 가구들이 아빠의 삶의 증명이다. 그래서 그곳에서 벗어나기 싫어하는 아빠의 마음에 슬프게도 깊은 공감을 해 버리고 있었다. 그래서 괴로웠다. 자식으로서 아빠를 책임져야 하는 딸인 '나'와 인간으로서 아빠에게 공감하는 '나'의 입장은 첨예하게 대립했고, 그 틈바구니에서 튀어나오는 부산물들은 매번 내 속을 지저분하게 헤집어 놓고 사라졌다. 그런 생각을 하면서도 불현듯 튀어나오는 "아빠 미워! 미워 죽겠어!"라는 마음을 보쌈과 함께 입안에 한껏 욱여넣고 고함을 치다가 이내 아빠가 저렇게 집에 덩그러니 혼자 있는 게 너무 불쌍하다며 울먹거리는, 마치 조울증 말기처럼 보이는 나를 썬 부부는 그저 따듯하게 바라봐 줬다.

처음 만나는 썬의 남편은 훤칠한 호남형으로 웃을 때 상대방마저 속이 시원해지는 인상을 갖고 있었다. 답다크한 유년기·청소년기가 나와 비숫하게 맞아떨어졌기에 나야 엄청 반가웠다. 혹여나 이런 만남이 부담스럽게 느껴지진 않을까 걱정을 하고 갔으나, 서글서글함과 따뜻한 리액션으로 오히려 집돌이 집순이 성향이 강하고 낯을 많이 가리는 우리 부부의 경계심을 단숨에 녹여 주었다. 분위기가 무르익어 갈수록 많은 대화가 오갔다. 집안의 문제 노인들의 이야기를 나누며 깊은 공감도 하고 웃기도 하고, 또 한숨 쉬며 소주잔을 기울이기도 했다. 그 대화에서 내가 느낄 수 있었던 것은 사랑과 미움에 선을 긋고 이 둘을 나누어 생각하려 할수록 괴로워진다는 것이었다.

　아빠가 밉고 짜증나고 어쩔 땐 내 인생의 막대한 걸림돌같이 느껴지는 것도 당연하고, 애틋하고 안쓰럽고 불쌍하고 더 좋은 곳으로 모시고 싶다는 마음도 당연한 것이라는 것. 그런 스스로에게 '미친년 널뛰듯 하네.'라며 가혹한 조소를 날리지 말고 모든 감정을 자연스레 포용하고 인정해야 조금이라도 덜 괴롭다는 것이다. 썬 부부는 이런 갈등과 시행착오의 시간을 우리보다 더 먼저, 오래 겪었다. 그러기에 가벼운 대화에서부터 진지한 대화까지 모두 다 우리에게 깊은 감명을 주었다. 그런 그들에게 아빠를 미워하는 이유도 사랑하는 이유도 짙게 공감을 받고 나니 아침의 소동으로 한껏 뒤집혔던 마음이 잔잔하게 가라앉았다.

　싫은 아침과 좋은 밤이었다.

남편이 폭발했다

엄마와 나는 동동거리며 거실을 뱅글뱅글 돌고 있었다. 마치 아빠가 이상해진 그날의 새벽처럼, 아니 그때보다 더 새파랗게 질린 얼굴로 굳게 닫힌 안방 문을 열어 볼 생각조차 못한 채, 남편의 통화가 끝나기만을 기다리고 있었다. 발바닥에 식은땀이 송골송골 올라온다.

사건은 이른 저녁 퇴근을 마치고 피곤한 표정으로 옷을 갈아입으러 들어간 남편의 휴대폰이 울리면서 시작되었다. 남편의 전화벨 소리만 들으면 마치 파블로프의 개처럼 심장이 철렁 내려앉는다. 그 너머에 아빠가 있음이 분명하기 때문일 것이다. 닫힌 방안에서 남편의 목소리가 조그맣게 들린다.

"아, 예예, 아버님 식사는 하셨어요?"

늘 시작되는 인사말로 아빠의 전화를 받아 든 남편의 목소리가 조금씩 커지기 시작한 건 통화를 시작한 지 3~5분쯤 지나서 일 것이다. 밥을 차리던 엄마와 나는 남편의 목소리에 놀라 하던 일을 멈추고 안방 문을 주시하기 시작했다.

"아니라고요. 아버님, 아니에요."

"……"

"아닙니다. 진짜 왜 그러세요?"

"……."

안방 안에서 웅얼대는 울림 소리가 불안하게 집을 진동시킨다. 남편의 목소리 톤이 일정하지 않고 오르락내리락하고 있었다. 대화할 때 늘 낮은 톤을 유지하며 평온한 텐션을 지키고 있던 남편인지라 불안함은 더 가중된다. 우리 모녀는 식어 가는 국그릇처럼 서늘한 기분을 느끼며 방문에 귀를 대 보기도 하고, 소파에 앉아 TV를 켜기도 하는 등 불안의 연기가 자욱한 집 안을 환기시키려 노력했으나 안방을 쩌렁쩌렁 울린 남편의 고함 소리에 주저앉고 싶은 마음을 느꼈다.

"뭐라고? 이 새끼야?"

불안의 시간이 좀 더 지난 후, 문을 열고 나오는 남편의 얼굴은 무슨 일이냐 감히 물어보기도 조심스러울 만큼 잿빛이 되어 있었다.

"미안해. 놀랬지?"

"아니, 아빠가 뭐라 그랬는데 그래? 오빤 괜찮아?"

"내가 실수했어. 그래도 아버님에게 그래서는 안 되는 건데…."

남편이 아빠에게 욕한 것 따위는 현 상황에서 전혀 중요한 문제가 아니다. 도대체 아빠가 무슨 말을 했기에, 지금까지 보살 같은 마인드를 유지하고 있던 그의 평정심이 깨져 버렸는지, 그것에 대한 사죄를 나와 엄마가 대신할 수 있는 것인가 만이 내 유일한 관심사였다. 남편의 꾹 닫힌 입이 열린 건 저녁 식사가 모두 끝난 후였다. 사건은 아빠의 갑작스러운 피해망상 증상으로 시작된 듯했다. 전화 통화 중 다짜고짜 너희들이 집에 CCTV를 달았냐며, 인권침해니 프라이버시 침해이니 감시하지 말고 당장 떼 가지고 가라며 소리를 지르셨고, 당연히 그랬을 리 없는 남편은 아니라며 아빠를 달랬지만, 거짓말하지 말라며 남편을 후안무치한 놈으로 몰아가는 아빠의 막무가내 언행에 지금까지의 피로도가 누적된 남편의 언성도 점점 올라갔던 것이다. 일방적이고 폭력적인 장인의 억지를 받아 내면서도 평정심을 지키려 노력한 사위에게 아빠는 선을 넘었던 것 같다. (남편은 이 부분을 설명할 때 잠시 멈칫했고 말꼬리를 흐리며 넘겼으나 아빠가 남편의 역린을 건드렸던 것이 분명하다.) 남편의 인내심이 퓨즈가 나가듯 잠시 나갔다 들어온 사이 제3의 인격이 아빠에게 욕설을 날렸고 상황 종료. 그것이 내가 한 상황판단이었다.

'음…, 그럴 수 있지. 암, 있고 말고….'

그것은 남편의 예민함 때문이 아니다. 그나마 남편의 초월적인 인내심이 지금껏 이 지점까지 이 상황을 버티게 해 주었던 것을 우린 알고 있다. 진즉 굴복해 버리고 그의 인내심 뒤꽁무니에 대롱대롱 매달려 있는 우리 모녀는 무척 미안한 상황이 되었으니, 아빠에게 욕 한마디 날렸다고 감히 비난할 수가 있을 리가. 남편은 이미 죄 없이 아빠로부터 받아먹은 욕이 한 바가지다. 매번 우스개로 하는 말이 아빠는 아들이 없는 걸 천운이라 생각하고 살아야 한다고 했다. 딸인 나야 대충 넘길 수 있다 치지만 혈기 왕성한 젊은 아들이었다면 저 말도 안 되는 악다구니를 평온한 맘으로 받아 낼 수 있는 이가 얼마나 있을까? 내가 딸이 아니라 아들이었다면? 아마 우리는 〈그것이 알고 싶다〉 같은 시사프로에 벌써 나왔을 수도 있을 것이다.

"아버님이 이제 자기 돌보러 안 와도 된다고 하시더라. 이웃들도 있고 동사무소 직원들에게 부탁하면 되니까 당신이 알아서 살아남을 테니 그냥 내버려두라고. 당신은 죽어도 이 집에서 죽겠다고 말씀하시기에 알겠다고 끊었어. 그래도 내일 또 가 봐야지 뭐."

하… 아빠! 이렇게 착한 사위한테 이게 할 일이냐고요?

"대환장 파티야. 하루도 조용한 날이 없다."
"나도 그 맘 이해해. 정말 아버님 너무하신다."

전날 만나 따듯한 이야기를 나누었던 썬에게 하루도 안 돼서 또다시 넋두리를 털어놨다. 시아버지를 요양병원에 입원시킨 후 잠시나마 평화의 시기가 찾아온 썬은 매일 똑같은 주제로 울먹이는 나를 매번 다독이는 훌륭한 상담자가 되어 주었다. 이천시의 요양병원에서 쫓겨나 고양시의 병원으로 옮긴 썬의 시아버지도 나름 병원 생활에 적응을 하셨는지 (아니면 그 병원에서 웬만한 이슈들은 소화를 하는 건지 몰라도) 조용한 상태를 유지하였고 나에겐 그 사실 자체가 큰 희망이자 목표점이 되었다.

'저 병원에만 입원시키면 나를 괴롭히는 이 모든 문제들도 다 끝이 나겠지?'

큰 희망을 가질수록, 그만큼 큰 조바심이 그림자처럼 내 발끝에 머물렀다. 하루하루 사건들이 터질 때마다 내 몸이 99%의 불안과 1%의 우울로 이루어진 것 같은 느낌이 들어 약 봉투를 털어 넣어야 했다. 일련의 과정을 겪어 내며 나라는 사람이 과연 이런 고통을 겪어 낼 수 있는지, 그 고통의 한계점이 어디까지인지 파악하는 게 참 중요하다는 생각이 들었다. 그래야 약의 도움이나 주변의 도움을 받을 수 있는 타이밍을 알 수 있기 때문이다. 특히 부모와 연관될 경우 사회적인 관점에서 '자식이라면 당연히 해야지.'라는 생각이 보호자들을 더욱 나락으로 처박는 게 아닌가 싶을 정도로 주변의 시선도 건조했다. 아빠라는 거대한 불안은 공감과 위로를 쉽게 빨리 탈수시켜 버린다. 덕분에 나는 늘 목구멍이 쩍쩍 달라붙는 갈증 상태였고, 한 모금의 위로라도 절실하여 주변의 몇 명에게 내 이야기를 털어 놓은 적이 있다.

"아무리 그래도 아픈 아버님을 저렇게 집에 혼자 두는 건 좀 아닌 것 같은데… 그건 바람직하지 않은 거 아냐?"

그러나 가장 믿고 따르던 지인에게마저 나를 이해 못하겠다는 말을 들었을 때 기분은 절망적이었으며 결국 남의 눈엔 이렇게 보일 수밖에 없다는 걸 깨달았다. 물론 지인의 말에는 악의가 없었다. 그러나 당시 나에겐 '그래 네가 참 많이 힘들겠다. 그런 결정을 하기까지 얼마나 많은 사건들이 있었겠니?'라고 말해 줄 사람이 필요했는데, 그런 나에게 썬은 조심스레 상담치료를 받아 보지 않겠냐며 제안했고 나는 선뜻 친구가 준 연락처를 받아들었다. 그 후 그녀가 소개해 준 선생님을 찾아가 상담을 했으나 나의 감정상태가 너무 피로했던 탓인지 크게 감흥이 없었던 것 같다. 그러나 상담치료를 시작했다는 사실 자체로 내 삶의 터닝 포인트가 되었는데 그것에 대한 이야기는 조금 더 후의 일이다.

아빠가 소변 실수를 하다

혼자서 살아 보겠다 선전포고를 한 후 아빠의 연락은 뚝 끊겼다. 평소라면 부재중 전화라도 한 통 찍혀 있을 법하건만 남편의 핸드폰까지 찍소리 않고 조용하다. 아빠가 시간마다 연락해 남편에게 이래라저래라 하는 것도 불편했지만, 이렇게 갑자기 조용해지면⋯ 정말 CCTV라도 하나 달아 놔야 할까 싶을 정도로 불안해지는 건 어쩔 수 없다. 그렇게 저녁이 오나 싶었으나 3시경쯤 모르는 전화번호로 전화가 한 통 걸려 온다. 현 상황에서 모르는 번호는 스팸 문자보다 더 나쁜 경우가 많고 그 예상은 어김없이 맞아떨어졌다.

"1004호 할아버지 따님 맞지요? 나 이 아파트 14층에 사는 사람인데 할아버지가 좀 이상한 것 같아 따라가 보니 글쎄 집 앞에서 번호를 까먹으셨는지⋯, 계속 문을 못 열다가 그만 오줌을 싸셨네 그래. 지금은 어떻게 열고 들어가신 거 같은데, 저기⋯ 할아버지 치매지요? 아휴, 따님이 지금 좀 와서 들여다봐야 할 거 같아요."

치매의 시작점이 배변 실수부터라는 소리를 주워들은 게 퍼뜩 생각났다. 썬의 시아버지 역시 치매 초기 길을 가시다 실수를 하셨고, 그 사연을 듣고 나는 "그래 우리 아빠도 길거리에서 똥이라도 싸서 충격을 받고 병원 좀 들어가셨으면 좋겠다."라고 못돼먹은 막말을 한 적이 있었는데 막상 내가 그 상황을 마주하니 정말 너무너무 무서웠다. 상처를 덜 받기 위해 방어기제가 발동한다. 논리적으로 상황을 정리해 보는 것이다.

'아빠는 오랫동안 집을 비워 놨으니 그래, 비번 정도는 생각 안 날 수도 있어. 나도 누가 가끔 공동현관 비번 물어보면 멍해질 때 있잖아. 그리고 아빤 이뇨제를 많이 드시니 소변을 참기가 더욱 힘드셨을 거야. 별거 아니야, 그래 그럴 수도 있는 일이야.'

퇴근길 아빠에게 갈지 말지 고민하고 있던 우리는 아까 통화한 14층 이웃에게 전화를 걸어 상황을 재차 물었다. (처음엔 가야 한다고 생각했지만 문 앞에서 소변을 실수한 날, 우리가 기다렸다는 듯 등장한다면 아빠의 CCTV 망상증상이 더 증폭될 것 같았기에…)

"10층 할아버지 엘리베이터에서 종종 뵀지, 평소 인사도 하고… 보름 전인가 구급차로 실려 왔을 때부터 아이고, 어디가 안 좋으신가 보다 했는데…, 오늘 밖에서 잠깐 보니 걸음걸이도 그렇고, 뭔가 이상해서 따라가 보니까 그러고 있더라고… 그리고 무슨 막걸리를 그렇게 사 왔는지 봉지에 한가득 담겨져 있고. 내가 따님 전화번호 좀 달라고 해서 전화한 거야. 내가 요양보호사거든. 그러니까 내 눈에는 다 보여요. 할아버지 치매 맞는 거 같은데 저렇게 집에 혼자 두면 큰일 나지."

"네, 그렇죠. 몸이 안 좋으셔서 요양병원에 모셔야 하는데 죽어도 안 가겠다 버티고 계시는 중이라 저희도 어쩔 수가 없네요. 무조건 집에만 계시겠다고 고집을 부리셔서요. 그나저나 막걸리요?"

아빠의 몇 없는 장점이자 우리 부녀의 관계가 파탄 나지 않았던 이유 중 둘 다 음주를 하지 않는다는 점이다. 선천적으로 술에 약한 하드웨어로 태어났기에 아빠는 평소 사기를 당했거나 무슨 이슈가 있을 때에도 짜증과 히스테리는 마음껏 부렸지만 술은 안 마셨으니 그나마 다행이었다. 아빠와 나는 술을 먹으면 취하는 게 아니라 몸살이 난다. 때문에 본인 몸을 끔찍이 아끼는 아빠에겐 술은 정말 기호식품 축에도 끼지 못할 존재였는데, 그런 아빠가 막걸리를 한가득 사 왔다는 말은 받아들여지지가 않아 되묻고도 한참을 갸웃했다.

"그래, 아휴…, 막걸리가 한가득 있더라니까. 막걸리뿐이 아니야. 고기랑 온갖 먹을 거를 엄청 사 가지고 오셨어. 그거 들고 오다가 힘이 빠져 그러신 게 아닌가 싶기도 하고…."

"아…, 그래요? 상황이 정말 안 좋아요. 몸이 아프셔서 시설도 못 들어가시고 병원엔 안 가신다고 하시고 등급이 안 나와서 방문요양을 신청할 방법도 없어요. 남편이 매일 왔다 갔다 하는데 혼자 살아 보시겠다며 화를 내시더니만 밖에 나가셨나 보네요."

"노인들이 다 그렇지. 그래도 저렇게 두면 안 돼요. 아파트 옆 오피스텔 20층에 우리 사무실이 있으니까 한번 들러요. 도움 줄 수 있는 거 있으면 도와줄게요. 오실 때 미리 연락하고. 응?"

내 마음은 마치 간조와 만조 같았다. 어느 때면 터져나갈 것같이 팽팽하게 눈물이 밀려왔고, 어느 때는 따가울 만큼 바싹 말라 버리기도 했으니. 아빠가 그 몸으로 장을 가득 봐 왔다는 말에 다시금 차오르는 슬픔이 쩍쩍 갈라진 마음속으로 따갑게 스며들어 속이 화끈거렸다.

아빠는 10년 전 사고로 한쪽 무릎을 다쳐 걸음걸이가 느리고 무겁다. 그런 아빠가 혼자서도 살아 낼 수 있음을 우리에게 증명해 보이기 위해 본인도 통제하지 못하는 감정들을 앞세워 마트에 간 것이 아닐까? 느리고 무거운 걸음으로 왕복 20분 거리의 마트에서 장을 보고 간신히 집에 돌아왔으나 비번이 기억나지 않아 문을 열지 못하고 집 앞에서 소변 실수를 했을 것이다. 그때의 처참한 심정에 당황했을 아빠의 모습이 눈앞에 그려져서 전화를 끊고 한참을 멍하게 있었다. 내 안의 슬픔의 파도가 한참을 철썩거리다 이내 잠잠해짐을 느꼈고, 이제 내 몸 곳곳으로 스며들겠구나 싶어 마음의 준비를 해 본다. 눈물조차 나지 않는 고요한 슬픔은 이제 내 일부가 되어 있었기에 그저 숙연히 받아들이는 수밖에 답이 없다. 그리고 새로운 인물의 등장에 또 한 번 용기를 내보는 수밖에 없다. 나에겐 그 길뿐이다. 우리 부녀의 도전은 필사적인 것이다. 아빠는 아빠대로 나는 나대로….

아빠가 원했던 파출부를 모시다

조그마한 오피스텔 사무실에 들어서니 키가 작고 왜소한 할머니와 젊은 아주머니 한 명이 우리를 맞이한다. 건네받은 따듯한 대추차를 들고 있어도 파들파들 떨리는 손을 주체할 수가 없는 이유는 바로 직전의 통화 때문이었다.

요양보호사를 만나기 전 나는 썬의 시아버지가 입원해 있던 고양시의 ㅈ요양병원의 간호부장과 재차 입원 관련 통화를 했다. 아빠가 말없이 집 밖을 나갔고, 현관 비밀번호를 잊어버렸고, 집 앞에서 소변 실수를 한 상황에서 또다시 말없이 밖에 나가 길을 잃거나 한다면 그땐 정말 큰일이겠다 싶어 사설 구급을 통한 강제 입원까지 염두에 놓고 부랴부랴 전화를 했으나, 2주 전과는 코로나 상황이 완전히 달라졌단다. 요양병원 집단감염이 심각하게 번지자 내부회의를 통해 집에서 오는 어르신들은 입원을 받지 않겠다는 방침이 세워졌다는 청천벽력 같은 대답을 듣고 나니, 급박한 상황이 되면 언제든지 입원시킬 수 있다는 우리의 기대가 와르르 무너지는 느낌이었다. 이런저런 이유로 아빠를 봐줬던(?) 수많은 나날들에 대한 후회가 몰려왔다.

그래서 전화한 이웃이 알려 준 재가복지센터 사무실에 들어서기 전부터 우리 부부의 사기는 왕창 꺾여 있었고 지푸라기라도 붙잡고 싶은 심정이었다. 키가 작은 할머니가 우리를 보고 혀를 끌끌 차며 젊은 부부가 어떻게 이런 힘든 일을 견뎠냐며 본인이 14층에 사는 요양보호사라고 소개했다.

"할아버지 요양등급은 나왔어요?"

"아니요. 공단 직원분이 나와서 보고 가셨는데, 등급 외 판정이 나왔어요."

요양보호사가 공단에서 송부된 서류를 건네주자 한번 쓱 훑어보고는 한숨을 내쉰다.

"아이고, 신청을 너무 빨리했어. 원래 병원 오래 있다가 퇴원하신 어르신들 바로 심사하면 등급이 잘 안 나와요. 그래서 한 달 두 달 있다가 신청하라고 하는 거야. 그리고 심사하기 전 다 쓰는 방법이 있는데…, 아무것도 모르고 신청을 했나 보네?"

"저희는 요양등급이라는 게 있는지도 몰랐어요. 일단 없으니까 받으라는 소리만 듣고 급하게 신청했던 거고요. 근데 아빠 상태가 너무 멀쩡하시고 나오셨던 공단 직원한테 커피까지 타 주셨다고 하니까. 치매도 아니라는데 이걸 꼭 받아야 하는지도 모르겠어요."

"아니야 내가 봤을 땐 할아버지는 치매가 맞아요. 근데 치매 노인들이 등급심사 나오면 그때만 정신 반짝 멀쩡해지는 경우 많아요. 그래서 미리 기저귀도 채워 놓고 눕혀 놓고 그렇게 해야 등급이 나오는데… 쯧쯧, 이미 등급외 판정이 나왔으면 어쩔 수 없지 뭐. 재심사도 한참 뒤에나 가능할 거예요."

"그런 방법이 있는지 몰랐어요. 저흰 그럼 앞으로 어떻게 해야 하죠?"

어떻게 해야 하죠? 이 말을 얼마나 많이 했는지 모르겠다. 아마 몇천 번은 했을 것이다. 대체 어디로 어떻게 가야 하는가?

우리가 한 수많은 선택이 정말 옳았던 건지, 그게 최선이었던 건지, 자꾸 따라오는 후회는 어디다 버려야 하는 건지….

'정말 어떻게 해야 하는지 모르겠다.'

어떤 때는 정말 머리가 텅 비어 버린 느낌이 들어서 인터넷 카페에 글을 올려 누군가로부터 조언 겸 공감을 얻고자 했는데, 간혹 뼈 있는 날 선 반응들에 상처받고 나가떨어지기를 반복하고 그만뒀다.

"자식이라면 응당 꾹 참고 집에 모셔라."

"그런 아빠라면 그냥 버리세요. 저 같으면 남편 미안해서라도 안 보고 살겠어요."

극단적이고 폭력적이라 할 수 있는 조언들이었고, 그런 한마디 한마디가 무방비한 상태의 마음에 비수처럼 꽂혀 들었다. 그렇기에 어느 순간부터 타인에게 어떻게 해야 하느냐는 질문은 하지 않게 되었다. 전후 사정을 알던 모르던 그들이 하는 말에 상처를 안 받을 수는 없겠구나 싶어서다. 그래서 손가락을 까닥거리며 "하, 씨발! 어떡하지." 수준의 혼잣말만이 나의 위로가 되었다. 그런 지금. 또다시 "어떻게 하죠?"라는 말이 조르륵 굴러 나왔고, 내심 이 상황을 타개할 방법을 알려 주진 않을까 하는 기대를 갖지 않았다면 거짓이다.

"내가 지금은 일을 쉬고 있긴 한데…, 하루 한 번씩 들여다볼 수는 있어요. 할아버지 상태가 심하게 안 좋은 것도 아니고, 틈틈이 가서 식사 같은 거 챙겨 주고 청소 좀 해 주면 훨씬 낫지."

결국 우린 요양보호사 아주머니와 매일 아침 2시간씩 시간당 3만 원에 협의하여 돌봄을 부탁했고, 짧은 양식의 계약서를 쓴 후 사무실을 나섰다.

 엘리베이터를 기다리며 그나마 다행이다 싶어 묵은 숨을 내쉴 때 퍼뜩 머리를 때리고 떠오른 사실이 있었으니…, 퇴원 초기 아빠의 요청이 결국 실현되었다는 점이다! 콧방귀를 뀌며 말도 안 되는 소리라고 무시했던 파출부를 구해 달라는 아빠의 요청이 결국 이루어졌음을 깨닫고 소름이 돋았다.
 '이런 젠장. 아빠의 큰 그림에 또 놀아난 거야?'
 아빠가 얄미운 이유 중 하나는 이 기가 막힌 운발 때문이다. 때마침 아빠를 봤던 이웃 요양보호사와 코로나로 인한 병원 방침이 바뀌면서 아빠가 죽어도 가기 싫다던 요양병원 입원은 잠시 늦춰졌고, 원했던 파출부는 아니지만 식사와 청소를 챙겨 줄 분이 집에 오는 아빠의 목적은 이렇게 달성된 셈이다. 어쨌든 24시간 중 2시간은 맘을 놓겠구나 싶어 오랜만에 발걸음이 가벼워졌다.

아빠의 보물은 어디에 있는가?

아빠는 뭔가 겸연쩍은 상황이 생기거나 본인이 좀 불리하다 싶을 때 꺼내어 우리에게 무기처럼 휘두르는 마법의 문장들이 있는데, 그중 하나는 "생활비 안 줘도 된다!"라는 이상한 협박이었다. 나머지 하나는 "너희들이 준 돈 한 푼도 안 쓰고 벤츠 사 주려고 집에다 모아 뒀다."이고. 굳이 따지자면 두 번째만 맞는 말이다. 우리가 돈을 줘야 모아 둘 것이 생기지 않겠는가? 여하튼 우리는 아빠의 용도불명 목돈에 그다지 큰 관심을 두지 않고 살아왔다. 하지만 지금은 상황이 다르다.

아빠는 언제부턴가 현관의 걸쇠를 꼬박꼬박 걸어 두었다. 그 걸쇠 때문에 구급대원이 창문까지 깨야 했기에 그것만큼은 걸지 말라 신신당부했지만 본인이 거동이 가능한 컨디션이 되면 어김없이 걸쇠를 굳게 걸어 잠가 놓았다. 평소 문단속에 딱히 관심이 없던 아빠였기에 유난스럽게 걸쇠에 집착하는 행동은 내 마음을 한 번 더 덜컹거리게 만들었다.

"할아버지가 걸쇠를 잠그고 문도 안 열어 주고 전화도 안 받아요. 비밀번호를 좀 알려 줘요."

요양보호사의 전화를 받았을 때도 그러했다. 조금의 고민 끝에 현관 비밀번호를 가르쳐 드렸고, 요양보호사가 문틈으로 아빠를 불러내 현관을 열게 해서 겨우 들어갔단다. 그렇게 험난한 재가방문 첫 날이 시작되었다.

그 뒤 나는 썬, 그리고 남편에게 위 일에 대해 상의했다.
"정말 아빠가 집 안에 현금을 숨겨 두었다면, 외부인이 자유로이 드나드는 것이 과연 옳은가?"
우리가 준 돈 한 푼도 쓰지 않고 집 안에 모아 뒀다는 아빠의 말이 사실이라면, 결혼 기간을 계산해 봤을 때 못해도 몇천만 원의 돈이 모여 있단 계산이 나온다. 애초에 돌려받으려는 마음으로 준 돈은 아니지만 내 남편이 힘들게 번 돈이었기에 허무하게 분실되는 경우가 생기면 안 된다. 속이 탄다. 조금이라도 정신이 멀쩡하실 때 은행에 넣어 놓는 게 좋지 않았을까 하는 후회를 하지만, 이내 아빠가 순순히 우리 말을 들었을 분이 아니라는 걸 깨닫곤 입가를 잘근잘근 씹고 싶어졌다.
"도대체 내 맘대로 할 수 있는 게 뭐지?"
늘 아빠가 벌려 놓은 것들을 전전긍긍 수습해야 하는 사실에 화가 치민다.
"아버님과 사이가 소원해진 우리로서는 현금을 어디에 어떻게 두었는지 알 방도가 없고, 괜히 자극해서 좋을 일 없다. 그리고 우리 손을 떠난 돈은 우리가 탐낼 돈이 아니고 아버님의 소유다. 설령 그 돈이 엉뚱한 방향으로 흘러가더라도 그것 또한 막을 수 없다. 그냥 맘 놓고 맡기자!"

남편은 비밀번호는 요양보호사와 어쩔 수 없이 공유해야 한다는 입장이었고, 썬은 치매의 진행 증상 중 하나인 도둑 망상이 발현되면, 죄 없는 요양보호사를 도둑으로 몰수도 있다며 걱정스럽다는 의견을 내비쳤다.

두 가지 모두 일리 있는 의견이었고. 그래서 난 더 깊은 고민에 빠지게 되었다. 아빠가 돈을 둔 장소를 기억해 내지 못하고 요양보호사를 도둑으로 몰았을 때, 우리가 돈의 액수나 위치를 확인할 수 없으므로 누구의 말도 쉽사리 믿을 수 없는 대환장 사태가 일어날 수도 있다는 것도 염려되었다. 그러나 실제 있는지, 있다면 어디에 두었는지도 모를 돈을 요양보호사에게 말하는 것은 서로에게 리스크가 너무 컸기 때문에 마치 보물섬 주변을 빙글빙글 도는 상어 떼처럼 아빠와 요양보호사의 하루하루를 꼼꼼히 점검하고 주시하는 걸로 결론지었다. 그런 복잡한 속사정을 알 턱이 없는 아빠는 요양보호사가 들어서자마자 함박웃음을 지었다. 대부분의 노인들은 모르는 사람이 집에 와 돌아다니면 초반에는 격한 거부반응을 보인다고 하는데, 아빠는 본인을 챙겨 주러 온 요양보호사를 보고 드디어 나라에서 사람을 보내 줬다며 무척 좋아하셨단다. 딸년이라는 건 아빠를 들여다보지도 않고 병원에서 간호사들이 따돌리는데도 자기편도 안 들어주고 도망갔다며 신나게 뒷담도 해 가며….

'쳇, 아빠는 그 돈이 내 주머니에서 나가는지도 모르고….'

야속한 마음도 들었지만 이날 차려 드린 식사를 맛있게 하시고 만족스럽게 잠자리에 드시는 것까지 보고 나왔다는 요양보호사의 말을 듣고, 악역은 내가 할 테니 아빠의 머릿속을 꽉 채운 그 이상한 세계에서 잠시나마 행복하시길 기도하기로 했다.

내 딸 갖다 버려라

"갖다 버려라."

그렇다. 아빠는 남편에게 나를 버리라 했다.

재가서비스 일주일째. 요양보호사의 아침 일과 전달로 나의 아침이 시작된다. 그럭저럭 조용한 삶이 이어지고 있었다. 지난 사건 이후 아빠는 온갖 성질을 내며 우리에게 오지 말라 엄포를 놓으나 그렇다고 진짜 안 가면 난리가 날 게 분명하기에, 남편이 이틀에 한 번 정도 아빠가 좋아하는 음식(대개는 연어 초밥)을 포장해서 갔다. 그날도 무얼 사 갈까요 물어보는 남편의 전화에 대뜸, "내 딸은 어디다 숨겨 놨냐?"라고 답한 아빠.

발길을 끊은 지 2주. 드디어 아빠가 내 안부를 궁금해했다는 사실에 약간은 감격스러워졌다. 그러나 나와 아빠를 격리한 이유에 대해 아빠를 납득시킬 만한 마땅한 명분이 없었기에 준비해 둔 변명을 해 달라고 남편에게 미리 부탁했다.

"혹시 아빠가 나 궁금해하거든 그냥 아프다고 해. 몸이 안 좋아서 입원해 있다고. 아빠는 나 아프다고 하면 겁먹으니까 약발이 먹힐 수도 있어."

솔직하게 아빠가 나를 너무 괴롭혀서 못 온다고 말하자는 남편을 말리며 내가 내민 카드는 뭐, 공갈 비슷한 거다. 근데 따져 보자면 아예 공갈은 아니다. 입원하기 일보 직전 상태는 맞았으니까. 딸이 아파 입원을 했다면 걱정부터 하지 않을까 떠보고 싶은 마음도 있었다. 요양보호사는 치매가 100% 맞다 확신하는 눈치였지만 내 가짜 입원 소식에 딸을 걱정하는 아빠로 돌아온다면 치매가 아닐 수도 있지 않을까 하는 희망을 갖고 이 기회에 시험해 보고 싶었다.

"아버님, 숨긴 건 아니고요. 조금 아파서 입원했어요. 그래서 당분간은 저만 들를 수 있을 것 같아요."

"에잇, 걔 아픈 데가 뭐 그리 많냐? 하등 쓰잘데기 없는 거 갖다 버려라!"

'여보, 아버님이 당신 갖다 버리라고 하셨어. ㅋㅋ'

남편이 별생각 없이 카톡으로 옮긴 갖다 버리라는 말이 믿기질 않아서 앞뒤 꼬리에 무슨 말이 더 붙어 있진 않을까 하고 몇 번이고 물어봤다.

"뭘 자꾸 물어봐. 쓸모없으니 갖다 버리라고 하셨다니까. 지금 아버님한테 당신은 안중에도 없어. 몇 번을 말해."

별 반전 없는 남편의 대답에 실소로 시작한 감정이 급작스러운 하강곡선을 그리며 결국 저 바닥까지 처박혀 버렸다. 점점 예전의 모습을 잃어가는 아빠를 또 한 번 시험해 보려는 나의 알량한 마음이 큰 벌을 받는 것 같았다. 그 말을 전해 들은 나의 시간 변화에 따른 마음 상태는 다음과 같았다.

'아니, 헉, 진짜? ㅋㅋ, 나를 갖다 버리면 오빠랑 아빠랑은 생판 남남인데 어쩌려고 나를 버리래? 남도 이렇게 쉽게 갖다 버리란 말은 못 하겠네. ㅋㅋ.'

'근데 진짜 정말 아빠가 나를 갖다 버리라고 했다고?'

'아…, 근데 어떻게 나를 버리라고 할 수 있지? 내가 그동안 아빠한테 어떻게 했는데….'

어떻게 딸을 갖다 버리라고 할 수 있는지…, 아빠에게 더 이상 나는 필요한 존재가 아닌 걸까? 서러움이 북받친다. 거기다 말 그대로 남편이 나를 버리는 상황은 현시점에서 가장 무서운 새드엔딩이라 할 수 있는데, 난폭한 치매(의심) + 빈털터리인 성질 더러운 아빠와 가진 건 그런 아빠밖에 없는 나. 그런 우리 부녀를 남편이 버리면 정말 끝이기 때문에 늘 남편이 이런 상황에 지쳐서 우리 관계를 파국 내 버리면 어떻게 하나 하는 불안함을 갖고 있던 나는 결국 닭똥 같은 눈물을 뚝뚝 흘리며 남편에게 매달릴 수밖에 없었다.

"오빠, 아빠가 버리라고 했어도 나 버리면 안 돼! 내가 다 미안해. 앞으로 오빠한테 더 잘할 테니까 나 버리지 마. 알았지?"

많은 뜻과 감정을 터질 듯 꾹꾹 눌러 담아 무겁게 전달한 처절하고 염치없는 그러나 절실함으로 꽉 봉인해 건넨 나의 카톡 메시지에 남편은 간결하게 대답했다.

"…ㅋㅋ."

요양병원 절대 보내면 안 돼!

요양보호사의 재가서비스 이후 아빠의 '밥! 밥! 밥!' 타령이 줄어들기 시작했다. 남편에게 매일매일 오늘은 몇 시에 오냐, 빵이 먹고 싶다, 매운탕이 먹고 싶다, 죽은 별로다 등 당신이 먹고 싶은 걸 줄줄이 늘어놓던 아빠의 전화도 뚝 끊겨 남편이 먼저 전화를 걸어야만 했다. 그때마다 밥 잘 먹고 누워 있다며 몹시 편안해하는 아빠의 말투와 별일 없이 잘 지내고 있다는 요양보호사의 말에 비록 갑작스럽게 한 선택이지만 다행이라는 안도감이 들었다. 그런데 일주일 넘게 지켜본 결과 아빠는 요양보호사를 요리 도우미의 역할로만 여기고 있었다. 어느 날은 병어찜이 먹고 싶다며 요양보호사에게 체크카드를 건네주어 장을 보게 시켰다는 말에 기함을 금치 못했다. 예전의 아빠라면 상상도 못 할 일이다. (가족인 나에게도 아빠는 카드를 맡긴 일이 없었음) 아빠의 음식에 대한 집착은 '있었습니다만 없었습니다' (과거에 있었지만 현재는 사라진) 상태의 이성을 몰아내고 새로운 고민거리를 우리에게 안겨 주었다. 요양보호사는 아빠의 입맛에 딱! 맞게 음식을 잘했다. 우리 입맛엔 죄다 맵고 짰지만….

"안 서방, 아주머니 음식 솜씨가 아주 좋다. 내가 너네 주려고 반찬을 좀 싸 달라고 했으니 다음에 오면 가져가거라."

요양보호사 덕분에 끼니를 잘 챙기니 이따금 이렇게 여유가 생길 때도 있다. 이 여유가 정상의 범주에 있는지는 모를 일이지만….

다음 날 요양보호사를 통해 들은 아빠의 상태는 여전히 평화로웠다. 하지만 그렇다고 맘을 놓을 수도 없었다.

아빠가 복용하는 약 봉투 안의 약이 줄지 않는 것 같다는 남편의 이야기를 듣고 약이 줄어야 진료 명목으로 아빠를 설득해 병원에 데려갈 수 있으니 아침 약만큼은 꼭 챙겨 달라 부탁을 하기 위해 준비하고 있었다. 그런데 아빠가 100% 치매가 확실하다고 해 놓고 갑자기 태세를 전환해 버린 요양보호사의 태도에 말문이 턱 막혔다.

"할아버지 오늘도 식사 잘하시고 TV 보시는 것까지 보고 나왔어요. 그런데 어째 내가 돌보면서 보니까 할아버지 치매 아닌 것 같아요. 어찌나 정신이 맑으신지…. 내가 하는 말 다 알아들으시고 대답도 잘하시네. 이런 분을 요양병원에 모시고 간다고요? 아이고 그건 아니지. 노인들 요양병원 가면 얼마 못 버텨. 이렇게 아끼는 아버지 떠나면 슬퍼서 어쩔 거야? 할아버지는 이렇게 집에서 깔끔하게 돌봐드리면 문제없을 것 같은데 내가 도와줄 테니 병원 보내는 문제는 좀 더 생각해 봐요. 응?"

아빠가 병원을 갈 상태냐 아니냐는 이미 결론이 났으니 다시 의논할 사항이 아니다. 병원을 어떻게 보내느냐는 방법에 대해 머리를 싸매며 고민하고 있는데 갑자기 뜬금없는 요양보호사의 소리에 머리가 어지럽다. 나는 적절하게 선을 긋고 말을 이었다.

"아니에요. 아빠는 병원에 가셔야 해요."

아빠의 약은 어느 날은 먹고 어느 날은 빼먹고 해도 되는 약이 아니다. 많은 양의 이뇨제와 항혈전제 등은 매일 아침 꼭 드셔야만 하는 필수 약이다. 약 처방은 여유롭게 받아 준비해 놓을 테니 아침 약 챙겨 주실 때 한 봉지씩 따로 빼돌려 달라고도 요청했지만 요양보호사의 반응은 쭉 미적지근했고 약도 좀처럼 줄어들지 않았다. 문제는 또 있었다. 요양보호사를 통해 들은 정보를 취합했을 때 요양병원만큼은 절대 가지 않겠다는 아빠의 고집은 여전히 강해 보였고, 버티고 버티다 못 견딜 만큼 몸이 안 좋아지면 요양병원이 아닌 본인이 입원했던 ㅅ병원으로 재입원할 계획을 갖고 있는 듯했다.

그러나 나는 약을 대리 처방받기 위해 아빠가 난장판을 피웠던 악몽같은 ㅅ병원 로비에서 순환기내과 담당의가 했던 말이 과연 우리에게 좋은 소식인지 나쁜 소식인지 구분하기 위해 두뇌 풀가동을 해야 했다.

"이제 이 병원은 코로나 전담병원이 돼서 응급실을 폐쇄했어요. 있는 병상들도 빼고 있는 상황이라 어르신은 이곳으로 못 오시고요. 요양병원이나 타 병원으로 가시는 게 맞지 않을까 싶네요."

며칠 전이었다면 이것은 우리에게 좋은 소식이었을지도 모른다. 죄책감 없이 바로 요양병원으로 보낼 수 있는 명분이 하나 더 늘었으니 말이다. 그러나 우리가 가려고 점찍어 둔 고양시의 ㅈ요양병원은 집에서 방문하는 환자는 받지 않겠다는 입장이었고, 따라서 아빠가 원하는 대로 ㅅ병원으로 입원시킨 다음 ㅈ요양병원으로 바로 이동을 해 버리는 건 어떨까 하는 나름 기지를 발휘해 세운 비상대책도 쓸모가 없게 되었으니 무척 아주 무척 나쁜 소식이었다. 이 병원이 아니면 대체 어느 병원에 입원을 시킨단 말인가. 막막해졌다. 과연 아빠를 요양병원에 보낼 수 있긴 한 건가. 갑자기 태세를 전환해 버린 미온적 태도의 요양보호사와 줄지 않는 약 봉투. 나빠지는 아빠의 몸 상태와 반대로 좋아지는 인지능력. 그리고 갑작스러운 요양병원의 코로나방침과 코로나전담병원이 되어 버린 진료병원. 어디 하나 빠져나갈 구멍이 없이 빽빽해져 버린 난제들의 벽에 가로막혔다. 로비에서 지끈대는 관자놀이를 눌러 가며 한참을 앉아 있다가 '이대로 아빠가 좋아지면 이 모든 고민들이 해결되지 않을까? 요양보호사 말대로 사실 치매가 아니라면?' 하는 헛된 희망을 도피처로 삼고 행복회로를 돌리는 찰나 요양보호사에게 전화가 왔다.

"할아버지가 대변을 여기저기다 다 흘려 놓고 화장실은 완전 똥 범벅이라 그거 치우느라 한참이 걸렸어요. 설사가 심한 거 같은데 집안이 난리가 났어. 내가 깨끗이 다 치우긴 했는데 오는 길에 설사약 좀 사 와요."

불안과 평화를 적절하게 버무려 놓은 조용한 나날들도 때가 되었다는 듯 막을 내리고 다시 고통과 번뇌의 나날이 도래했음을 거세게 울리는 심장박동으로 느낄 수 있었다.

다시 병원으로

"할아버지가 좀 많이 드시긴 하시더라고요. 좀 자제하라고 말려도 듣질 않으셔. 병원서부터 밥을 못 먹고 매일 굶었다는데… 불쌍해서 어째 쯧쯧…."

요양보호사가 우릴 사무실로 호출하여 전후 사정을 설명해 줬고 우리는 단번에 이유를 알아차렸다.

과식으로 인한 설사.

아마도 이번 똥 테러의 원인일 것이다. 짚고 넘어가자면, 병원에서 밥을 안 준 것도 아니었으며 그러니 매일 굶은 것도 아니고 따라서 불쌍한 것도 아니다. 아빠는 좀 많이 드시는 게 아니라 아주 많이 드시고 계셨다. 귤을 사 오라 해서 넉넉하게 한 박스를 사다 놓으면 하루 만에 몽땅 다 드셔 버리는 식이다. 우리가 사 오지 않으면 요양보호사를 시켜 먹고 싶은 걸 모두 사 오게 할 수 있었으니 아빠는 거침이 없었다. 그러나 오랜 와상과 운동 부족으로 기능이 많이 떨어진 소화기관은 그만큼의 음식물을 감당하지 못했고 입식과 좌식 역시도 수월하지 못하니 신호가 왔을 때는 이미 늦었을 것이다. 화장실 앞에서 대변을 줄줄 흘리고 어떻게든 수습해 보려다 포기해 버렸을 아빠의 모습이 선해서 눈을 질끈 감았다.

상황이 이 모양인데 자꾸 쓸데없이 감정이입을 해서 아빠 편만 드는 요양보호사에게도 슬슬 짜증이 치밀기 시작했다. 본인이 잘 보살필 수 있다며 자신만만하던 모습도 이제는 마땅찮다. 일흔은 족히 돼 보이는 바싹 쪼그라든 몸집의 할머니 요양보호사가 대체 어디까지 케어를 해 줄 수 있단 말인가?

함께 분위기를 만들어서 아빠를 설득해 병원에 모시자던 초반의 계획은 이미 좌절된 지 오래였다. 줄지 않는 약 봉투를 보고 남편이 이삼일 치만 남겨 두고 뚝 뜯어 집으로 챙겨와 약을 다 드셨으니 병원으로 약을 타러 가자고 하면 아빠는 약이 갑자기 줄었다며 의심의 눈초리를 보였고, 그 이후 병원과 관련된 주제의 대화는 가뿐히 무시했다. 만만찮은 우리 대머리 아빠! 또한 요양보호사는 점점 아빠의 입원 계획에 대놓고 비협조적이 되어 갔다. 우리는 그 이유를 반은 측은지심이요 반은 돈 때문이 아닐까 생각했지만 이유야 어찌 됐든 우리가 할 수 있는 건 없었고, '할아버지 불쌍해서 어째!'라는 요양보호사의 과도한 호들갑에 그저 먼 산을 쳐다보며 건조하게 대처하는 게 전부였다. 이렇게 된 이상 아빠와 집 상태를 한번 봐야겠다 싶어 남편의 꽁무니를 따라 아빠 집의 문 앞까지 들어서는 용기를 내보았는데, 어느 정도 임계치를 넘어간 듯한 상황에 이제는 보호자인 내가 개입을 해야 해결이 되지 않을까 싶은 생각이 들었기 때문이다.

"응 괜찮아. 이렇게 계속 안 볼 수도 없고 약 먹고 왔으니 걱정하지 마."
정말 아버님을 뵐 수 있겠냐며 되묻는 남편에게 큰소리를 쳤으나 내심 쫄리는 건 어쩔 수 없었다. 손발이 발발 떨렸다. 거의 2주 만의 만남인 것이다. 긴장된 마음으로 남편을 앞세워 슬그머니 신발을 벗고 집으로 들어선다.

"안 서방 왔는가?"

남편을 향하던 아빠의 시선이 뒤따라오는 내게 멈춘 순간, 사지가 관통된 듯 급격한 공포가 몰려왔다. 아빠의 희끗한 눈동자에 분노가 차오르는 게 느껴진다. 곧 이어지는 아빠의 노여움에 찬 고성.

"너는 새끼가 돼 가지고 지금에서야 얼굴을 쳐 디밀고 있냐? 아주 못돼 처먹은 거 같으니. 너 여기 와서 앉아 봐라. 이야기 좀 해야겠다. 어? 이 새끼야! 당장 안 와?"

어릴 적부터 들어온 저 쩌렁쩌렁하고 강압적인 목소리. 아빠의 고함 소리를 듣자마자 당장 무릎을 꿇고 싹싹 빌고 싶은 충동이 밀려온다.

'가야 해. 저기로 가야 해.'

하지만 너무 싫다. 무섭다. 아빠를 보는 것이 무섭고 그런 아빠를 보고 나쁜 마음을 먹을 내가 무섭다. 고래고래 소리를 지르다 컥컥대는 아빠의 기침 소리, 숨소리, 쩝쩝대는 소리가 방안을 빙빙 돌며 나를 괴롭히고 있었다. 현기증이 밀려온다. 이내 이성이 마비되고 본능적으로 아빠의 손이 가리키는 의자에 앉아 원망과 분노를 뒤집어쓸 준비를 하며 발걸음을 옮기려는 순간, 남편의 손이 나를 문밖으로 이끈다.

"아직 안 되겠다. 너 나가 있어. 내가 아버님 진정시키고 나올 테니까 오늘은 여기까지만 하자."

"어, 그래도…, 내가 아빠랑 이야기를 좀 해야 하지 않을까?"

"아냐, 지금 아버님 여기서 더 흥분하시면 답 없어. 그냥 나가 있어."

남편의 재촉에 어딜 또 도망가냐는 아빠의 고함 소리를 뒤로하고 신발을 대충 꾸겨 신고 헐레벌떡 현관 밖으로 뛰쳐나왔다. 이번에도 우리 부녀상봉은 실패였다. 아빠를 보기로 맘을 먹은 건 현 상태에 대한 걱정도 있지만 그것보다는 2주 동안 남의 손에 부모를 보살피게 한 것에 대한 부채감과 의무감으로 인한 것이 더 컸다. 사랑의 마음이 아닌 의무감으로 문을 열었을 때부터 예견된 결과였을지도 모른다. 내 마음엔 아빠를 감당할 용기와 인내가 아직 자라나지 않았다. 무참히 짓밟힌 것들이 말라비틀어진 자리는 아직도 바싹거리고 있었기에 그런 내 맘을 알아채 준 남편이 눈물 나도록 고마웠다. 스스로 못 견뎌서 나간 게 아니라 남편에게 떠밀려 나갔다는 사실은 다행히 나를 아주 밑바닥까지 내리꽂진 않았고, 나는 약간의 안도감을 느끼며 비상계단에 앉아 남편을 기다렸다.

"아버님 오늘은 상태가 좀 안 좋으신데? 아래 속옷도 안 입고 그냥 담요 하나 덮고 계셔. 말도 횡설수설하시고…. 때가 된 거 같긴 한데, 요양보호사분은 왜 아버님이 정상이라고 하시는 거지? 정말 이상한데?"

조금 지친 표정으로 나온 남편이 말을 꺼낸다. 남편 역시 이틀 만에 본 아빠의 급변한 상태에 당황한 눈치다.

"정신이 왔다 갔다 하시나 보네. 근데 요양보호사는 통화할 때마다 아빠 절대 병원에 모시지 말라고 해. 치매도 아니고 불쌍하다고…."

"아니, 본인이 책임져 줄 부분이 아닌데…, 그렇게 조르듯이 말하시면 곤란하지. 단순히 불쌍하다고 내버려둘 상황이 아니잖아 이건."

"아빠가 제대로 난리 피우는 걸 보면 그런 말 안 나올 텐데, 두고 봐. 우리가 왜 이러는지 알게 될걸."

나의 예상은 빗나가지 않았고, 똥 테러 사건 이후 요양보호사의 태도가 미묘하게 달라지기 시작했다.

"오늘은 제가 집에 일이 있어서 할아버지 집에 못 갈 거 같으니 사위 분이 오셔서 좀 챙겨야 할 것 같아요."

 엄연히 계약을 했고 금액을 지불했음에도 불구하고 본인의 사정으로 결근하거나 혹은 시간을 맘대로 바꾸어 남편이 가야 하는 경우가 종종 생기기 시작한 것이다.

 "할아버지가 바지를 안 입어요. 화장실 왔다 갔다 하는 게 쉽지 않으셔서 그런 것 같은데… 그래도 내가 보기가 좀 민망하고 무섭고 좀 그래요. 어휴, 오래는 못 도와드릴 것 같아. 요즘은 화도 잘 내시고 말도 못 알아들으시고, 이를 어째. 에구구…, 할아버지가 치매가 맞았구나. 병원은 어디로 갈지 알아봤어요?"

 요양보호사의 치매가 아니라는 말이 치매가 맞으니 병원을 가야 하실 것 같다로 바뀌는 데에는 오랜 시간이 걸리지 않았다. 우리가 지금까지 어떤 길을 걸어왔는지 알면 함부로 그런 소리를 못 할 텐데 싶어 그 빈약한 동정심과 오지랖에 피식하며 조소가 흘러나왔다. 불쌍하고 병 걸린 노인을 요양병원에 버리려는 몰인정한 자식 취급을 너무 성급하게 하지 않았는가?

 그 후 아빠는 폭식과 설사를 번갈아 하며 몸 상태가 급격히 안 좋아지기 시작했다. 화장실에 가려다 넘어져서 못 일어나는 경우가 빈번해졌고 그때마다 구급대원 혹은 경비원을 불렀다. 요양보호사는 한참 뒤에나 상황을 파악해 우리에게 연락했고, 넘어져서 뒤통수에 조그마한 상처가 생겼다는 소리를 들은 그때부터 남편은 매일 아빠에게 들러 상태를 확인해야 했다. 그 시점에서부터 나는 거의 정신을 놔 버렸다. 아빠의 상태가 시시각각 안 좋아진다는 보고를 받고 나면 그야말로 애가 타서 미칠 지경이었다. 당장에 우리 집에 데려다 놓고 깨끗하게 씻기고 밥도 먹이고 하고 싶었다. 불안하고 답답한 마음에 어찌할 바를 모르며 중심을 못 잡는 나를 보며 썬과 남편은 이 고비를 견뎌야 병원에 모실 수 있다고 다독였다.

차라리 아빠의 몸만 아픈 상태라면 정말 집으로 모셔 간병을 했을지도 모른다. 그러나 아빠는 몸과 정신 둘 다 모두 정상이 아니니 우리 집에 모시는 순간 어떤 변수가 생길지 예상하기 힘들었다. 아빠 혼자 문이라도 열고 나가는 순간 모르는 동네에서 길을 잃고 실종이 되실 수도 있는 것이다. 그 시기 즈음 치매 노인이 실종되어 일주일 뒤 하천에서 숨진 채 발견되었다는 뉴스 보도가 나왔다. 썬은 이게 가장 위험하고 무서운 결말이라고 했다. 또한 의료적 처치가 절실한 상황에서 아빠를 집에 두고 보살피는 게 과연 맞는 것일까? 효녀 심청처럼 이 악물고 집에서 모신다고 치자. 그렇게 집에서 돌아가시면 할 도리 다했다며 죄책감이 덜할지에 대해 생각해 봐도 쉽사리 답이 나오지 못했다. 이래도 후회 저래도 후회인 상황. 진퇴양난이었다. 집에서 직접 모실 수 없는 이유를 일일이 갖다 붙이자면 모든 것이 걸림돌이었으므로 하나하나 따져 보는 것도 큰 의미가 없었다. 그러니 결국 아빠가 병원에 제 발로 가겠다고 할 정도로 쇠약해지는 걸 꾹 참고 기다릴 수밖에 없었다. 그 시간이 나에겐 생지옥 그 자체였다.

오롯한 고독과 죄책감은 매일 내 앞에 한가득 쌓여 있었고, 나는 숙제처럼 꾸역꾸역 집어삼켜 비워야만 했다. '그래도 난 아빠를 포기하지 않았어.'라는 마음 하나로 간신히 버티고 있었는데, 이렇듯 효녀가 되고 싶어 불효를 저지르고 있는 내 마음을 누가 알까? 아빠는 알까? 신은 알까?

집으로 퇴원한 지 한 달째 되는 날.

지난밤 사이 아빠는 또다시 낙상을 했고 이번에는 뒤통수가 꽤 크게 찢어졌다. 아침에 방문한 요양보호사가 아빠가 혼자서 지혈한 흔적을 보고 기겁하여 우리에게 연락을 주었고 우리는 집 앞에 도착해 구급대원을 불렀다. 퍼렇게 질려 벌벌 떠는 나를 남편은 주차장에서 기다리게 했고 곧이어 전화가 걸려 왔다.

"여보! 절대 집 안으로 들어오지 말고 병원으로 가. 바로 옆에 o병원 있지? 거기로 모실 거야. 응, 병원 가신대. 응급실로 바로 갈 거니까 입구에서 구급차 기다렸다가 입원 수속할 준비하고 있어."

와파린(항응고제)을 복용하는 아빠는 조그마한 상처에도 출혈이 크다. 생각보다 많은 출혈에 피가 멈추지 않자 무서워진 아빠가 돌연 마음을 바꾸어 병원으로 데려가 달라며 구급대원들에게 요청을 했다고 한다.

그렇게 아빠는 병원으로 향했다.

다시는 돌아오지 못할 집을 뒤로한 채….

인생은 아이러니의 연속이다

O병원의 응급실 앞에서 1시간째 대기 중인 아빠의 다리를 슬그머니 담요로 덮는다. 3월 초 봄볕이 추운 바람을 타고 비춘다. 아직 날이 차다.

"썬, 우리 아빠 결국 병원 왔어. 1시간째 응급실에서 대기 중이야."

"왜?"

"아빠 병명으로는 응급실 처치가 불가하대, 아빠 상태 가지고 회의 후 결정한다고 기다리라는데 1시간째 이러고 있다."

"헐…."

일이 생겼다 싶으면 항상 썬에게 먼저 카톡하는 게 버릇이 되었다. 내가 들고 오는 소식은 대부분 난제였다. 이번에도 그러했고 둘이 머리를 맞대어 봐도 별다른 답이 안 나오는 킹 오브 노답이었으니 카톡을 하면서도 답답한 마음이 가득했다.

남편의 말에 택시를 잡아타고 병원 응급실에 먼저 도착한 나는 구급대원과 함께 응급실로 들어오는 아빠를 확인 후 수속을 마치고 응급실에 들어가기만을 기다리고 있었다. 하지만 두 명의 간호사들이 방호복을 입고 나와 아빠의 상태를 체크하며 자기들끼리 한참을 이야기하고 또 여기저기 전화를 돌리는가 싶더니 절망스러운 이야기를 했다.

"뒤통수의 찰과상과 당뇨발로는 현재 응급실 치료가 불가하세요. 현재 병상이 꽉 차 있고 코로나로 인해 경증의 찰과상은 동네 병원이나 중소형 병원에서 치료하시게끔 안내해 드리고 있습니다."

"아뇨, 아뇨! 우리는 당뇨발로 온 게 아니에요. 심부전이 악화되서서 몸에 부종이 차오르고 있어요. 응급실 들어가셔야 해요."

다급해진 내가 단호하게 버텼고 심부전이라는 소리에 내부회의 후 결정하겠다는 간호사의 대답을 마지막으로 응급실의 문은 한 시간째 열리지 않았다. 불안했다. 어떻게 도착한 응급실인데. 이대로 다시 리턴해서 동네 정형외과나 가라니? 아득히 지옥 같은 시간들을 버텨 왔고 이 병원을 거쳐야 요양병원을 갈 수 있다. 모든 것이 수포로 돌아갈 수 있는 지점. 나는 물러설 곳도 물러설 마음도 없었다.

'절대 이 병원에선 안 나갈 거야. 무조건 응급실로 들어갈 거야!'

이런 결심을 불경처럼 웅얼대다 보니 불현듯 10년 전쯤의 이 자리에서 "절대 이 병원은 안 올 거야!"라고 소리치던 어린 내가 떠오른다.

이십 대 초반쯤 되었을 때 일이다.

아빠가 갑자기 새벽부터 끙끙대는 소리를 내고 거실에 소변을 보시는 등 이상한 행동을 하다 아침 일찍 자는 나를 깨워 가슴이 답답하고 아프다며 정신없이 보채는 통에 119를 불렀다. 원래 다니던 ㅅ병원으로 이송을 부탁했지만 아빠가 구급차 안에서 나 죽는다며 소리를 지르며 고통을 호소했고, 응급상황일 경우 원칙적으로는 집과 가장 가까운 병원으로 이송해야 한다는 구급대원의 말에 ㅇ병원 응급실로 향했다. ㅇ병원은 전국에서 내로라하는 대형 병원 중 하나였고 그래서 그런지 응급실은 완전 포화상태였다. 점점 길어지는 대기시간에 아빠는 가슴이 답답하다고 연신 소리를 지르다 그 옆에서 멀뚱대는 나를 잡아끌어 어떻게든 해 보라며 짜증을 부렸으나 스물 초반의 내가 뭘 어찌할 방법이 있겠는가?

아빠의 성화에 나름 용기 내서 처치 중인 간호사에게 다가가 물었다.

"저기 얼마나 기다려야 하나요?"

"기다리세요!"

간호사의 단호한 대답에 주눅이 들어 되돌아오자 아빠는 나에게 윽박질렀다.

"부모가 당장 죽을 거 같다는데 넌 어디가 모자란 거 아니냐? 왜 아무것도 못하고 있냐?"

우리 부녀는 멀찌감치 앉아 각자 짜증만 열심히 내고 있었다.

오랜 기다림 끝에 드디어 아빠 차례가 왔고 젊고 파리하게 생긴 응급의가 다가왔다. 그는 아빠를 응급실 한편의 침대에 눕히고 "한쪽 다리를 들어 보세요. 팔을 들어 보세요. 왼쪽 팔을 들어 오른쪽 귀를 잡아 보세요." 등의 운동신경 테스트 같은 걸 시켰는데 아빠가 자꾸 못 알아듣고 시키는 걸 제대로 하지 못하자 짜증을 냈다.

"어르신 여기 놀러 오셨어요? 놀러 오신 거 아니잖아요?"

옆에서 멀뚱멀뚱 서 있던 나도 자식은 자식이었는지 그 장면에 성질이 치밀었다. "설마 우리 부녀가 여기에 도시락이라도 싸 들고 놀러 왔겠는가?"라며 의사에게 쏘아붙인 후 당황하는 의사를 뒤로한 채 아빠를 일으켜 휠체어에 태워 사설 구급차를 불러 원래 다니던 ㅅ병원으로 향하기 전 응급실 입구에서 낮게 소리쳤다.

"씨발! 여기 절대 다신 안 와!"

아빠의 병명은 급성 심근경색과 경미한 뇌졸중이었다. 심장에 스텐트

두 개를 심고 뇌졸중 전담 병실에서 보름간 치료를 받고 나서야 퇴원할 수 있었다. 거기서 제대로 움직여지지 않는 팔다리나 휘적대다가 그대로 골든타임을 놓쳤을 수도 있겠구나 하는 마음에 그 병원은 영원히 돌팔이 의사가 있는 병원으로 기억에 남아 있었는데 그런 내가 10년 후 이 자리에서 여길 꼭 들어가야겠다며 버티고 있다니….

참, 인생은 아이러니의 연속이다.

환자를 인계해야 귀환할 수 있는 구급대원들도 졸지에 나와 같이 한 시간을 대기해야 하는 신세가 되었다. 서로 지친 시선들이 오가는 가운데 방호복을 입은 구급대원의 고글 안쪽에 맺힌 땀방울까지도 죄스럽게 느껴진다. 건조한 한숨과 적막한 침묵을 깨운 건 아빠였다.

"우리 언제 들어가냐?"

아무것도 모른다는 표정으로 눈알을 이리저리 돌려가며 눈치를 살피며 묻는 아빠는 힘없이 쪼그라든 노인의 모습이 되어 있었다. 집 안에 우두커니 앉아 소리만 질러 대는 노인은 온데간데없다. 나에게 겨눠진 매서운 분노의 칼끝이 치워지자 나 역시 부드럽고 온화해졌다. 아니 그것은 어찌 보면 인간 대 인간으로서 본능적인 연민일 수도 있다.

"응, 병원에서 심사하는 게 있대. 불편하겠지만 조금만 참자, 아빠!"

부드러운 목소리로 달래니 아빠는 고개를 끄덕이며 다시 눈을 감는다.

간호사들이 당뇨발이라고 판단한 왼쪽 엄지발가락이 그제야 눈에 들어온다. 신경도 못 쓰고 있었는데 발가락 상태가 좋지가 않다. 어디에 부딪혔는지 상처가 나 딱지가 지고 그 주변이 까맣게 변해 있었는데, 다리를 주욱 훑어보니 바지 밑단을 타고 뚝뚝 흐르는 진물도 보였다. 진물이 또렷하게 번져 있는 베이지색 면바지는 아빠의 애착 바지다. 저놈의 바지를 입고 가겠다며 그 와중에 기어코 악다구니를 한판 하셨다는데…

멍하니 남편과의 통화를 회상해 본다. 나를 차에 있으라며 혼자 올라간 남편이 문을 열고 본 집안 풍경은 여기저기 구겨져 처박혀 있는 피 묻은 휴지들과 곰돌이 푸마냥 속옷까지 탈의한 채 소파에 걸터앉아 있는 아빠였다. 구급대원들이 찢어진 뒤통수의 상처를 지혈과 함께 간단히 봉합하는 처치를 했고 그 후 병원으로 가기 위해 베드에 눕히기까지 장정 4명이 필요했다고 한다. 거대한 풍채에 부종까지 차 있었으니 그럴만하다. 그 좁은 집에 남자 다섯이 꾸겨져서 낑낑대는 와중에 본인이 입고 싶은 베이지색 면바지를 입혀 달라며 떼를 쓰는 아빠를 보며 처음으로 내가 아버님한테 그렇게 짜증을 낸 이유를 알겠다는 남편의 말이 생각나 웃음이 픽 났다.

그렇게 아빠는 집을 떠났고, 혼자 남은 남편이 마주한 건 담요의 무덤이었다. 거동이 불편한 아빠가 앉아 있던 소파 위, 소변은 늘 집에 두시던 소변 통에 보신 듯했으나 터져 나오는 설사는 어찌할 수 없었는지 그곳에 고스란히 흔적이 남은 듯했다. 원체 깔끔했던 성격의 양반이라 나름대로 대처를 해 둔 것이 본인이 앉았던 소파 위를 이불이나 담요 따위로 켜켜이 쌓아 둔 것인데 그것 역시도 모두 오물 범벅이 되어 모두 버릴 수밖에 없었다고 한다. 남편은 그것들을 거대한 쓰레기봉투에 담아 처리하기 전 나에게 전화를 걸었던 것이었고, 별다른 감정이 섞이지 않은 건조한 말투로 상황을 전했으나 나는 눈물이 핑 돌고야 말았다.

오물이 묻은 이불과 담요들은 모두 내가 계절이 바뀔 때마다 하나씩 선물해 줬던 것이다. 여름엔 열이 많은 아빠가 덮기 편한 인견 재질로 된 얇은 홑겹 이불을, 가을엔 보드라운 블랭킷을 사 드렸다.

"네가 보내 준 이불 덮고 있는데 너무 좋다! 아주 고맙다."

그때마다 아빠는 활짝 웃으며 아이처럼 좋아하며 껄껄대던 아빠의 목소리가 생생한데… 하나둘씩 바스러져 가는 추억들에 더 이상의 기대도 희망도 없었지만, 추억의 물건들을 기어코 쓰레기봉투에 버려야 하는 상황까지 맞닥뜨리니 더 이상 얼마나 더 참아 내라는 건지 하늘이 야속해져 왔다.

하지만 감정에 젖어 있을 때가 아니다. 아빠를 응급실에 모시는 게 중요하다. 불안할 때마다 까닥거리던 엄지손톱에 쓰라림이 느껴지려는 찰나 응급실에서 또 다른 의료진들이 나와 아빠를 살펴보기 시작했고, 마침내 한 시간 하고도 삼십 분 만에 겨우 응급실 안으로 들어갈 수 있었다. 수많은 검사를 하기 위해 응급실 안쪽으로 향하는 와중 바짝 마른 손이 나를 향해 힘겹게 인사를 한다.

"우리 딸내미만 옆에 있었으면 내가 이렇게 되진 않았을 텐데…"

아빠의 우물거리는 말에 속이 곪아 터지는 기분이 든다. 맞는 말이다. 맞는 말인데… 이렇듯 상처가 될 게 뻔한 말을 아무렇지 않게 던져 내 속을 갈기갈기 찢어 놓는 아빠의 마음이 미웠으며 또 그것을 너그러이 받아 줄 수 없는 내 좁은 소갈머리에도 화가 났다. 그러던 중 아빠의 병원 이송소식을 알게 된 요양보호사에게 전화가 왔다.

"할아버지 병원 갔다면서요? 아유. 어떻게 해… 결국 가셨구나. 안쓰러워서 어떻게 하누? 그래 잘 모시고 별일 있으면 연락해요. 불쌍해서 어째… 아이고 불쌍해라…"

그녀의 우는 소리를 듣고 있자니 별안간 더러워지는 기분에 통화를 서둘러 끝마쳐야 했다. 무언가가 메슥거리며 목구멍에서 얼씬대는 통에 도저히 참을 수가 없어 썬에게 연락했고 그제야 내내 속을 막고 있던 오물

덩어리 같은 분노의 정체를 알 수 있었다.

"야, 오늘 아빠 보니까 완전 사람 꼴이 아닌데? 다리도 다 곪아 터져서 진물이 뚝뚝 흐르더라. 우리 요양보호사는 나한텐 괜찮다고 걱정 말라고 병원 절대 보내지 말라고 해 놓고선, 바지 벗고 다니기 시작하니까 무섭다고 병원 보내라고 손 딱 떼더라. 그래 놓고 막상 보내 놓으니 지금은 나한테 전화해서 또 불쌍하대, 또! 뭐가 그렇게 불쌍한 건데? 불쌍한 건 내가 불쌍하지. 씨발! 나만 개호구 새끼지 뭐. 아빠는 나만 있었으면 이 꼴이 되지 않았을 거라고 계속 그러고 있다. 하…, 나만 보면 소리 지르고 욕하던 게 누군데?"

"말도 마. 우리 요양보호사는 아예 아버님 데리고 살라 그랬어. 그게 안 되면 윗집 아랫집으로라도 살라고 하더라. 별소리 다 들었어. 처음엔 자신만만하게 이 정도면 뭐 요양원까진 가실 정도는 아니라고 맡겨 두라고 하다가 좀만 상태 안 좋아지심 당장 요양원이든 병원이든 모시고 가라고 재촉하고… 그럴 때마다 나도 어이없고 황당하더라."

만신창이가 된 아빠를 병원에 눕히고 나니 요양보호사에게 아빠의 입원을 도와 달라며 마치 큰 범죄라도 모의하는 것인 양 한없이 저자세였던 나와, 불쌍한 노인 절대 병원 보내지 말라며 안쓰럽다고 쯧쯧 거리는 요양보호사의 모습이 오버랩이 되며 떠올랐다. 당시 나에겐 잠시 숨이라도 돌릴 수 있게 도와주는 도피처 같은 존재가 요양보호사였기에 조그만 불만들은 대충 묻으려고 노력했다. 그게 너무 슬프고 억울했으며 화가 났다. 그녀는 허락하지도 않았건만 아빠를 마음껏 불쌍해하고 있었으며 그 행동들은 마치 내 선택들에 대한 부정과도 같았다.

'네 선택은 지금의 최선이 아니야.'라는…

그것은 마치 OX를 묻는 질문에 제발 내가 누른 답이 맞는 것이기를 빌며 간신히 그 순간을 버텨 내고 있었던 것과 같은 나에겐 무척 모욕적인 것이었다. 썬 역시 비슷한 경험을 했다고 하니 이런 상황들은 우리가 어리기 때문에 벌어지는 상황인가 싶기도 하다. 우리가 젊기에 어설픔은 필연적이고 그것을 이유로 타인에게 올바른 효도를 가르침 당해야 하는가?

"젊으니까 더 잘해야지."
"젊으니까 모시고 살면 되지."

우리가 만난 요양보호사들은 은근슬쩍 저런 뉘앙스를 섞어 우리를 대했고, 첫 만남 때 느껴지던 위화감이 바로 이것에서 비롯되었음을 깨달았다. 만약 우리가 중년의 보호자였어도 당연하게 모시고 살라 할 수 있었을까? 우리 앞에 놓여 있던 수많은 서사를 무시하고 단순히 노인들이 불쌍하고 안쓰러우니 너희들의 잔인한 선택을 철회하라고 쉽게 말할 수 있을까? 대기실에 앉아 씩씩대다 초코우유를 한 모금 들이켜니 기분이 한결 나아졌다.

오랜 공복과 긴장이 나의 감정을 더 날카롭게 만든 듯하다. 어쨌든 우리는 아빠가 지쳐 나가떨어질 때까지 기다리는 것이 계획이었고, 요양보호사의 돌봄 유무와는 관계없이 결국엔 저 상태가 되어 병원에 실려 올 수밖에 없었을 것이다. 그러니 그녀의 말엔 힘도 없고 책임도 없다. 결과적으로 우리의 선택에 어떠한 영향도 끼치지 못했으므로 이 분노는 그녀의 몫이 아니다. 그냥 내 기분만 더러울 뿐.

"그래도 해 볼 수 있는 데까진 다 해 봤으니 덜 후회될 거야. 너희 아버님은 집에서 드시고 싶으신 거 다 드시고 입원하시는 거잖아."

썬의 말대로 우리가 버둥댈 수 있는 시간을 준 것도 요양보호사이기에 주인을 잘못 만난 분노를 다시 낚아채어 주머니에 꾹꾹 쑤셔 넣었고, 곧이어 응급실에서 걸려 온 보호자를 찾는 전화에 무거운 몸을 일으켜 아빠에게 향했다.

중환자실에 들어오다

 코로나가 심각한 상황이다. 그래서 응급실의 풍경도 전과는 사뭇 다르다. 보호자는 환자 옆에 오래 머무를 수 없었고 대기실에 앉아 병상이 배정될 때까지 일분대기조 상태로 있어야 했다. 아빠의 검사가 1차는 끝나 응급실 내 병상 배정을 받았으니 필요한 준비물을 사서 들어오라는 간호사의 전화에 기저귀, 물티슈, 패드 등을 사서 응급실로 향했다. 아빠의 보호자로 산 지 15년 차. 이제는 준비물은 눈 감고도 챙길 수 있다. 안으로 들어서니 간호사가 아빠의 기저귀를 갈기 위해 고군분투하고 있다. 나도 함께 들러붙어 영차영차 하는 소리까지 내며 간신히 다리 한쪽을 올리는 데 성공했는데, 이제 화낼 힘조차 없는지 축 늘어진 채 간호사에게 몸을 맡기던 아빠가 나의 인기척을 느끼곤 부끄러운지 윗옷 자락을 힘없이 잡아 내리는 모습에 쇠뭉치로 얻어맞은 듯 심장이 욱신거린다. 그 뒤 간신히 들어 올린 엉덩이에 붙어 있는 오물 찌꺼기들을 보자 참기 힘든 슬픔에 눈이 매워졌으나 아빠의 엉덩이를 힘껏 들어 올리는 걸로 일그러진 표정을 겨우 감춰 냈다.
 진물이 흐르던 다리의 상처는 심각한 봉와직염 진단을 받았다. 처치하러 온 의사가 정강이 위에 올려놓은 드레싱붕대를 걷어 내자 심각하게 곪은 상처들이 드러난다. 2개월 전 첫 입원 때부터 면면하게 아빠를 괴롭히던 상처들이 낫지 않고 계속 나빠지고 있었던 것이다. 의사와 간호사의 한숨 소리에 지레 찔려 고개를 푹 숙였다. 아무도 뭐라 하지 않았건만 이 모양 이 꼴이 되도록 부모를 방치한 나쁜 자식처럼 보이진 않을까 싶어 의사의 시선을 자꾸 피하게 된다. 각오하고 들어섰지만 조그마한 한숨에도 힘없이 무너지는 마음…, 비참해진다.

처치가 끝나고 다시 대기실에서 한 시간을 대기한다. 간호사가 다가와 아빠에게 폐렴 증상이 보인단다. 열이 오르고 염증수치가 높아지고 있어 응급실에서도 안쪽에 위치한 집중 관리실로 옮겼다는 소리에 힘없는 발걸음으로 들어가니 편안한 표정으로 침상에 누워 있는 아빠가 순하디 순한 눈빛으로 쳐다본다. "밥은 먹었냐? 고생스럽게 계속 여기 있었냐?" 며 사람 눈물 나서 돌아 버릴 것 같이 착한 말만 해댄다. 우리는 다시 예전의 애틋하고 다정한 부녀 사이로 돌아와 있었다. 감정이 손바닥 뒤집히듯 오락가락한다.

'애증(愛憎)'

내가 아빠에게 갖는 감정을 유일하게 정의할 수 있는 단어가 아닐까 싶다.

그 뒤 아빠는 집중 관리실에서 또 음압병실로 옮겨야 했다. 뉴스에서 본 듯한 투명한 벽이 쳐져 있고 하얀 타일 바닥과 웅웅대는 음압기 소리가 가득한 그곳에 아빠가 멀뚱한 표정으로 덩그러니 누워 있었다. 코로나 검사 결과가 나오기 전까지는 보호자 면회가 불가능하단 말에 방역복을 입고 음압병실로 들어서 병실 배정 전 응급실에서의 마지막 면회를 한다. 아빠는 마치 재미있는 소풍을 온 것처럼 이곳저곳 두리번거리고 있없는데 여러 번의 이동에도 기분은 나쁘지 않아 보였다. 내가 음압병실 밖에서 손을 흔들면 아빠도 함께 흔들어 줄 만큼 여유도 있었다.

음압병실에서 나와 방역복을 벗고 있으니, 멀찌감치 응급실 의사가 다가와 아빠의 상황에 대해 설명한다. 염증수치가 매우 높고, 심부전으로 인해 심장기능 저하와 저혈압이 심해 장기 부전까지 오고 있는 위중한 상태라고. 이 와중에 고열과 폐렴 증상까지 겹쳐 상황이 그리 긍정적이지는 않다는 말과 함께 연명치료 확인 서류를 내어 주었다. 잠깐의 고민 끝에 나는 동의서에 사인을 하기로 했다.

검사가 모두 끝나고 입원이 결정되기까지 9시간이 걸렸다. 아빠는 일반 병동이 아닌 중환자실로 가게 되었다. O병원에선 보호자가 지정 1인만 가능했기에 응급실에 들어간 순간부터 오롯이 아빠와 나 둘만의 시간이었고 그건 중환자실도 마찬가지였다. 아침 9시부터 10시까지 1시간 동안 한 명의 보호자만 면회가 가능했기에 입원 시간 동안 아빠의 주보호자를 결정해야 했다. 남편은 자기가 가는 게 낫지 않겠냐며 물어봤지만 아무리 멘탈이 가루가 되었어도 이 시간만큼은 내가 짊어지고 가야 하는 것임을 안다. 그렇게 사흘 동안 내가 아빠를 케어했고 덕분에 나를 짓누르던 묵직한 죄책감을 조금이나마 덜어 낼 수 있었던 듯싶다.

중환자실 입원 D+1

오후 5시쯤. 추가적으로 필요한 준비물을 사서 중환자실로 들어섰다. 입원 수속과 준비를 하기 위한 아주 짧은 면회. 아빠의 안색을 살피니 오랜 기다림으로 피로함이 가득 찬 나와 달리 싱글벙글 기분이 좋아 보였다. 최첨단 장비들에 둘러싸여 안락한 케어를 받고 있으니 그럴 만도 하다. 이제야 자신을 고쳐 줄 제대로 된 병원에 왔다고 생각했는지 감격 어린 탄사가 연신 터지고, 아빠의 진면목을 모르는 중환자실 간호사들은 까르르거리며 웃어 주는 걸로 아빠의 텐션을 더욱 높여 주었다. 입원 당일의 아빠 모습은 내가 사랑하던 예전의 철없는 긍정왕 대머리로 돌아와 있었다. 손을 흔드는 아빠의 손을 꼭 잡아 준 뒤

"내일 일찍 올게."

"그래그래, 우리 딸 조심히 가."

손을 흔드는 아빠의 손을 꼭 잡아 준 뒤, 사랑 가득한 대화를 나누곤 병원을 나섰다. 귀가하는 택시 안, 몸과 마음이 모두 녹초가 되었지만 이제 더 이상 아빠가 아무도 없는 집구석에서 혼자 아파하진 않겠지 하는 마음에 잠시나마 다디단 쪽잠을 청할 수 있었다.

중환자실 입원 D+2

면회 시간이 오전 9시다 보니 집에서 출발하려면 새벽에는 일어나야 한다. 아침 일찍 서둘러 준비하고 눈곱도 못 뗀 체 병원으로 향하는 길. 아빠가 보고 싶다는 생각이 들어 나도 모르게 흠칫 놀란다. 순해진 얼굴로 잘 가라며 손을 흔들던 아빠가 밤새 그리워서 빨리 보고 싶은 마음에 한 달음에 중환자실로 향한다. 병원에 입원한 이래 거의 처음일 정도로 아빠를 만나러 가는 발걸음이 가벼웠다. 활기차게 들어서 아빠를 보고 반갑게 인사하는데 나를 보는 아빠의 얼굴이 심상찮다. 아빠의 희끗한 눈이 나를 위아래로 요기조기 훑더니만 이내 낯선 얼굴이 되어선 눈이 간자미같이 쭈욱 찢어지는 것이 아닌가. 일그러진 얼굴로 알 수 없는 손짓을 해 대는 통에 아빠의 팔에 붙어 있는 엄청난 개수의 링거 줄들도 함께 흔들렸고 내 시선도 흔들리기 시작했다.

"뭐… 뭐야? 아빠, 왜 그래?"

"아… 아휴…, 너는… 아휴…, 아휴…."

아빠의 표정은 거의 울기 직전이 되어 있었다.

"왜? 아빠, 뭐가 불만인데 그래?"

"너는 여기 오면서 아무것도 안 사 가지고 왔냐? 앞에 아줌마 딸은 과일도 가져오고 빵도 가져오고 뭘 잔뜩 사 왔던데 넌 뭐냐?"

"아니, 뭘 사 오고 싶어도 아빤 금식이야."

"됐다! 에잉, 쯧! 몹쓸 것 같으니라고."

오자마자 짜증을 뒤집어쓰고 어안이 벙벙해진 나에게 간호사가 섬망이 온 것 같다며 소근 댔다. 저놈의 지긋지긋한 섬망. 밤에도 소리를 많이 지르고 힘들어했다는데…, 중환자실에서의 섬망은 일반병실에 비해 그리 큰 문제가 아닌지 보호자 호출도 없었고 대수롭지 않은 듯했다. 그러나 아빠가 본격적으로 짜증을 내기 시작했으므로 어젯밤 깔깔대며 맞장구를 쳐주던 간호사들의 태도가 조금은 경직된 게 느껴졌다. 그러나 ㅅ병원보다는 좀 더 관용적인 분위기였고 나도 적응이 되었는지 큰 충격은 없었다.

"이 정도면 선방이지 뭐."

혼잣말로 위안을 삼고 요양병원에 전화를 걸었다. 코로나 대응방침으로 집에서 입원하는 노인들을 받지 못한다던 썬의 시아버지가 계신 요양병원이다. 간호부장에게 현재 아빠가 ㅇ병원 중환자실에 있고 코로나 검사를 받았다고 하니, 간단명료한 답이 돌아왔다.

"언제든지 보내 주세요."

생각보다 쉽게 입원 허가가 떨어지니 지옥을 거니는 듯했던 한 달여간의 시간이 떠오르며 바싹 긴장하고 있던 몸이 풀린다. 면회 종료 전 때마침 회진을 돌고 있는 주치의에게 소견서를 요청하니, "잘 결정하셨다. 환자분은 무조건 요양병원에 입원하셔야 한다."라고 말을 한다. 우리나라에서 세 손가락 안에 꼽히는 대형 병원 중환자실 순환기내과 의사의 의견도 이렇다면 나의 강박적인 죄책감을 조금 덜어내도 되지 않을까 싶은 생각이 들었다. 소견서는 빨리 발급되었고 퇴원은 이틀 뒤로 정해졌다. 집에 간다며 인사하는 나에게 아빠는 여전히 짜증만 냈고 아빠의 그런 모습에 애써 덤덤하려 했지만 발걸음이 끈적하다.

중환자실 입원 D+3

그동안 쌓인 피로에 지쳐서 늦잠을 자고 말았다. 병원에 도착했을 땐 이미 면회 시간이 끝나 들어갈 수 없었다. 사실 짜증 가득 차오른 대머리 할아버지를 보기 싫어서 늑장을 부렸는지 모른다. 이쁜 짓할 땐 우리 아빠고 미운 짓할 땐 대머리 할아버진가? 편할 대로 획획 바뀌는 마음에 스스로가 환멸스러웠으나 이것 또한 익숙해져 버린 양가감정이다. 어쨌든 내일은 아빠의 퇴원일이다. 의사 소견서를 확인한 요양병원에서 이송 차량을 보내겠다는 연락을 받고 중환자실에 연락하여 내일 오전 중 아빠에게 약간의 수면제를 투여해 달라 부탁했다. 혹시 모르는 이송 차량에서의 난동을 줄여 보기 위해서다. 고민하던 문제들이 하나둘씩 풀어지며 일 처리에 속도가 붙는다. 의사가 연하장애가 심한 상태니 위루관을 하는 게 어떻겠느냐 제안을 한다.

끼익! 가속이 붙어 팽팽 돌아가던 머리에 브레이크가 걸렸다.

"아니, 그건 안 할래요."

"하기 싫어요. 하지 말아 주세요."

정답이 아닐 수도 있다. 그러나 지금까지 던져진 수많은 질문에 아빠에게도 나에게도 무척 잔인한 선택을 해 왔고, 앞으로도 해야 한다. 하나 정도는 그냥 기분 따라 결정해도 되는 것 아닐까?

또 조금 나아지면 식사 시도가 가능해지지 않을까 하는 가련한 희망도 걸어 본다. 내 문제가 잘 풀리고 있다는 것은 반대로 아빠의 입장에서 뭔가가 꼬이기 시작했다는 것이다. 그런 아빠에게 내가 해 줄 수 있는 건 그나마 위루관 시술을 막아 주는 것뿐.

아빠는 알까? 나의 마음을.

사실은, 제발 몰랐으면 좋겠다. 내가 한 모든 선택들을.

요양병원 가는 길

중환자실 퇴원일.
 모든 게 마무리가 되었다. 수납도 끝났고 이대로 아빠를 들어 옮기기만 하면 된다. 조금의 타이밍도 엇나가선 안 되기에 오전부터 묵직한 긴장감이 목덜미를 뻐근하게 짓눌렀다. 중환자실에 들어서자 순환기내과 담당 의가 데스크에 나를 앉혀 놓고 몹시 송구하기 이를 데 없다는 투로 아빠의 예후가 안 좋을 거라는 말을 꺼낸다. 충격적인 비보를 접한 내가 주저앉아 오열이라도 할까 조심스러운 눈치였으나 무덤덤한 내 표정을 보곤 살짝 놀란 듯하다. 그도 그럴 것이, ㅅ병원에서부터 아빠의 소견서를 넣은 여러 군데의 요양병원까지, 아빠를 어떻게 살게 할 건지가 아니라 어떻게 보내드릴 건지를 생각하란 말을 나는 귀에 딱지가 앉을 정도로 들었고 아마도 의사는 그 사실을 몰랐을 것이다. '흠, 그래도 너무 비정한 딸로 보이지 않았을까? 아무려면 어때.'

 상담을 끝내고 어마무시한 양의 내복약과 처방전을 챙기고 나니, 요양병원에서 온 직원이 중환자실 앞에 대기하고 있었다. 아빠의 전원 사실은 중환자실 간호사, 의사, 보호자, 그리고 직원까지 모두 지켜 줘야 할 오프러레코드였기에 긴장감마저 감돌았다. 혹시라도 새어 나가면 모든 것이 망하므로 나는 아빠가 무얼 물어볼 때마다 쓸데없는 말을 덧붙이지 않으려 엄청나게 노력해야만 했다. 요양병원에도 일부러 이름이 찍히지 않은 민무늬 이불을 요청했고 아빠의 예민함을 줄이기 위해 오전에 수면제까지 투약하였으니 할 수 있는 대비는 모두 한 셈이다. 모두의 배려로 아빠는 O병원 산하의 고급 종합병원으로 옮기는 줄 알고 있었고 다행스럽게 큰 난동 없이 순조롭게 퇴원 수속이 마무리되었다. 중환자실 앞에서 직원과 아빠가 나오기를 기다리는데 긴장이 풀렸는지 멀뚱히 서 있던 직원에게 말을 걸어 본다.

"제 친구 시아버지도 그 병원에 계세요. 추천받고 가는 거예요."
"아, 예… 그러시구나. 혹시 환자분 성함이?"
"김ㅇㅇ 어르신이요."
"아…, 김ㅇㅇ 어르신! 네… 그렇군요."

머쓱한 침묵에 약간 무안해졌으나 직원의 파리해진 낯빛이 기분 탓만은 아닐 것이다. 난 이 느낌이 뭔지 알지. 아빠가 난동 부릴 때마다 보여준 병원 직원들의 그것과 비슷하거든.

안타깝게 되었군요. 여기 한 분 더 갑니다.

요양병원으로 향하는 앰뷸런스 안. 남편은 병원으로 미리 출발하고 또다시 아빠와 나만 남았다. 아빠는 종종 흥분상태가 되기도 했지만 대체적으로 온순했고 이따금씩 눈곱이 들러붙어 안 떠지는 눈을 힘겹게 뜨고는 물어보곤 했다.

"여기가 어디냐? 어디로 가는 거냐?"

그때마다 나는 아빠 손을 꼭 잡고 다독여 주었다.

"응, 아빠 우리 병원으로 가는 길이야."

"거의 다 왔어. 아빠 좀만 참자."

둘 다 퉁퉁 부어 아무 말 없이 덜컹대던 ㅅ병원의 퇴원 때와는 사뭇 다른 분위기라 괜히 피식 웃음이 난다. 그동안 계획해 온 궁극의 목표 달성 직전인데 성취감보다는 여러 가지의 감정들이 복합적으로 달려들어 마음이 심란해졌다.

창문을 타고 들어오는 3월의 봄볕이 마음을 흔든다. 갑자기 사랑한다는 말을 하고 싶었다. 그리고 미안하다는 말도 해야 할 것 같았다. 그래서 마음껏 말했다.

"아빠 나 미워하면 안 돼. 아빠 내가 너무 사랑해. 그리고 아빠 혼자 둬서 미안했어."

아빠의 눈에 회색이 스친다.

"으응, 그래 알지 내 딸…, 고맙다."

아빠를 요양병원으로 데리고 가는 것에 대해 후회는 없다. 내가 선택할 수 있는 선택지는 오로지 병원으로 모시는 길밖에는 없었기에 아빠가 요양병원으로 가는 것이 큰 슬픔은 아니었으나 그 외의 감정들에 자유로울 순 없었고, 대부분은 아빠에 대한 애틋함과 안쓰러움이었다. 이가 다 빠져 말려들어 간 입술을 들썩이며 "병원에서 밥을 한 끼도 안 줘서 배가 무척 고프다. 저기 병원 가면 밥을 좀 먹을 수 있나?"라고 물어봤을 땐 미간에 후추를 뿌린 듯 따끔해서 눈이 찡그려졌다. 하지만 눈물은 나오지 않았다.

"응 그래, 아빠 병원 가서 바로 밥 먹자."

요양병원으로 가는 한 시간 좀 넘는 시간 동안 꾸준히, 따듯하게 서로를 향해 아름다운 말을 나눴다. 국도를 달리는 앰뷸런스 안은 해가 따스하게 들어와 먼지마저 한 올 한 올 아름다웠다. 그런 시간이 있었다. 마지막 선물과도 같았던 그런 시간.

아빠를 요양병원에 두고 왔다

"얼마나 왔냐?"

아빠의 질문에 다섯 번 정도 대답해 줄 때쯤, 요양병원에 도착했다. 아빠는 와상환자기 때문에 마중 나온 직원이 침대 그대로 옮겨 들어갔고 나는 남편과 둘이서 접수를 시작했다. 생각보다 체크할 게 많았고 기재해야 할 부분이 많았다. 이런저런 주의 사항, 면책 사항에 대한 동의, 동의, 동의…. 그러다 마지막에 내 앞에 내밀어진 세 번째의 연명치료 중단 각서를 마주했을 땐 갑자기 볼펜을 꾹 눌러 부러트리고 싶을 만큼 강한 무언가가 치받쳐 올라왔다.

연명치료 중단각서 사인은 ㅅ병원에서 처음 해 봤다. 말 그대로 연명치료를 중단한다는 것인데 아빠 같은 고령의 중증환자들에게는 에크모나 CPR은 환자의 고통만 더해 주지 예후는 좋지 않다는 의사의 조언을 듣고 오랜 긴 고민 끝에 동의서에 서명을 했다. 아빠를 살리고 싶지 않아서가 아니란 말을 해 두고 싶다. 그렇게 해서 살더라도 고통만 받다 돌아가실 확률이 높다는 이야기를 들었고 그래서 서명을 끝내고 많이 울었다. ㅇ병원에서 두 번째 각서를 쓸 때도 비슷한 설명을 들어야 했다. 그땐 나도 이것저것 물어보지 않고 그냥 서명을 했다. 의사 역시 놀란 눈치는

221

아니었다. 아빠 정도의 상태라면 대략 짐작이 가는 분위기라는 게 있는 법이다. 하지만 세 번째로 만난 의사는 설명조차 없었다. 그냥 알지 않느냐는 눈빛이었다.

무심결에 동의서에 서명을 하려다 이런 생각이 들었다.
'대체 내가 뭘 그리 잘못한 거지? 뭘 그리 잘못하며 살았기에 아빠 목숨을 포기한다는 동의를 세 번이나 해야 하는 걸까?'
괜히 부아가 치밀어 손에 집히는 건 다 집어던지고 싶은 충동을 누르며 한 자 한 자 꾹꾹 눌러 적어 내는데, 저 멀리서도 아빠임을 알 수 있는 쩌렁쩌렁한 고함 소리가 들려왔다. 서류에 기재할 부분이 얼마 안 남은 상태에서 내 이름을 정확히 부르며 당장 내 딸을 데리고 오라며 소리를 치는 아빠의 목소리가 점점 귀에 익숙하게 꽂힐수록 불안함과 조급함이 몰려왔다. 분노의 이유는 뻔하다. 병실에 들어서자마자 주변 컨디션을 캐치하시고 요양병원임을 직감. 그 후 난동을 부리는 것이겠지. 시간상 타이밍이 딱 맞다. 오전에 투약한 수면제는 전혀 효과가 없는 듯싶었다. 심장 어쩌고 하며 아주 극소량만 투여한 게 분명하다.
아빠의 목소리는 점점 커졌고 내 심장박동도 점점 빨라졌다. 나에 대한 원망과 남편에 대한 욕설이 쉴 새 없이 터져 나와 복도를 가득 메웠다.
"이런 쓰레기 같은 병원에 감히 나를 데려다 놔! 당장 내 딸 데려와! 이런 XXX들아!"

한없이 처연했던 노인은 어느덧 사라지고 다시 못된 대머리 인형이 돌아왔다. 좀 전까지 앰뷸런스 안의 애틋한 장면은 싹 리셋되고, 나는 다시 멘붕 속으로, 아빠는 분노 속으로 귀환해 버린 것이다. 지치지도 않는지 아빠의 고함 소리는 내내 이어진다. 펜을 잡은 손에 땀이 흥건해지고 반사적으로 자꾸 고개가 병실로 향하는데 남편이 듣지 말라며 두 손으로 내 귀를 막아 줬다. 저렇게 화내고 소리 지르는 이면엔 공포의 감정이 가득할 테지. 그 마음에 이입되어 눈물이 차오르는데 상황 파악을 대충 끝낸 데스크의 간호사들이 한마디 건넨다.

"보호자님, 아버님 보지 말고 그냥 가세요. 저희가 진정시킬게요."

그 말에 마지막 보호자 서명란에 사인을 대충 휘갈기고 도망치듯 뒤돌아서는 찰나 아빠의 병실 앞에서 서성이는 간병사를 만났다. 한국말을 잘 알아듣지 못하는 듯한 외국인이었다. 나는 내가 남에게 이렇게 90도로 머리를 조아리며 굽신거릴 수 있는 사람이라는 걸 그때 처음 알았다. 그리고 그 첫 상대가 생판 모르는 외국인 간병사가 될 거라곤 생각지도 못했다. 고개를 세울 틈 없이 한없이 굽신대며 인사를 했다. 부디 저런 우리 아빠라도 따뜻하게 돌봐 주기를, 너무 구박하진 말아 주기를 바라는 마음으로 미리 준비해 둔 현금 봉투를 허겁지겁 손에 쥐여 주고 돌아서는데 영문도 모른 채 하얀 봉투를 손에 쥐고 우리를 멀뚱멀뚱 쳐다보던 그 젊은 간병사의 표정이 아직도 선하다.

뒤돌아야 한다. 이곳에 아빠를 두고 나는 돌아서야 한다.

하지만 내가 두고 와야 할 건 아빠뿐만이 아니었다. 아빠에 대한 안쓰러움과 동정심, 애틋함 그리고 남아 있는 애정까지 모두 두고 와야만 했다. 하나라도 가지고 갈라치면 무언가가 한없이 무거워져 움직일 수가 없었으니, 가까스로 한 움큼 덜어 내 요양병원 문턱에 두고서야 비로소 발걸음이 떨어져 집으로 올 수 있었다.

굶주림에 대하여

"썬, 요즘은 어때?"
"말도 마, 불안해서 하루하루 잠도 못 자고 힘들다야."

퇴원하고 아빠를 당신 집에서 모시기로 한 뒤의 전쟁 같던 시기. 썬의 시아버지가 한발 앞서 요양병원 입원에 성공하셨을 때의 대화다. 골 하나만 넣으면 끝날 것 같은 경기의 연장전 끄트머리를 뛰는 기분이었다. 똑같이 지지부진한 상황에서 비로소 역전에 성공한 썬의 승전보를 듣고 싶었으나, 무용담은커녕 그녀는 불안에 떨고 있었다. 언제 내쫓길지 모르는, 폭력성을 보이는 환자의 보호자들은 불안이 단짝일 수밖에 없다. 온갖 난관을 뚫고 병원에 모셨다고 해서 안도할 수 없다. 결국 다른 차원의 문제가 시작되었다고 할 수 있으니 불안에서 자유로워질 수 없는 것이 우리들의 숙명이다. 하지만 나는 그런 불안도 뭔가 부러웠다. 이해가 안 되는 건 아니었지만 그럼에도 불구하고 얼른 아빠를 요양병원에 입원시키고 한숨 놨으면 하는 마음이 간절했던 때였다.

그러나 곧이어 썬의 불안은 순서가 되었다는 듯 나에게 방문했으며 그제야 그녀를 진심으로 이해할 수 있었는데, 아빠를 입원시킨 다음 날 아침. 머리맡에 도사리고 있던 불안에 몸서리치며 기상해야 했기 때문이다.

"아, 이런 기분이구나. 불안해 죽겠네, 진짜."

불안의 원인은 이상하리만치 조용한 핸드폰, 낯선 고요였다. 그 아래로 분명 무시무시한 불행이 도사리고 있을 게 뻔하다.

'아빠가 이렇게 조용할 리가 없는데? 분명 난리가 났을 텐데 왜 아무 연락이 없지?'

도둑이 제 발 저린 양 기어코 무언가 확인하고자 간호부장에게 전화를 걸었다.

"뭔가 필요한 건 없나요? 사 가야 할 게 있나요?"

쓰잘데기 없는 서두를 늘어놓는 나에게 눈치 빠른 간호부장의 대답이 이어졌다.

"보호자님, 휴…, 어르신 보통이 아니시네요. 그래서 새벽에 안정제 조금 들어갔고요. 일단은 저희 쪽에서 케어를 해 볼게요."

'보통이 아니다. 보통이 아니다.'

끊고 나서도 한숨 섞인 보통이 아니라는 간호부장의 말이 메아리처럼 머릿속을 맴돌았다.

'그래, 맞지! 이게 정상이지. 울 아빠 보통이 아니지. 암!'

'그렇다면 일단은, 일단은…?'

보통이 아니란 말 다음으로 일단은 이라는 말이 턱 걸렸다.

'일단 해 보고 안 되면? 어쩌지? 쫓아내나?'

썬에게 울먹거리며 연락했다.

"썬! 우리 아빠 쫓겨나면 어쩌냐?"

썬이 깔깔대며 대답했다.

"나도 그때 그랬어. 야, 근데 우리 아버님도 어디 가서 빠지진 않아. 우리 아버님 안 쫓겨났으면 너희 아버지도 괜찮을 거야. 걱정하지 마."

225

그날 저녁 간호부장에게 전화가 왔다. 난동 때문에 일반병실은 안 되겠고 집중케어실로 옮긴다는 연락이었다. 집에 가라는 말만 아니면 어디든 황송하다. 그 자리가 썬의 시아버지 옆자리라 해도. 그렇게 우리의 망나니 할아버지들은 각각 옆자리에 나란히 누워 빌런 브라더스가 되었다.

아빠는 병원에 가는 내내 배가 고프다며 호소했다. 사람이든 동물이든 굶주림은 서글픈 것이다. 더군다나 집안의 가장 역할이 역전되어 버린 어느 시점부터, 먹을 거 하나는 아쉽지 않게 먹이며 아빠를 돌봤기 때문에 이상 증상이 시작되었을 때에도 아빠의 왕성한 식욕은 나에게 서글픔이었다. 썬의 시아버지는 연세는 많지만 치아는 튼튼하셨기에 병원 밥을 드셨다. 그래서 썬은 종종 고기반찬을 해 보내기도 했는데 그 모습을 본 나도 그 정도야 껌이라며 즐거운 마음으로 임할 수 있다며 기대를 했었다.

병원에서 허락만 해 준다면 아빠가 좋아하는 연어 초밥은 일주일에 한 번 정도는 사 갈 수 있다.

'음, 가끔 빵 정도는 괜찮겠지? 넉넉하게 챙겨 보내면 썬의 시아버지와 함께 나란히 나눠 드실 테니 그것 참 따스한 모양새겠다.'

그러나 아빠는 연하장애가 심각하여 오인성 폐렴 초기가 왔고 결국 콧줄을 하게 되었다. 이 시점에서 콧줄을 한다면 뺄 수 있는 확률이 거의 없다는 말과 함께. 아빠가 콧줄을 한다는 소식에 나는 한참 동안 쓰라린 마음을 억누를 수 없었다. 그토록 먹는 걸 좋아하는 양반이었는데…, 젊어서부터 미식가 수준의 입맛(feat 반찬 투정) 덕에 엄마와 할머니가 골치 아팠다고 한다. 근데 이젠 코로 들어가 맛을 느끼기도 전에 배가 차 버리는, 오로지 하루 할당량의 영양만 채워지는 유동식에 생명을 맡겨야 하는 처지라니…. 아빠에 대한 연민이 훅 몰려온다.

아빠에게는 이제 의식주 중에 아무것도 남지 않게 되었다. 안락했던 집, 행복하게 먹었던 음식들, 그리고 집착적인 의복에 대한 욕심, 이제 어느 것 하나 아빠에게 남지 않았고 상실은 내 선택의 결과이다. 나는 과연 잘하고 있는 걸까? 가족을 포함한 주변의 사람들은 내가 한 선택이 다 옳다고 했다. 하지만 나는 그 말을 아빠에게 듣고 싶었는지 모른다. 네가 나의 모든 걸 빼앗아 갔어도 괜찮다고. 너는 그럴 수밖에 없었노라고. 그러니 모두 괜찮다고….

하지만 그 대답은 결코 들을 수 없는 것이었다. 따라서 아빠의 허기짐 만큼이나 나 역시도 굶주림에 시달려야 했다. 조금은 긴 시간 동안.

우리 아빠들은 엑스맨

어느덧 요양병원 입원 한 달이 지났다.

나는 불안장애라는 장애물에 허우적대며 고군분투하고 있었으나, 도저히 못 모시겠으니 아버지를 데려가라는 요양병원의 연락이 없는 것만으로도 천만다행이라 여기며 하루하루를 보내고 있었다. "보통이 아니시네요." 이후로도 "어르신이 밤새 소리를 지르셔서 저희 다 밤 꼴딱 새웠어요."라는 둥의 피드백이 있긴 했지만 그마저도 어느새 잠잠해졌다. 욕창이 생겨서 메디폼 큰 거를 몇 장 사서 보내 달라는 자질구레한 용품들을 요청하는 것 빼고는 조용했으니 다행이었다.

'아빠는 결국 체념을 해 버린 걸까?'

하루에 두세 번씩 아빠 좀 어떻게 해 달라는 상급 병원의 콜도 지긋지긋했지만 반대로 이런 고요함 속에도 서글픔이 묻어 있다.

'아빠가 어떤지 좀 물어보고 싶은데…'

너무 많이 연락하면 요양병원에서 싫어하지 않을까 싶은 노파심에 한참을 고민하다 핸드폰을 내려놓는다. 노인을 요양병원에 모신 보호자는 귀찮게 연락을 자주 한다고 찍혀서 혹여나 그것이 부모에게 나쁜 영향을 끼치진 않을까 사소한 행동 하나하나도 저어되기 마련이다.

"썬, 울 아부진 이제 아예 말을 안 한대. 뭘 물어봐도 답도 안 하고. 말 걸면 고개를 옆으로 홱 저어 버리고. 그리곤 밤만 되면 그렇게 소리만 지른대."

"야, 너희 아버지는 꿋꿋하게 고성 한 우물만 파시는구나. 우리 아버님은 아주 팔팔하셔. 폭력, 난동, 고성, 똥칠 종합세트야."

"한 분은 인지가 맑은데 몸이 안 좋아서 문제고 한 분은 인지는 어두운데 너무 건강하셔서 문제네."

썬의 시아버님은 치매 말기 상태의 인지 수준, 하지만 아흔의 연세치곤 너무나 건강한 육신이 비극이라면 비극일까. 따라서 치매라는 악마가 지시하는 모든 행동을 행할 수 있는 체력이 있으셨고(아주 많이) 그로 인한 사건사고가 잦았다. 우리 아빠는 그와는 정반대다. 적어도 본인이 요양병원에 왜 들어왔는지 정도는 알고 있었다. 병원의 컨디션이 맘에 안 든다고 소리를 지를 정도시니 인지능력도 어느 정도 괜찮은 편이었고 지남력도 들쑥날쑥 하긴 했지만 또렷했다. 하지만 이제는 일어나 배회조차 할 수 없을 만큼 다리의 근육이 사라졌고, 물건을 던지거나 누구를 때리거나 할 수도 없을 만큼 체력이 떨어졌으니 '육신에 갇힌 정신'이라는 표현으로 설명할 수밖에 없는 몸 상태를 지녔다. 누워 있을 수밖에 없는 아빠가 할 수 있는 건 오로지 소리 지르는 것밖에 없었다. 그래서 아빠는 밤마다 우렁차게 소리를 질러 댔고 옆자리의 썬의 시아버지는 신나게 똥칠을…

병원에게는 참으로 면구스럽지만 어쨌든 우리의 문제적 브라더스는 사이좋게 진정제도 맞으며 병원 생활에 적응을 하고 계셨고 철딱서니 없는 며느리들은,

"야, 우리 아버지들 엑스맨 같지 않냐? 우리 아빤 프로페서 X, 너네 시

아버지는 매그니토 같아. 깔깔깔."

"악, 진짜 그렇네. 큭큭, 너네 아빠가 우리 시아버지 조종하면 병원 탈출도 쌉 가능? 큭큭."

"그니까! 한 명은 두뇌를 맡고 한 명은 육체를 맡는다! 완벽한 콤비 아니냐?"

라며 낄낄대고 있었으니. 너무 질책하지 마시라. 이것도 우리 나름대로의 존버의 방식이니…

(설명 - 마블 코믹스, 엑스맨 시리즈의 등장 캐릭터인 프로페서 X는 휠체어를 타고 다니는 하지 마비 초능력자로 매그니토는 파괴적이고 불안정한 정신을 지닌 강한 초능력자로 묘사된다.)

그렇게 딸과 며느리, 두 아버지들의 시간은 힘겹고도 고요하게 흘러갔다.

얼마의 시간이 지나 썬의 시아버지께서 폐렴에 걸리셨다는 소식이 들려왔다. 아흔의 노인에게 폐렴은 더 이상 인력으로 생과 사를 결정할 수 없음을 느끼게 해 주는 것이다. 그저 하늘에 맡기는 수밖에 없다. 따라서 썬은 조금은 불안해하면서도 애처로운 목소리로 시아버지의 이야기를 전했다.

그 무렵, 나 역시 아빠가 마지막으로 입원했던 O병원으로 향하고 있었다. 요양병원에서 처방이 안 되는 약물을 처방받기 위해서다. 아빠가 입원했던 중환자실의 주치의와 마주 보고 앉으니, 이번에도 "예후가 안 좋고, 상태도 안 좋고…"라며 운을 뗀다. 불유쾌한 대화의 반복 재생은 사람을 지치게 한다. 피곤한 얼굴로 끄덕이니 의사가 아빠의 심장초음파 영상을 보여 준다.

"심장이 전혀 뛰질 않으세요."

"아빠 심장이 뛰지 않는다고요? 그럼 죽지 않나요?"

과장이겠거니 하며 모니터를 바라봤는데, 모니터를 통해 본 아빠의 심장은 정말이지 뭐랄까…, 정말 다 죽어 가는 애벌레처럼 움찔움찔거리고 있었다. 힘차게 두근두근 펄떡이는 것이 아닌 움찔거리는 아빠의 심장은 뛰지 않는다는 표현이 과장이 아닐 정도로, 그마저도 자세히 들여다봐야 뭔가 움직이는 걸 느낄 만큼 약한 기세였다.

심장에게 애처로움을 느껴 본 적이 있는가?

나는 그랬다.

요양병원에 누워 있는 고성방가 민폐꾸러기 대머리 아빠가 아닌, 지금 내 눈앞에 보이는 심장이 너무 애처로워서 눈물이 났다. 뛰어 보려고 하지만 뛰지 않는 그 미세한 박동으로나마 삶을 유지하고 있는 가련한 생명의 발버둥이 그토록 애달팠다.

딸, 그리고 며느리는 그렇게 그들의 생과 사를 본다.

젊은 시절 힘닿는 데까지 열심히 멋대로 살았던 그들의 인생이 죽음 앞에서 한없이 무력해져 버리는 것을 본다. 생(生)에 있어서 그 누구보다 하고 싶은 대로 하고 살았던 그들에게, 육체와 정신 어느 것 하나 맘대로 하지 못하게 되어 버린 사(死)의 족쇄는 그 누구보다 가혹한 형벌일 수도 있겠다는 생각을 한다. 그래서 이젠 그들을 향한 원망과 증오는 더 이상 없다. 무겁고 잔인한 형벌을 지고 가는 뒷모습을 그저 애잔하게 바라볼 뿐이다.

아빠의 위대한 유산

"유전병이라고요? 맙소사…."

하얗고 조용한 내과 진료실에 앉아 진료 결과를 듣고 있던 나는 의사의 마지막 말에 기함을 금치 못했다.

아빠의 삶에 뭐 대단한 반전이 있을 거라 기대한 적은 없다. 뭐 예를 들면 나 모르게 사 둔 서울 근교의 알짜배기 땅이라든지, 몇 억이 들어 있는 비밀통장이라든지, 보물창고 지도라든지, 비트코인 암호라든지 그런 것 말이다. 그러나 아빠가 남긴 것은 우리가 결혼 후 달에 한 번씩 드렸던 용돈, 그중에서 생활비와 관리비 등을 빼고 남은 돈을 모아 둔 게 전부였다. 그것을 유산이라 말할 수 있을까? 남겨 주지 않았어도 서운하지 않을 돈이었으며 이 돈에는 구질구질한 히스토리까지 있다.

아빠를 병원에 모신 후 가장 먼저 한 것은 집에 들러 아빠가 숨겨 둔 현금 봉투를 찾는 일이었다. 오랫동안 빈집이 될 테니 돈부터 찾아오라는 엄마와 시어머니의 성화가 있었기 때문이다. 남편과 손을 걷어붙이고 여기저기를 뒤져 대자 이내 하얗고 꼬깃꼬깃 접힌 봉투들이 서랍 구석구석에서 나왔다. 겹겹이 개켜진 아빠의 팬티 사이에서 마지막 봉투를 꺼내 액수를 정산했을 때, 나는 '심봤다!'가 아닌 '젠장!'을 외치고 싶은 심정이었다. 이 돈으로 맛난 거나 사 잡수지, 일주일마다 오라고 닦달해서 집에 불러들였으면 우리들 저녁밥이나 좀 턱턱 사 주지. 한 번쯤은 사위 생일날 동대문표 도매 옷 말고 백화점 가서 브랜드 옷 한 벌이라도 질러 주지. 철철이 좋은 곳 모시고 가서 좋은 구경시켜 드렸으면 우리 안 서방 고맙다고 용돈이나 근사하게 쏴 주지…

"대체 뭐 좋은 소리 듣고 싶어서 이렇게까지 꼬불쳐 둔 거야? 성질나게…"

스물다섯 살부터 서른 살 결혼 전까지 아빠에게 다달이 50만 원씩의 용돈을 드렸다. 돈을 많이 버는 직업도 아니었고 속으론 수지 타산이 안 맞는다 생각했지만 그렇게 절절한 효녀 코스프레라도 해야 그나마도 정상적인 가정으로 보이지 않겠느냐는 생각에 노력한 것이었다. 그러나 그런 나의 마음도 모르고 결혼을 앞두고 아빠만의 기적의 논리를 설파했을 땐 끝없이 절망스러웠다.

"결혼하면 사위도 자식인데 너 50 사위 50, 도합 100만 원은 줘야 되지 않겠느냐?"

"뭐라고? 휴, 나 같은 게 결혼을 해서 뭐 하냐? 그냥 여기서 뛰어내리자, 아빠랑 나랑 같이 죽자!"

그 말에 아빠 옷자락을 잡아끌며 베란다에서 전쟁 아닌 전쟁을 하기도 했다. 그때 남편이 만신창이가 된 내 몰골을 보고 한숨을 푹 쉬며 말했다.

"적금 붓는다고 생각하자. 나 아버님한테 50만 원 정도는 드릴 수 있어."

결국 그 비루한 투쟁 끝에 아빠는 기어코 우리에게서 매달 100만 원을 쟁취해 갔다.

그나마 다행이라면 다행이랄까. 아빠는 본인의 옷 가게에 관련된 게 아니면 지출을 별로 하지 않는 사람이었다. (그것을 생계가 아닌 취미로 하고 있으니 문제지만….)

결혼 1년 후 느지막이 떠난 신혼여행 출발 전날, 우리를 집으로 부르더니 여행 가서 보태 쓰라며 본인의 비상금 봉투를 턱 내놨을 땐 '그래, 아빠에게도 큰 그림이 있었구나!' 하며 어깨가 으쓱해졌다. 그러나 아빠는 그 후로 점점 스크루지 영감처럼 인색해졌으며, 이쯤에서 한턱 내줄 법한 타이밍이 되어도 귀신같이 지갑을 꾹 닫고, "언젠가 내가 모은 돈으로 벤츠를 사 주마."(30만 킬로 정도 달린 죽기 직전 벤츠라면 가능할지도.)라는 허세를 부려 댔기에 이놈의 돈봉투는 나에게 있어 아빠의 고집스러움과, 쪽팔림, 막막한 부채감의 근원이었다. 또 치사스럽지만 엄밀히 이 돈의 기원을 따져 보자면 아빠가 아닌 나와 내 남편의 피와 땀이 섞인 노동의 대가가 아니던가? 그러니 돈봉투를 찾았다 해도 딱히 쾌재를 외칠 횡재도 아닌 것이다.

아빠가 살던 집의 보증금은 아빠가 걸쇠를 잠근 채 하도 119 구급대원을 불러 댄 통에 이중창을 깨부숴 놔서 뭐 남아 있을 것 같지도 않고 형제도 없으니 정리할 것도 없다. 심플함 그 자체다. 그러니 결국 아빠가 나에게 남긴 유산은 처량하기 이를 데 없는 흰 봉투뿐이고 나 또한 유산은 기대조차 하지도 않았다.

그런 줄 알고 있었는데….
지금 내 앞에 앉아 있는 의사가 내가 가지고 있는 병이 유전병이란다.

'유전병? 이게 말이나 돼?'

아빠가 입원하고 하루가 지나고 한 주가 지나 이 주일째 들어서자 거짓말처럼 마음이 가라앉기 시작했다. 그동안 큰 이슈도 없었고 병원에서는 한 통의 전화도 없었다. 쫓겨나지는 않겠구나 라는 생각에 내 마음도 점차 안정을 찾기 시작한 것이다. 하지만 불안의 침전물이 가라앉아 고요해진 마음의 상태를 온전한 평화라고 보기엔 다소 어려운 점이 있었다. 조그마한 외부 자극에도 커다란 파문이 일어 저 깊이 가라앉았던 불안들이 올라와 혼탁해짐을 반복했고 그때마다 몸이 여기저기 아프기 시작했다. 나는 사람이 아프면 얼마나 광범위하게 민폐를 끼치게 되는지, 또 주변의 많은 사람들의 배려가 있어야만 살 수 있다는 것을 알아버렸다. 그리고 그런 경우 보호자는 버틸 수 없을 만큼의 큰 부담과 중압감, 도망치고 싶은 마음을 갖게 되는지도 이미 알고 있기에 자연스레 '아프면 x 된다.'는 생각이 마음에 입력되어 버린 것 같다. 그래서 그랬을까? 날 드문드문 괴롭히던 이유 없는 불안은 건강염려증이라는 번듯한 이름표를 달고 재방문했고, 얼떨결에 그것과 단짝이 되어 병원 투어를 하던 중 아빠가 남긴 마지막 유산과 조우하게 된 것이다.

나의 병명은 고지혈증으로 인한 경동맥 혈관 협착이었다.
나이가 지긋한 의사는 나를 이리저리 살펴보며 말을 이었다.
"부모님이 지병이 있으신가요?"
"엄마는 건강하시고…, 아빠가 고혈압, 당뇨, 심부전증, 뇌졸중 다 있으셨어요. 지금은 심부전으로 요양병원에 입원해 계시고요."
"술, 담배도 일절 안 하시고… 운동도 하시고 체중 관리도 잘하셨고, 무엇보다 혈중 중성지방이 너무 낮아요. 이러면 식단 관리도 잘하고 계신다는 건데… 그에 비해 이렇게 콜레스테롤 수치가 높고 혈관에 플라크가 끼어 있다는 건, 아무래도 유전이죠. 부계 쪽 유전력일 확률이 높습니다."

"유전이면 방법이 없는 건가요?"

"식단 조절을 하셔도 유의미한 변화는 없으실 겁니다. 지금도 식단 조절을 하고 오신 거라고 하셨잖아요? 그냥 약을 드시는 게 안전합니다. 특히 경동맥이 40%가 막혀 있는 경우에는 약이 최선이에요. 사실 저도 이렇게 어린 나이에 이 정도이신 건 처음 봅니다. 지금 발견한 게 어찌 보면 천운이라고 할 수도 있겠네요."

'천운이라는 건, 로또 1등 당첨 같은 걸 천운이라고 부를 수 있는 거 아닌가?'

'고작 고지혈증, 경동맥 협착 따위를 서른네 살에 발견한 걸 천운이라 한다면 내 입장에선 너무 억울한 일 아닐까?'

'이런 젠장…'

혈액 검사지를 받고 집으로 가는 길이 눈앞이 하얘지는 기분이었다. 마구 소리를 지르고 싶었는지도 모른다. 아빠가 미웠다. 여러모로 밉기만 하다.

'부계 쪽 유전력.'

아빠가 남긴 마지막이자 떨칠 수 없는 위대한 유산.

'참! 좋은 거 주셨네. 그래, 아주 대단한 걸 물려주셨어!'

당장이라도 요양병원에 찾아가서 표독스럽게 윽박지르고 싶었다. 대체 나에게 해 준 게 뭐 있다고 이딴 거까지 물려주냐며, 도대체 당신은 나에게 어떤 부모였냐며… 뛰는 분노는 다시 불안으로 재구성되어 마음

한편에 켜켜이 쌓인다. 결국 '나도 아빠처럼 온갖 병을 주렁주렁 달고 자식에게 거대한 부담감을 안겨 준 채 치매에 걸리고, 요양병원으로 끌려가 콧줄을 하고 죽는 날만 기다리며 살아야 하는가?'라는 생각에 이르니, 건강염려증이라는 이름표를 단 불안이 내 모가지를 턱 잡고 조르기 시작했다.

그렇게 나는 여든둘의 경도치매 환자의 보호자이자 서른넷의 본격적인 불안장애 환자가 되었다.

전 상품 만원 세일

아빠 가게를 정리하기로 결심한 지 어느덧 두 달의 시간이 지났다. 한 달은 집에 있는 아빠와 사투를 했고, 나머지 한 달은 요양병원에 보낸 후 파도처럼 넘실대는 감정들과 사투를 해야 했다. 그리움이 짙어질수록 아빠의 흔적들을 정리하고픈 마음이 강해졌다. 왜인지는 모른다. 주인 없이 덩그러니 닫혀 있는 아빠의 가게를 보며 더 이상 서글픔을 느끼고 싶지 않아 그런지도 모를 일이었다. 어쨌든 마음의 준비는 거의 다 되었다. 당장 남편과 가게에 들러 이것저것 빼고 버리고 뒤지고 있으니 지나가는 사람들이 다가와 한 마디씩 붙인다.

"여기 사장님 어디 아프세요? 한참을 안 보이셔서 궁금했는데."

상권이 죽은 조용하고 오래된 오피스텔 2층. 고객은 입주민이거나 근처 상점의 사장님들이다.

"네, 아프셔서 요양병원에 계세요. 이제 가게를 정리하려고요."

"에고… 쯧쯧. 그러셨구나."

혀를 차며 지나가는 그들을 보며 마른침을 삼킨다. 아빠의 신변을 전하는 일이 잔뜩 파헤쳐진 마음을 꾹꾹 눌러 정리하고 다지는 행위처럼 느껴진다.

"와, 씨! 옷 왜 이렇게 많아?"

가게 안에서 땀을 뻘뻘 흘리며 짐들을 정리하던 남편이 기어코 탄식을 내뱉는다. 아빠 가게의 옷은 상상 그 이상으로 많았다. 가게 진열대뿐만 아니라, 행거 아래에, 창고에, 여기저기 숨겨 둔 박스 속에서 쉴 새 없이 옷들이 줄줄 나왔다. 가게 밖 옷을 거치해 둔 가벽 아래 아무런 잠금장치 없이 헐겁게 보관된 수납장 안에도 빼곡했다. 아빠의 보물들이다. 아빠는 항상 이 옷들을 본인의 재산에 포함을 하여 가치를 계산했다.

"내가 가지고 있는 옷 다 팔면 못해도 몇 천만 원은 나온다니까…."

그러나 그것은 그 옷을 팔 때의 일이고, 팔지 못할 때는 떨거지 재고품일 뿐인데 말이다.

"이 옷은 이태리제 고급 원단이고, 이건 프랑스에서 온 거고, 이건 메이커 제품이다. 아무리 못해도 이삼십은 받아야 해."

옷에 붙은 태그야 바꿔 달면 그만인데, 요즘처럼 옷이 흔해진 시대에 이삼십만 원 하는 옷을 이런 구멍가게에서 살 리가 없지 않은가? 그것도 카드는 안 되고 현금만 받겠다는 곳에서 말이다. 가게의 카드 단말기는 고장 난 지 오래고 아빠는 그걸 고치지 않았다. 카드 손님은 받지 않겠다는 다짐인 건지 뭔지 모르겠지만 10년 넘게 그런 식의 장사를 해 왔다. 그러니 당연히 아빠의 옷은 팔리지 않았다. 간혹 가뭄에 콩 나듯, 형편이 넉넉한 단골들이 몇 벌의 옷을 사 가면 그 수입은 다시 옷을 사입하는 밑천이 되었다. 나의 무시 섞인 방관 아래 그렇게 아빠의 옷들은 무한 증식을 했고, 그 결과를 직접 마주하니 이 좁아터진 가게에 이만큼의 옷을 보관해 둔 아빠의 수납 능력이 경이로울 지경이었다. 이걸 어찌할 방도가 없어 의류 덤핑처리 업체에 연락을 해 보니 킬로수로 값을 측정한다는데 예상 금액이 생각보다 너무 형편없었다. 기분이 팍 상해 버려서 오기가 생겼다. 정리하다 보니 생각보다 옷 상태가 나쁘지 않은 것도 같고, 한번 팔아 볼까 하는 마음이 들었다.

'전 상품 만 원 세일!'

아빠의 옷들은 일괄적으로 후려쳐져 만 원이 되었다. 정장 재킷도 만 원. 바지도 만 원. 아주 비싸 보이는 가죽 재킷도 만 원. 아마 아빠가 알면 거품 물고 뒤로 넘어가겠지? A3 용지에 큼지막하게 출력하여 가게 벽면에 죽 둘러 붙였다. 나도 본업이 있으니 딱 한 달간 매주 금, 토요일에만 나와 옷을 팔기로 했다. 반응은 폭발적이었다.

첫 고객은 썬. 알게 된 지 6개월 남짓밖에 안 되었지만 이미 찐한 전우애로 내적 친밀도 100%를 찍은 썬과는 한 달에 한 번씩은 꼬박 만나서 수다를 떨어야 생존이 가능한 사이가 되었다. 그날도 썬은 우리 집에 놀러 와 점심을 먹고 커피를 마시며 이야기를 나누다 내가 아빠 가게 옷을 처분한다고 한번 구경 와 보라며 별생각 없이 한 제안에 급이벤트가 생성되어 함께 두 정거장 거리의 가게로 향했다.

"야! 보물섬 같다!"

썬은 상태가 좋고 깔끔한 옷을 야무지게 골라 행거 하나를 꽉 채워 가져갔다.

"삼촌이 너무너무 좋아하셔. 옷 완전 좋은데! 고마워, 정말!"

그날 밤 썬의 연락을 받고 아빠 가게의 옷이 괜찮다는 것을 확인한 나는 그때부터 대대적으로 개인 SNS에 홍보를 했고 친구들이 하나둘씩 가게로 옷을 털러 오기 시작했다. 친구들의 만족도와 비례하여 나는 신기한 깨달음을 얻었다.

'우리 아빠에게도 재능이 있었구나!'

사실 난 여든의 아빠에게 어떠한 미래도 가능성도 보지 못했다. 아빠는 나의 출생 이전부터 저무는 황혼과도 같은 삶이었다. 실패로 점철된, 더 이상의 반전 없이 그저 늙고 병들어 갈 날만 남은 인생. 그런 아빠를 보며 내가 해 줄 수 있는 최선의 칭찬은 "아빠는 시대를 잘못 타고났어." 정도의 말뿐이었다.

하지만 그런 아빠에게도 있었던 것이다. 이토록 뚜렷한 재능이. (마케팅과 사업 구상 과정에서 똥망해서 그렇지.) 트렌드를 두 발 정도 앞서 가 버린 아빠의 안목 탓일까? 주인을 찾지 못해 한참을 처박혀 있던 것 같은 블루종은 같은 층에 스터디카페에서 공부하던 고등학생 손에 쥐어져 만 원에 팔렸다.

"우와! 우와! 이 옷들이 다 만 원이라고요? 용돈 받아서 다시 올게요."

브랜드 옷만 고집하던 남편도 "이 옷은 내가 입으면 좋겠는데." 하며 두어 벌을 딱 집어 은밀한 곳에 꿍쳐 뒀다. 소문을 듣고 찾아온 남편의 대학 친구는 점퍼 한 벌을 가지고 남편과 소유권 논란으로 옥신각신하기도 했다. 친한 언니는 와서 이곳은 파라다이스라며 행거 세 개를 꽉 채워 가져갔고, 그렇게 가게 구석데기에서 몇 년이고 자리를 지키고 있던 클래식한 정장 재킷은 그녀의 회사 소속 아티스트가 착장하여 함께 공연을 하는 영광을 누리게 되었다. 아빠는 여든의 나이에도 옷을 입을 때 톤온톤 배색 코디를 기가 막히게 하셨는데, 그것은 의류를 전공한 남편도 엄지를 척 들고 인정할 만한 수준이었다. 그렇게 아빠의 재능은 뒤늦게 찬란하게 빛나고 있었다. 아빠가 모르는 사이에 말이다.

친구들이 몰려와 행거를 하나씩 차지하고 정신없이 옷을 털고 있으니, 주변에 지나가던 사람들도 관심을 보이다 이내 함께 옷을 고르기 시작했다. 단언컨대 아빠의 가게가 오픈한 이래 가장 북새통을 이룬 때가 지금이 아닌가 싶을 정도다. 사람이 몰릴 때는 계산을 하다 정신이 쏙 빠질 정도로 바빴다. 아빠가 정정하게 가게를 운영했던 시절에 좀 더 싸게 팔고 재고 정리를 좀 하면 좋겠다는 말을 꺼냈다가 천하에 둘도 없는 대역죄인처럼 욕을 먹었던 기억이 생각났다. 비록 만 원짜리로 몸값은 떡락했지만 생애(?) 최고의 가치를 자랑하며 봉투에 담기는 아빠의 옷들을 보며 통쾌함마저 느껴졌다.

'이놈의 옷들. 아끼다 똥 만든 아빠보다 내가 더 제대로 팔고 있다고!'
손님들이 준 만 원짜리 지폐를 세면서 통쾌함과 더불어 서글픔을 동시에 느끼는 기분이란… 병원 들어가시기 전 이렇게라도 물건 파는 재미를 아빠가 느끼고 가셨으면 얼마나 좋았을까? 아쉬우면서도 심술이 울컥 났다.
"욕심쟁이 대머리 같으니라구…."
올 사람은 대충 다 왔다 가고, 어느 정도 옷들이 빠지니 공치는 날들도 많아졌다. 그런 날은 그저 아빠가 앉아 있던 의자에 앉아 아빠가 보던 TV를 켜고 하염없이 시간을 보내는 게 일이었다. 창문 하나 없는 상가에서 시간 가는 것도, 날씨도, 계절도 못 느끼는 이 적막한 공간에 앉아 아빠는 무슨 생각을 했을까? 지나가는 사람도 별로 없는 이곳에서 아빠의 시선으로 아빠의 공간을 본다. 그러면 열려 있는 가게 문틈으로 아빠를 알던 사람들이 종종 찾아와 가게를 한 바퀴 둘러보곤 한 마디씩 하고 돌아갔다.
"할아버지 아주 멋쟁이로 소문이 자자했는데…."
"사장님이 가끔 옷도 서비스로 주곤 했어요. 통이 크신 양반이었어."

"할아버지 못 본다니 너무 서운하네요."
"우리 회장님 쾌차하시길 바란다고 전해 줘요."

그토록 골칫덩이 같고 돈 먹는 하마 같았던 아빠의 가게였다. 접는 마당에 지긋지긋한 옷더미들, 떨이로 후려쳐서 단돈 십만 원이라도 벌어 보자 하는 마음에서 시작한 일이었고 매주 이틀은 이곳에서 시간을 써야 하니 부담스러운 점도 없잖아 있었다. 그러나 아빠의 공간은 나에게 십만 원 이상의 보답을 해 주었다. 이곳에 있어 보니 비로소 아빠의 삶을 들여다볼 수 있었다. 지금까진 도대체 돈도 못 버는 가게를 왜 저렇게까지 못 놓는지 이해하지 못했으나, 이번 일을 통해 이곳이 그의 안식처이자 우주였음을 인정할 수밖에 없었고 비로소 아빠의 삶을 조금 이해할 수 있었다.

그렇게 아빠의 옷들은 그렇게 내 친구들의 남편이나 부모님, 삼촌, 사촌들에게 널리 널리 팔려 나갔다. SNS를 통해 착장 인증샷도 날라 오고 만족후기도 날라 왔으니, 별로 한 것도 없이 감사인사를 잔뜩 받게 해 준 바로 이곳이 아빠가 나에게 남긴 진정한 유산이 아닐까 하는 생각이 들었다. 팔리지 않은 옷은 대충 정리해 덤핑으로 넘기니 10만 원 정도가 나왔는데, 점포 보증금에서 원상복구 비용을 빼니 200여 만 원 정도. 옷 판매금액까지 포함하니 대략 350만 원 정도의 돈이 생겼다.

그렇게 아빠가 20년 가까이 지켜 온, 아빠의 숨결이 묻어 있는 가게는 나에게 350만 원을 남겨 주며 애물단지가 아니었음을 증명한 후 역사의 뒤안길로 사라졌다.

부고문자

5월 8일 어버이날, 요양병원에서 한 통의 문자가 왔다. 코로나로 인한 장기 면회 불가로 애가 타는 보호자들의 마음을 달래 드리고자, 카네이션 증정식을 준비했다는 것이다. 첨부된 2분이 조금 넘는 영상에는 기가 막히게 말라 버린 아빠의 모습이 보였고 차마 나는 볼 엄두가 나지 않아 남편이 먼저 확인하기로 했다.

"할아버지! 따님이랑 사위분에게 하고 싶은 말 있으면 하세요."

"……."

"할아버지! 이 영상 따님한테 보낼 거예요. 뭐 하실 말씀 없으세요?"

"……."

직원의 목소리만 실컷 울려 퍼지다 종료된 영상 속 아빠의 모습이 궁금해진 나는 남편에게 핸드폰을 되찾아 실눈을 뜨고 부들대는 손가락을 영상 재생 버튼에 올렸다. 가장 처음 보인 건 풀어진 환자복 앞섶 사이로 보이는 아빠의 앙상한 가슴뼈였다. 입원 당시 부종 때문인지는 몰라도 이 정도까진 아니었는데, 처음엔 우리 아빠가 맞나 싶을 정도로 얼굴이며 목, 어깨까지 많이 야위어 있었다. 거기에다 콧줄까지 낀 아빠 모습은 너무 낯설어서 소름이 돋았다. 그러나 마르고 콧줄 한 모습보다 내 가슴을 더 아프게 만든 건, 모든 걸 체념한 듯한 표정으로 직원의 물음에도 아무런 반응도 없이 그저 멍한 표정으로 허공을 응시하고 있던 아빠의 표정이었다.

화질이 그다지 좋지 않은 휴대폰의 영상 너머로 보이는 아빠의 멍한 표정과 처참한 공허, 그 건너로 아빠의 체취가 전해져 오는 것 같아 숨이 막혔다. 가슴팍에 '아버지 사랑합니다.'라는 리본이 달려 대롱거리는 빨간 카네이션이 이렇게나 안 어울릴 수 있을까? 서로에게 어떠한 감정도, 아무런 말도 전할 수 없는 건조하기 짝이 없는 어버이날은 그렇게 지나갔다. 차라리 전처럼 화를 내고 소리를 지르고 욕이라도 마음껏 뱉어 냈다면 이렇게까지 마음이 무겁진 않았을 것이다. 몸서리쳐질 만큼 명징한 체념. 그것에 압도당한 우리는 한참 동안 입을 열지 못했고 먼저 침묵을 깬 건 남편이었다.

"상복을 미리 좀 맞춰 놔야겠다."

남편에게도 보였을까? 어쩌면 아빠의 삶에 대한 욕구와 가장 치열하게 마주한 건 남편이었을 것이다. 그런 남편이 무언가를 느꼈다면…, 그것이 맞을 수도 있을 거라 생각했다. 그 길로 우리는 매장에 들러 남편의 정장을 맞췄다. 그리고 며칠 뒤 부고 소식이 들려왔다.

꿈자리가 뒤숭숭했다. 일어나서도 기분이 한참이나 좋지 않아 남편에게 카톡을 남겼다.

"아빠 가게에 강도가 들어서 옷을 다 훔쳐 갔는데 아무것도 못 하고 발만 동동 굴렀어. 애가 타서 미치겠는데 아무것도 할 수 없어서 가슴을 탕탕 치면서 일어났는데 그 분한 감정이 잊혀지질 않아."

가게는 모두 정리하여 이제 더 이상 신경 쓸 구석이 없었음에도 마음 한 자락에 나름 무거움이 매달려 있었나 싶었다. 찜찜한 기분을 억누르며 하루를 정리하는데 문자가 왔다.

- 부고 -
ㅇㅇㅇ님 별세
ㅇㅇ동 ㅇㅇ 장례식장

썬의 시아버지가 떠나셨다.

어버이날 요양병원에서 보내 준 영상을 서로 돌려 보던 중, 썬이 걱정스레 한 말이 기억난다.

"너무 겁먹으신 것 같아서 맘이 안 좋아. 마르기도 엄청 마르셨고…"
썬에게 전해 들은 시아버지의 이미지는 파괴왕, 폭력왕, 막말왕으로 정의될 수 있었는데 막상 영상을 켜니 화면 안에는 겁에 질린 채 멍한 눈으로 두리번대는 작고 마른 노인만이 있었다. 우리 아빠와 별다를 바 없는 모습이었다.

우리들이 편해진 만큼 아빠들은 폐인이 되어 버린 것 같아, 죄책감이 고름 터지듯 올라와 서로 그런 생각하지 말자며 위로했던 그때가 5일 전이였는데, 폐렴 이후 몸이 점점 쇠약해지신 썬의 시아버지는 입원 당시의 모습이 무색하게 바싹 작아진 모습으로 떠나셨다. 그리하여 남편은 새로 맞춘 상복을 조금 일찍 입게 되었는데, 이야기를 들은 썬은 "우리가 운명이긴 한가 보다."라며 쓰게 웃음 지었다. "너는 무슨 수를 쓰더라도 어떻게든 면회 한 번 더 시켜 달라고 해."라는 말도 덧붙이며.

장례식장을 나서는 길.

지난했던 세월과 이별을 고하는 썬의 자그마한 뒷모습이 어른하다. 썬은 꽤 담담했다. 나는 그 속에 오롯한 연민과 사랑이 가득 담겨 있지 않을까 추측한다. 우리의 이야기를 모르는 사람들은 그저 어린 며느리를 괴롭힌 늙은 시아버지가 떠났으니 홀가분한 모양새라 할 수 있겠지만 그녀의 담담함은 시아버지 돌봄에 누구보다 진심이었기에 가능한 모습일 것이다. 불자인 썬은 부디 시아버님의 다음 생은 따듯하고 충만한 사랑을 가득 받을 수 있는 가정에서 태어나 행복하고 따스한 삶을 살길 기도한다며 영정 앞에 앉아 틈틈이 경전을 읊어 드린다고 했다. 그리고 그토록 아버지를 미워했던 썬의 남편은 아이처럼 목 놓아 울었다고 한다.

집으로 돌아오는 차 안, 나는 꼬리에 꼬리를 무는 생각들이 슬픔에 의해 서서히 침잠되어 감을 느끼며 눈을 감았다.

아직은 아니야 아빠

어릴 적의 나는 죽음이란 존재가 참으로 만만했다. 죽고 싶다는 말을 입에 달고 살았다. 할머니의 임종을 지켜보며 죽음이라는 건 삶과 필연적인 관계이고 따라서 그것이 언제 우릴 덮친다 해도 억울해 할 필요가 있을까 생각했었다. 중2병이었을 수도 있고 힘들었던 유년 시절의 부산물일 수도 있을 것이다. 참을 수 없이 가벼운 존재였던 죽음은 나이가 들어가면서 점점 무게를 더해 때로는 참기 힘들 만큼의 중압감으로 나를 짓눌렀다. 어른이 된다는 것은 이런 걸까? 만만하기 그지없던 죽음은 빚쟁이의 모습으로 변모하여 내가 빼앗기려 하지 않는 것을 악착같이 빼앗아 가려는 듯 내 옆을 휘익 스쳐 지나가며 비릿한 숨소리를 내뱉는다.

"안녕하세요. 요양병원입니다."

아빠의 병동 주치의라며 신분을 밝힌 전화를 받았을 때, 코앞까지 다가온 죽음은 마치 본인을 만만하게 본 것을 나무라듯 나를 작신작신 짓눌렀고 그 엄청난 무게감에 나는 결국 주저앉아 버렸다.

"안 돼! 지금은 안 돼. 조금만 더 버텨 줘 아빠!"

비가 오는 어둑어둑한 오후, 아빠에게 필요한 약과 필요서류를 받기 위해 병원에 들렀다 오는 길. 아파트 지하 주차장에 주차를 하고 빗물로 질척대어 미끈거리고 서늘해진 바닥에 발을 내디디려는 순간, 핸드폰에 '발신자 - 요양병원'으로 표시된 문자를 보고 마음이 쿵 내려앉는다. 학습된 불안. 일련의 사건들이 낳은 통제할 수 없는 불행들에 기인한 불안은 안타깝게도 다소 높은 정확률을 자랑하기 때문에 나는 이 불안감을 무시할 수가 없다.

두렵다. 손발이 차가워진다. 발의 감각이 사라지며 이내 부들부들 떨린다. 온기 하나 없어진 서늘한 몸을 지탱할 힘이 점점 사라지는 것 같다. 수화기 너머로 본인을 담당의라 소개한 남자의 목소리가 이어진다.

"어르신이 혈변을 많이 보시네요. 꽤 많이요. 아무래도 장내 출혈인 것 같습니다. 보호자분께서 선택을 하셔야 할 것 같아 전화를 했습니다. 이대로 구급차를 불러 시내의 큰 종합병원으로 전원을 하실지 아니면 저희 병원에서 대증치료를 하실지 결정해 주셔야 할 것 같아요."

"혈변이라면…, 많이 위독하신 건가요?"

"현재는 크게 위독하신 건 아니지만 혈변이 지속된다면 어디선가 계속 출혈이 되고 있다는 거겠죠. 혈액의 양이 많은 편이라 이대로 두시면 쇼크로 돌아가실 수도 있는 상황도 염두에 두셔야 합니다. 가능성이 낮진 않아요. 조금 위험하긴 하십니다."

"아…, 제가 바로 다시 연락드릴게요. 가족이랑 상의를 좀 해 봐야 할 것 같아요."

털썩. 나는 기어코 주저앉아 버렸다. 흙탕물투성이 미끈거리는 바닥이 종아리에 닿아 축축함이 느껴졌다. 떨리는 손으로 남편에게 전화를 거는데 쉽지가 않다. 초여름의 6월이었지만 한겨울처럼 한기가 돌아 이가 딱

딱거리기 시작했다.

"오빠! 오빠, 어떻게 해? 아빠 혈변 때문에 상태가 안 좋아지실 수도 있대. 큰 병원으로 이송할지 그냥 요양병원에 둘지 결정하래. 돌아가실 수도 있대. 어떻게 해? 아빠 어떡해…."

"일단 진정해 봐. 큰 병원으로 이송하시면 상태가 좋아지실 수는 있대?"

"모르겠어. 놀래서 못 물어봤어."

"그거 물어보고 결정하자. 힘들겠지만 네가 아버지 상태를 가장 잘 파악할 수 있을 테니 한 번만 더 전화해서 물어보고 연락 줘. 이동을 해야 하면 바로 퇴근할게."

남편의 차분한 목소리를 듣고 나니 떨리는 몸이 조금 멈췄다. 몸을 일으켜 차 문을 잠그고 다시 전화를 걸었더니 이번엔 간호부장이 받는다. 까랑까랑한 그녀의 목소리가 반갑다. 담당의의 건조한 목소리보다는 조금 더 인간미가 느껴진다고 생각되었기 때문이다. 목소리에 묻어 있는 아주 미묘한 감정까지도 나에게는 위로로 느껴졌다.

"네, 보호자님 이야기 들으셨죠? 결정은 하셨어요? 저희도 구급차를 수배해야 하고, 서류도 준비해야 해서…."

"잠깐만요. 간호부장님. 우리 아버지 종합병원으로 가시면 괜찮아지시는 건가요?"

"글쎄요… 그건 확답을 드리기가 어려워요. 가서 내시경검사랑 초음파, 엑스레이 등 찍어 봐야겠죠."

"저희가 걱정되는 건 코로나가 심해져서 거부하는 응급실도 있을 거고, 그렇게 되면 받아 주는 병원을 찾아 계속 돌아야 하는 거죠? 그리고 내시경을 하려면 수면마취도 해야 할 텐데… 아빠 상태로는 좀 무리일 것 같아서요."

"네, 그건 아무래도 그렇죠."

"다시 돌아온다 해도 요양병원에서 아버지를 다시 받아 주실 수 있을지도 불분명한 거고요?"

"네, 맞아요. 코로나가 너무 심해져서 최대한 입소를 제한하고 있거든요. 원장님과 상의를 해 봐야 할 문제예요. 새로운 입원환자를 아예 안 받고 있어요. 지금."

좋지 않은 상황은 굴릴수록 눈덩이처럼 커져만 간다. 역시 나의 불안의 이면엔 여지없이 불행이 도사리고 있구나 싶어 눈물이 주룩주룩 흘러나오기 시작했다. 그 안에는 나에 대한 연민 반, 아빠에 대한 연민 반이 섞여 있다.

"간호부장님! 저…, 저 진짜 어떻게 해야 해요? 어떤 결정을 해야 할지 정말 모르겠어요. 진짜 하나도 모르겠어요."

아이처럼 엉엉 울며 간호부장에게 매달리듯 울부짖었다. 수화기 너머로 잠깐의 침묵이 이어진다. 이내 들리는 긴 한숨.

"보호자님! 결정하시기 쉽게 제가 솔직하게 말씀드릴게요. 만약 제 부모님이라면 저는 큰 병원으로 안 모실 것 같아요. 가면 생각보다 많이 고생하실 거고 큰 병원 가신다고 확 좋아지진 않을 거예요. 내시경도 무척 힘드실 거고요. 예후가 좋은 상태는 아닌 거 보호자님도 아시죠? 큰 병원으로 가지 않는다고 죄책감 가지실 필요는 전혀 없으세요."

숨이 꺽꺽 차오른다. 우느라고 제대로 대답도 못한 거 같다.

"그럼…, 그렇게 해 주세요. 아빠 응급실 안 가고 그냥 요양병원에 모실게요."

그 짧은 시간에 많은 생각들이 스쳐 지나간다.

'내가 아빠를 살릴 수 있는 기회를 놓친 게 아닐까? 또다시 그 난리법석을 피기 싫어 너무 쉽게 포기하는 것은 아닌가? 또다시 합리적인 선택이라는 단어 뒤에 숨어 아빠를 방치하는 것은 아닐까? 이대로 아빠가 죽는다면? 병원에 가면 살릴 수 있는 거였는데, 치료를 못해 과다출혈로 죽는 거라면…, 나는 어떻게 살아야 하지?'

수많은 선택과 결정을 하며 지나왔지만 지금만큼은 정말 그 무게가 미친 듯이 무겁고 잔인했다. 도망가고 싶었다. 설마 내 선택으로 아빠의 생과 사가 갈리게 된다는 건가? 헐떡거리는 내 숨소리를 조용히 듣고 있던 간호부장이 위로하듯 말을 꺼낸다.

"지금 면회 오세요. 예외적으로 면회 허용해 드릴게요. 앞으로 매일 면회 오셔도 됩니다."

그렇게 원하던 면회 허용이었지만 기쁘지 않았다. 예외적인 면회 허용이란 말은 면회 전면 불가인 상태이나 갑자기 작고하신 썬의 시아버지 케이스를 참고한 요양병원에서 자체적으로 위중한 어르신에 대한 면회를 허용한단 뜻이었다. 따라서 아빠는 임종을 생각해야 하는 상태라는 말과 다름없었다.

"안 돼, 지금은 안 돼. 조금만 더 버텨 줘 아빠!"

남편과 함께 아빠가 있는 요양병원으로 내달리는 차 안. 아빠에게 하고 싶은 말이 그렇게도 많았건만, 생각나지 않는다. 그저 똑같은 말만 중얼댈 뿐이었다.

"지금은 아니야. 아빠!"

빠이빠이

긴급면회를 허락받고 도달한 병원 앞.

간병사에게 줄 하얀 봉투는 주머니에, 두 손에는 음료수 박스를 하나씩 들고 비장하게 병원 주차장에 들어섰다. 남편과 나는 양손 가득 선물을 들고 어기적거리며 걷다 정문 쪽 흡연장에서 키가 크고 홀쭉한 노인을 만났다. 백발의 머리를 스포츠 스타일로 깎고 안경을 낀 모습이 어디선가 본 것 같아 자꾸 힐끔거리다 눈이 마주치고 말았는데, 그가 먼저 우리를 알아보곤 가볍게 목례를 한다. 누가 봐도 면회객의 모습을 하고 있는 우리가 누구의 보호자인지 단숨에 알아챈 눈치다. 아빠의 간병사는 목소리와는 달리 나이가 많아 보였다. 꼿꼿한 허리와 눈빛이 아니었다면 그저 요양병원 환자려니 하고 스쳐 지나갈 정도였으니 말이다. 이것은 마치 노인이 노인을 돌보는 모양새가 아닌가? 그 모습에 조금 서글펐으며 항변하고 싶어졌다. 그의 자격요건(저 나이의 노인이 간병사 일을 해도 되는가)에 대해 말하고자 하는 것이 아니다. 왜 비슷한 나이인데 우리 아빠는 산송장처럼 누워 말 한마디 제대로 못 하며 저러고 있는 걸까? 이 위화감은 나의 첫 번째 정신과 상담을 위해 백발의 의사가 앉아 있던 진료실로 들어갔을 때와 비슷한 기분이었다.

'아빠도 사회의 어엿한 구성원으로서 당신의 가치를 뽐내는 삶을 살고 있다면 얼마나 좋았을까?'

임종 전 마지막 면회일지도 모르는, 입원 3개월 만의 첫 면회를 가면서 드는 생각이 이런 거라는 게 아빠에게 미안할 따름이다. 상황이 이렇게 되었음에도 아빠가 내게 갖고 있는 기대치(본인을 집에 데리고 가서 정성껏 돌보고 수발해 주는 착하고 속 깊은 딸의 모습) 만큼, 나 역시 아빠에 대한 기대치를 아직도 못 버린다는 것마저 비슷한 우리 부녀의 모습에 실소가 났다.

데스크가 있는 1층으로 들어와 소독액을 짜서 손을 닦고 있는데, 낯선 이방인에게 꽂히는 물음표 가득한 시선들에 뒤통수가 따끔하다. 상태가 양호하고 대화가 가능한 노인들은 그들의 간병사와 함께 앉아 TV를 보며 휴게시간을 보내는 듯했는데 그들의 시선이 모두 우리에게 향하고 있는 것이었다. 아빠의 병실은 3층. 홀을 지나 엘리베이터를 향해 가는 길이 멀기만 하다.

"여기 들어오시면 안 돼요!"
"아버지가 위독하셔서 예외로 면회 허용 받았습니다."

경계심 가득한 표정의 간호사, 식당 아주머니로 추정되는 직원들에게까지 대여섯 번 정도 해명을 하고서야 겨우 병실이 있는 3층으로 올라올 수 있었다. 한 간호사는 엘리베이터가 3층에 도착할 때까지 의심 가득한 표정으로 우릴 따라와서 담당 간호사에게 상황을 전달받고서야 내려갔는데, 그런 그들의 모습에 불쾌감이 생기기보다는 억지로 몰래 들어오려는 보호자들이 있었는가 싶고 그들의 마음 역시 이해가 가서 그냥 쓴웃음만이 지어졌다.

우여곡절 끝에 병실에 도착하자 간호사가 데스크에서 가장 잘 보이는 입구 쪽에 위치해 있는 아빠의 자리로 안내해 주었다. (아빠가 요주의 환자라는 것이 여실히 증명되는 자리 배치이다.) 3개월 만에 보는 아빠의 모습은 마치 미라 같았다. 너무너무 말라 버린 모습에 뒤집어쓴 방호복의 부스럭거리는 소리가 하나도 들리지 않을 만큼 충격이었다. 저 멀리 보이는 아빠는 침대 헤드를 조금 올린 채로 누워서 입은 반쯤 벌리고 눈을 끔뻑끔뻑 대며 허공만 보고 있었다. 무얼 보는 걸까? 이곳은 TV도 없었다. 모두가 비슷한 모습으로 누워 있었고 그랬기에 환자들이 내는 소음은 0에 수렴했다. 그야말로 적막한 병실은 우리가 들어서자 그제야 온기가 돌 정도였다.

"아빠! 아빠 우리 왔어."

아빠의 고개가 우리를 향해 살짝 움직이더니 초점 없이 까맸던 눈동자가 순식간에 반짝인다.

"아빠 놀랬지? 아빠 보고 싶어서 왔어."

얼마나 이 말을 하고 싶었던가. 아빠의 얼굴에 화색이 돈다. 방금 전까지 뻐끔거리며 누워 있던 사람인가 싶을 정도다.

"이게 누구야? 아이고, 아이고… 여기 아무나 못 들어오는데. 내가 여기 온 이후로 다른 사람을 한 번도 못 봤어. 너희들은 어떻게 온 거냐? 아이고, 잘 왔다 잘 왔어. 너무너무 보고 싶었다."

"다 들어오는 수가 있지. 아빠 딸 몰라?"

아빠가 위독하여 병원에서 우리만 들여보내 줬다라고 차마 사실대로 말할 수는 없는지라 너스레를 떨었다. 상황을 알 턱이 없는 아빠는 특별해서 병원에 들어왔다는 사실에 도취되어 주변 환자들에게 들으라는 듯 외친다.

"아니 여긴 진짜 아무나 못 들어오는 곳인데…."

아빠는 이 말을 열 번도 넘게 외치며 연신 싱글벙글했고, 그 모습이 너무 원래의 아빠 모습 같아서 웃음이 나왔다. 예전 같았으면 조용히 하라며 말렸겠지만 오늘은 그러고 싶지 않았다. 씩 웃으며 돌아서는데 아빠의 맞은편에 앉아 계신 할아버지 한 분이 아까의 아빠와 똑같은 모습으로 누워 계셨다. 왠지 자꾸 눈이 마주치는 기분에 죄책감이 들어 몸을 다시 돌려야만 했다. 이 병실에 있는 모든 환자에게 조금씩 미안함을 담은 채 나는 정성스레 아빠의 얼굴과 손을 쓰다듬었다. 아빠와의 스킨십이 무척 어색하지만 왜인지 그래야 할 거 같아 다리도 주물러 드리려고 이불을 살짝 들었다. 너무 충격적으로 말라 버린 아빠의 다리가 보였다. 아빠는 바싹 쪼그라들어 약하디약한 모습이 되어 있었는데, 그래도 다행히 병원 측으로부터 들었던 것보다는 건강한 모습이었다. 인지도 나쁘지 않아 모든 대화가 막힘없이 술술 이어졌다.

"아빠! 사랑이(아빠의 고양이) 보고 싶지? 내가 다음 면회 때는 꼭 데려올게. 그때까지 건강하게 잘 있어야 해."

"그래 우리 사랑이 꼭 데려와라. 너무 보고 싶다."

우리 집 고양이 이야기, 가게 이야기(가게는 내가 운영하고 있다고 뻥을 쳐야만 했다.), 아빠가 남긴 돈으로 구매한 차량 이야기 등등. 15분 정도의 대화 속에서 아빠는 마치 이전에 한순간의 대립도 없었던 사람처럼 무척이나 따스하고 인자한 모습이었다. 우리에게 고통스러웠던 시절이 과연 존재하긴 했던 것일까 싶을 만큼 혼동될 정도였다. 아빠는 내가 찾아온 것이 꿈이라는 듯. 아니 어쩌면 본인이 요양병원에 누워 있는 것이 꿈이라는 듯 상기되어 있었다.

그리고 꿈과 현실의 경계를 거니는 듯한 기분이 드는 건 아빠뿐만이 아니었다. 지금 이날이 오기까지 거의 일주일에 두어 번씩 아빠는 내 꿈에 나타났다. 항상 병실 안에서 손을 부여잡고 "우린 절대 아빠를 버린 게 아니야. 그러니까 버림받았다고 생각하지 마. 늘 생각하고 있어."라고 말하는 꿈이다. 그러나 매번 아빠의 대답은 듣지 못했다. 그런 꿈을 꾼 날이면 악몽에 시달린 날보다 마음이 더 답답해져 왔다. 그렇게 인내는 길었고 고통은 지난했다. 그러나 결국 나는 이 자리에서 하고 싶던 말을 할 수 있게 되었고, 감격스러움에 몸이 떨려왔다.

"아빠! 알지? 난 아빠를 버린 게 절대 아니야. 너무 보고 싶었어. 매일매일 아빠 생각을 했어."

아빠의 눈에 언뜻 물기가 스쳐 가는 듯했다. 곧 바싹 마른 입술이 들썩이며 다정한 목소리가 흘러나왔다.

"나도 보고 싶었다."

내 마음은 언젠가부터 물기 하나 없이 바싹 말라 버린 사막이었다. 몇 달 전까지만 해도 갈라지고 해진 마음에 눈물이라는 파도가 휘몰아쳐 균열된 곳곳이 쓰라렸다면 지금은 물기마저도 기대할 수 없을 만큼 지쳐 있었다. 아빠의 대답에 눈물이 핑 돌았지만 어째서인지 눈물은 나오지 않았다. 엉엉 울고 싶었지만 내가 여기서 아빠를 붙들고 운다면 그대로 무너져 버릴 것 같다는 마음이 눈물샘을 틀어막고 있는 듯했다. 그리하여 한없이 인자해지고 순해진 우리 아빠를 이곳에 다시 두고 나가야만 하는 잔혹한 비극을, 오늘처럼 행복한 날이, 오늘처럼 따스한 날이, 아빠와의 이별을 하기 전의 마지막 날일 수도 있다는 사실을 인정해야 할 것만 같았다. 이런 불행은 왜 나에게만 일어나는지 늘 가져왔던 불만이 걷잡을 수 없이 터져 나와 병실 바닥에서 대자로 드러누워 대성통곡을 할 것만 같았기에 나는 울지 못했다. 그저 슬픈 눈으로 뼈밖에 남지 않은 아빠의 다리를 쓸어내리는 게 할 수 있는 전부였다.

"아빠! 다음 주에 또 올게. 우리는 앞으로 쭉 면회시켜 준다고 했어."

'아빠가 언제 떠날지 모르니까.'
어디에도 뱉어 낼 수 없는 감정을 다시 마음으로 꾹 밀어 넣은 채 터질 듯한 슬픔을 견뎌 내며 돌아선다. 아빠와 하고 싶은 말을 충분히 다 했다고 생각하고 뒤돌아서려는데 아빠가 해맑은 표정으로 손을 흔든다.
나의 꼬꼬마 시절, 아빠는 어린 딸에게 유독 빠이빠이라는 표현을 강조하여 가르쳤다. 내가 손을 흔들며 앳된 발음으로 빠이빠이라고 하는 모습이 귀여워서 그런 건지 모를 일이지만…. 그래서 그런지 앨범에는 뜻도 모르고 시키는 대로 손을 흔드는 모습의 내 사진이 꽤 많다.

나 역시 손을 흔든다.
안녕! 아빠.
빠이빠이.

딸은 그때는 몰랐으나 지금은 안다.
아빠는 그때는 알았으나 지금은 모른다.

빠이빠이의 뜻을.

비대면 면회와 고소 소동

요양병원에서 아빠와 인사를 하고 귀가하는 길. 유난하게도 쓸쓸한 기분이다. 아빠의 못된 말이 그리워질 줄은 미처 몰랐다. 차라리 사위한테 시X놈 개XX 할 때가 나았던 것 같다. 처량하고 또 처량하기 짝이 없는…, 바싹 말라 마치 비에 맞은 짐승처럼 처량하게 나만 기다리는 아빠의 모습이 자꾸 눈앞에 아른댄다.

"돋보기 하나만 가져와다오."

아무것도 할 게 없는 병원에서 아빠가 필요한 것은 돋보기 하나가 전부였다. 그래서 우린 그날로 안경점으로 달려가 돋보기를 샀다. 그사이 아빠는 한 차례의 고비를 넘겼다. 혈변이 멈추었고, 수혈을 받았고, 고농도 영양제를 맞추니 다행히 컨디션이 회복되고 있다는 연락이 왔다. 상태가 회복됨에 따라 상시 면회 가능했던 방침이 번복되어 다시 전면 면회 불가 상태가 되었기에 돋보기는 결국 간병사를 통해 전해 드려야 했다. 아빠를 면회하지 못한다는 것에 실망감은 남았으나 그래도 이게 어딘가 싶다. 그래! 오늘만큼은 하늘에 쌍뻐큐 대신 무한 감사를….

그렇게 시간이 흐르고 어느 날.

요양병원에서 연락이 왔다. 코로나 단계가 격하됨에 따라 비대면 면회를 순차적으로 시행하겠으니 희망 날짜를 특정하여 연락 달라는 것이다. 기쁘고 기대된다. 낯설지만 오랜만에 느껴 보는 감정이다. 면면하던 슬픔과는 작별 인사를 한 지 오래다. 아빠가 요양병원에 있는 시간이 길어질수록 나 역시 살기 위해 다양한 방식으로 상황을 합리화하려 노력했고 어느 정도는 성공했다. 내 나름대로 적응을 할 수 있게 되어 더 이상 슬픔의 파도 속을 허우적대지 않을 정도로 장족의 발전을 이루었으니 나름 큰 성과이기도 하다. 하지만 그것들을 너무 오래 머금은 대가를 치러야 했다. 바로 분노이다.

슬픔이 머물던 자리에 분노가 치솟기 시작했다. 불쌍하고 애잔한 나의 아빠. 그리고 나와 아빠의 만남을 가로막는 저 거지 같은 반동분자들.
뉴스에 연일 보도되는 불법시위와 방역지침을 어기는 수많은 사람들을 볼 때마다 평소보다 두 배 세 배는 격앙된 목소리로 손가락질을 하며 욕을 해댔다.
"너희 같은 사람들 때문에 내가 아빠를 못 만나는 거야. 코로나나 걸려 버려라! 니들도 부모님을 요양병원에 모셨다면 그따위로 싸돌아다니지 못할 텐데 말이야."
이런 분노는 불특정 다수 말고도 주변의 지인들에게도 향했다. 이 시국에 SNS를 채우는 수많은 여행 사진과 유흥 사진을 올리는 지인의 SNS를 보고 분노했다.
"나는 언제 불려 갈지 몰라서 옴짝달싹할 수도 없건만 신나게 밤새 술 마시고 노는 너희들 때문에 이 뭐 같은 코로나가 퍼지는 거야!"

이런 상황에 놓이기 전 나는 보통의 사람들처럼 희로애락(喜怒哀樂) 모든 감정의 밸런스를 적절하게 조절하고 사는 사람이었다. 물론 아빠 덕분에 노(怒)와 애(哀)가 조금 과하게 분포되긴 했지만 지금은 마치 단일 감정으로 구성된 인간 같았다. 오로지 마음속에서 이는 감정은 분노와 증오뿐. 자다 일어나서 가슴을 쾅쾅 치며 욕설을 내뱉어야 숨이 쉬어졌다. 예민해질 대로 예민해진 나는 사람들과의 만남도 극단적으로 줄이고, 컴컴한 집 거실에서 뉴스만 하염없이 보며 하루를 채웠고 그렇게 1개월을 보낸 것이다. 많이 지쳤고 피폐해졌다. 나의 원동력은 증오가 아니다. 분노가 아니다. 그러므로 더욱 힘들었다. 이 기나긴 싸움에 끝은 있는가 싶은 생각이 들 때쯤 전해져 온 면회 허용 소식은 그나마 꽉 막힌 숨통을 열어 주는 희소식이었다. 그렇게 순식간에 예약을 잡고 아빠를 만나러 갔다. 한 달 하고도 2주 후였다.

길다면 길고 짧다면 짧은 기다림의 시간. 마중 나온 간호부장이 우리를 언덕 아래의 건물로 안내했고 조금 걷다 보니 요양병원의 별관 같은 곳에 도착하였다. 내부는 약간 엉성하지만 나름 구색을 갖춘 면회실이 보였다. 닫힌 유리문 틈 사이에 투명 칸막이로 파티션이 쳐져 있었고 그 앞에는 전화기와 마이크가 놓여 있었다. '이게 비대면 면회 방식이구나.' 두근대는 마음으로 기다리고 있으니 유리문 건너편 저 멀리서 돌돌돌거리는 바퀴 소리와 함께 4명의 간호사들이 침대를 밀며 면회 장소로 다가왔다. 가운데 놓인 칸막이가 너무 두껍고 뿌예서 아빠의 모습이 잘 보이진 않았지만 두리번대는 아빠의 모습에서 당황스러움만큼은 여실히 느껴졌다. 침대의 헤드 부분을 높게 조절하여 고개를 올리고 나이 지긋한 간호사가 아빠의 귀에 면회용 수화기를 대어 줬으나 아빠는 건너편에 앉아 있는 우리 둘의 모습을 보곤 흥분을 해서 좀처럼 관심을 보이지 않았다.

"쟤네는 안 들어오냐?"

"어르신, 대면 면회는 불가해서 전화로만 이야기하실 수 있어요."

"그런 게 어디 있어? 전에는 안 그랬잖아!"

"아빠, 아빠, 내 말 들어봐!"

마이크에 대고 힘껏 소리쳐 봤으나, 귀가 좋지 않은 아빠에겐 그 소리가 잘 안 들리나 보다.

"뭐라고? 잘 안 들려! 안 들려! 뭐라고?"

뭔가 똥망한 기분이 들었다. 아빠는 우리가 왜 파티션 건너편에 앉아 멀뚱거리고 있는지, 왜 자기가 있는 곳으로 냉큼 들어오지 않는지에 대해 약이 바싹 오른 듯 격한 분노를 내지르고 있었다. 이쯤 되니 마이크와 수화기는 필요가 없다. 아빠의 고함 소리가 워낙 커서 건너편까지 쩌렁쩌렁 울렸다.

"이 병원 새끼들 내가 다 고소할 거야!"

얼마간의 소동 끝에 아빠는 조금 진정됐고 그제야 마이크에 대고 이야기를 하면 본인이 수화기로 그 소리를 듣는다는 면회실의 시스템을 받아들이기 시작했다. 하지만 아빠의 청력 문제는 해결될 수 없었으니, 대화는 일방적으로 흘러갔다.

"병원 놈들이 밥을 안 준다."

"네? 병원에서 밥을 안 줘요?"(콧줄을 하고 있으니 당연히 밥을 주지 않겠지만 아빠의 심기를 건드리지 않기 위해 물어봄)

"아주 배가 고파 죽겠어! 못된 새끼들! 기다려 봐라. 나가기만 하면 내가 싹 다 고소할 거야!"

"네, 아버님 배가 많이 고프시겠네요. 고생 많으세요. 그것 말고 어디 불편한 데는 없으세요?"

"안 서방, 친구 중에 변호사가 있다고 했지? 그 친구 좀 데리고 와라. 내가 선임을 할 테니."

아빠는 오락가락하는 정신 속에서도 법적 대응에 대한 부분에서는 이상하리만치 비상함을 발휘했다. 아주 예전에 남편이 친하게 지내는 친구 중 변호사가 된 친구가 있다는 말을 잠깐 흘려 말한 적이 있었는데 그걸 기억하고 언급한 것이다. 잠시 감탄을 하며 그런 생각을 했다. 아빠는 살면서 그렇게 크고 작은 사기를 많이 당했음에도 불구하고 한 번도 누군가를 법적으로 처벌하기를 원한 적이 없다. 제정신과 치매의 모호한 경계에서 헤매고 있는 아빠가 이토록 뚜렷하게 남편의 변호사 친구를 기억한 것은 본인의 삶을 파먹은 쥐새끼 같은 사기꾼들을 단 한 번이라도 통쾌하게 응징을 해 보고 싶다는 욕구의 방증이 아닐까 싶어 우리는 그냥 이렇게 대답했다.

"네, 다 고소해 드릴게요. 제 친구 데리고 와서 여기 병원 사람들 싹 다 고소해 드릴게요."

주변 간호사들의 입가에 웃음이 번진다. 우리도 씨익 웃는다.

남편의 고소해 드린다는 대답을 듣자마자 아빠의 흥분도가 올라갔다.

"그래! 당장, 다음 주에 데리고 와라!"

"네, 다음 주에 같이 올게요."

아빠는 신이 났다. 매번 안 된다, 그건 힘들다며 요구를 들어주지 않던 사위와 딸이 다 해 준다고 하니 기운이 난 듯한 모습이다. 옆에서 킥킥대며 서 있는 간호사와 병원 직원들을 보고 외치는 아빠의 상기된 목소리에서 의기양양함이 묻어난다.

"너희들 싹 다 고소할 거야!"

우리 옆에 서 있던 간호부장에게 "저렇게 소리 지르시는 거 보니 건강은 회복하신 거 같네요."라고 농담을 던지니 간호부장도 끄덕이며 "그러신 것 같네요."라며 웃어 주었다. 고소 고발 예고가 난무하는 현장이었지만 아빠 빼고 모두가 평온했다.

뒤에 면회 타임이 없어 우리에겐 예정된 시간보다 좀 더 많은 시간이 주어졌지만 아빠의 힘이 떨어지며 상태가 빠르게 안 좋아졌기에 일찍 면회 종료를 할 수밖에 없었다. 아빠의 발음은 몇 가지의 단어를 빼면 알아들을 수 없을 정도로 뭉개지고 있었고 이상한 표정과 소리를 내기 시작했다. 갑자기 아이처럼 엉엉 우는 표정을 지으며 흐느끼더니 우리 보고 오라는 듯 손짓하곤 갑자기 팔로 하트를 그리며 사랑한다는 마음을 표현한다. 그러다 "변호사! 잊지 마라. 변호사!"를 외쳤다. 엘리베이터를 타러 가는 마지막까지도. 그런 아빠의 귀여운 모습에 간호사들이 빵 터져서 슬프지 않게 뒤돌아설 수 있었으니 다행이다. 면회 시간이 생각보다 훈훈해서 다음번엔 아빠가 너무나 아끼고 예뻐했던 고양이를 데려올 수 있느냐고 물어봤고 간호부장은 잠깐 생각하다가 오늘처럼 가장 마지막 타임으로 잡으면 가능할 것 같다는 답이 돌아왔다.

"배고프네."

아빠와의 짧은 만남을 끝내고 차에 타서 내뱉은 나의 첫마디였다. 속을 아주 꽉 채우고 있던, 아빠와 만나지 못하게 방해하는 불가항력의 존재에 대한 분노는 어느새 사라졌고 그 자리에 허기가 냉큼 들어와 앉은 것 같다.

"그래? 맛있는 거 먹으러 가자!"

분노보단 허기짐이 낫다. 그건 조금 익숙하다.

이별

변호사만 찾다 끝난 면회가 끝난 지 2개월 하고도 2주가 지난 9월의 초입이었다. 그동안 난 별일 없이 지냈다. 어쩌면 별일이 없는 것이 별일일 정도로 따분한 나날들이었다. 입소 환자들의 면회 순번이 한 바퀴 돌고 나면, 다음 면회 예약을 잡아 주겠다던 요양병원의 문은 코로나 단계 격상으로 다시 굳게 닫혀 버렸다.

- 면회 무기한 보류 -

요양병원의 안내 문자를 보며 심란했다. 이해가 가면서도 어쩔 수 없이 받아들여야 했다. 2번의 면회에서 하고 싶은 말을 거의 꺼내 놓은 것이 다행이라면 다행이다. 그래서인지 마음은 평온했다. 그러나 이 마음이 과연 진정으로 평온한 것인지에 대해선 확언할 순 없다. 체념인지 단념인지 알 수 없기 때문이다. 언제는 내 감정을 정확히 파악할 수 있었던 적이 있었나? 요양병원은 살아 들어가면 죽어서야 나올 수 있다는 우스갯소리. 노인들끼리의 주고받는 자조적인 농담이지만 서늘하게도 진실이다. 이런 상황에서 나에게 순번이 몇 번이나 돌아올 수 있을지 세어 보는 건 굳이 의미가 없었다. 솔직히 말하자면 아빠가 돌아가실 날만 기다리고 있는 게 아닌가? 우리의 미래는 그것뿐이 없지 않은가?

기적처럼 아빠의 모든 병이 씻은 듯이 회복되어 두 다리로 거뜬하게 나올 수 있을 거라는 기대는 애초에 한 적도 없었지만, 뼈에 가죽만 간신히 걸쳐져 있는 아빠의 다리를 보며 이제 우리에게 남은 건 이별뿐이라고 느낀 건 그리 오래된 일도 아니다. 간절하게 죽음을 밀어내고 싶었다. 그러나 속절없이 흘러가는 시간을 거스를 순 없었고 마침내 그것과 마주해야 했다.

오전 11시, 요양병원에서 전화가 왔다.
"어르신 혈압이 떨어지고 산소포화도도 많이 떨어졌어요. 현재 의식 없으시니 바로 오시길 바랍니다."
직감이 왔다. 아빠가 떠나려고 하는구나.
남편과 서둘러 병원으로 갔다. 일요일 오전이라 다행히 차는 막히지 않았다. 순식간에 도착한 병원 입구. 온몸을 소독하고 방호복을 입고, 아빠에게 올라간다. 이번엔 누구 한 명 막는 자 없이 조용하다. 이윽고 도착한 병실. 처절하리만치 섬찟한 공기와 마주한다. 아빠는 그저 침대에 누워 아무 말도 하지 않는다. 아빠의 목에서 흘러나오는 그르렁거리는 가래 소리만이 병실 바닥에 조용히 내려앉아 있었고, 나는 그 소리가 무엇인지 단번에 직감할 수 있었다.
바로 임종 증상이다.

첫 번째 입원할 당시 아빠의 난동으로 인해 피폐할 대로 피폐해진 나는 그냥 제발 빨리 돌아가셨으면 하는 바람으로 임종 증상이나 장례식장 예약 따위를 검색해야 잠을 청할 수 있었던 적이 있었다. 산소포화도가 떨어짐으로 인한 손톱의 청색증, 목의 가래가 그르렁거리는 소리, 저혈압, 흑변 등이 임종 증상에 속하고 지금 내 앞에 있는 아빠의 모습은 모두 다 임종을 가리키고 있었다. 의사가 말했다.

"아직 의식은 있으시니 하고 싶으신 말 있으시면 하세요."

하고 싶은 말? 말문이 막혀 말이 나오지 않았다. 준비한 말도 없었다. 하지만 시간이 없다. 서둘러 고민해야 했다. 내가 지금 아빠라면 무슨 말이 듣고 싶을까? 오랜 생각 끝에 아빠의 귓가에 대고 조용히 말했다.

"아빠! 무서워하지 마. 괜찮아. 다 괜찮아질 거야. 하나도 무섭지 않을 거야."

아빠는 겁이 많다. 사람 나이 70, 80이 넘어가면 어느 정도는 생과 사를 초월한 마인드가 장착되지 않을까 싶은데 아빠는 여전히 서른의 혈기 왕성한 젊은이처럼 살았다. 철딱서니가 없다고나 할까? 여하튼 죽음에 관해서도 그랬다. 아빠는 본인이 죽을 거란 생각을 한 번도 하지 않은 사람처럼 말하고 행동했다. 사후 처리와 대비에 대한 이야기가 어쩌다 나올라치면 버럭 소리를 지르며 내가 죽긴 왜 죽냐며 마치 영생을 약속받은 사람처럼 죽음에 대한 언급을 피했다. 그런 아빠가 홀로 죽음의 길에 올라 무서워할 것 같단 생각이 드니 마음 한편이 아려 왔다. 얼마나 죽음이 두렵고 무서울까….

"아빠! 다 괜찮아. 하늘나라에 가면 할머니도 있고 할아버지도 있고 고모도 있어. 거기서 가족들 만나서 행복하게 살아. 무서워하지 마."

무서워하지 말라는 말을 몇 번이나 한 걸까. 마치 주문처럼 쉼 없이 중얼대고 있으니… 아빠가 아니라 나에게 하는 말이구나 생각이 들었다. 실은 나도 무섭다. 부모를 잃는 게 처음이라….

남편이 어깨를 툭툭 치니 그제야 정신이 들었다. 남편 역시 아버지에게 마지막 인사를 남겼다.

"아버님. 걱정 마시고 편히 눈 감으세요. 얘한테는 제가 더 잘할게요."

그렇게 괴롭히고 때론 패악질을 부리며 마지막에 가선 싸움까지 치열하게 한 사위. 그러나 아빠가 가장 사랑하던 처음이자 마지막 사위. 이제는 지난날 모든 것을 세월 속으로 조용히 묻어 둘 시간이다. 우리에게 남길 건 애틋함과 아쉬움뿐이다.

"아빠! 그동안 외롭게 해서 미안해. 안녕…."

임종 면회가 끝났다.

혹시 모르니 되도록이면 근처에서 대기하라는 병원 측의 요구에 갈 곳이 없어 차에서 한참을 앉아 있다가 등산로가 있는 큰 공원이 있다는 포천으로 향했다. 한여름의 막바지라 해가 뜨거웠지만 나와 남편은 생수 한 병을 사 들고 무작정 위로 올라갔다. 기분은 생각보다 우울하지 않았다. 도리어 산뜻했다. 어쩌면 아빠가 저 좁은 요양병원 병실 침대 위를 벗어나 맘껏 훨훨 날아갈 수 있단 생각이 들어서일지도 모르겠다. 불편한 신발로 산에 오르니 뒤꿈치가 까져 쓰라리고 숨이 목에 꽉 차올라 땀이 삐질삐질 났다. 정상에서 차가운 물을 들이켜고 하산하는 길 커다란 호수에 들러 사진도 몇 장 찍었다. 주말 오전 가족 단위로 많은 인파가 놀러 온 거 보니 유명한 관광지인 것 같았다. 그 후 우린 근처 쇼핑몰로 향했다. 이렇게 저렇게 시간을 때워 어느덧 오후 7시가 되었지만 병원에선 아직도 전화가 오지 않았다. 저녁 식사는 냉면과 만두를 먹었다. 나는 시시각각 기다려야 했다. 아빠의 숨이 멎었다는 전화를 말이다.

얼마나 생경한가? 그래서인지 나는 시종일관 밝았다. 울지도 슬퍼하지도 낙담하지도 않았다. 먹고 걷고 돌아다녔다. 집에 와서는 늘 하던 게임도 두어 판을 하고 고양이들과 즐거운 시간도 보내고 새벽 2시쯤 잠이 들었다. 그리고 7시 30분 전화가 울렸다.

"어르신께서 영면하셨습니다. 괴로워하지 않으시고 잠자듯이 아주 편안하게 가셨어요."

아빠와 이별이다.

이젠 정말 받아들여야 한다.

아빠의 장례식

병원으로 출발했다.

그리고 아빠를 보았다. 어제와 다름없는 모습이었지만 목에서 울리는 그르렁대는 가래 소리 대신 건조하기 짝이 없는 침묵이 어제와 같지 않음을 실감케 했다. 어제와 오늘, 생과 사의 차이는 크지 않았다. 하지만 그 실낱같은 차이에서 오는 슬픔은 결코 작지 않다.

"아빠! 잘 가. 안녕…"

아빠의 죽음을 확인한 후 1층 로비로 내려오자마자 많은 서류에 사인을 해야 했다. 보호자로서 해야 할 일이 너무 많아서 슬퍼할 정신도 없었다. 사망진단서를 발급받아 장례식장 예약을 해야 했고, 상조회사에도 따로 연락을 해야 했다. 요양병원 측에서 병원 잔금 영수증 등을 준비하는 동안 남편과 나는 소파에 앉아 친지들에게 부고 사실을 알렸다. 대부분의 가족들은 우리의 사정을 알고 있었기에 별다른 말없이 위로해 주었다. 정신없이 부고 연락을 돌리고 있는 와중, 요양병원 직원이 내려와 아빠의 유품을 건네준다. 두 달 전 사다 드린 돋보기와 A4용지 10장. 요양병원에서 따로 마련해 준 듯한 12색 크레파스 세트가 전부였다. 애처로울 만큼 가벼운 그것들을 멍하니 받아 드니 그 안에 무언가가 빼곡하게 적혀 있다. 이래서 돋보기를 가져다 달라고 했을까? 무슨 내용인가 살펴보는데 웃음이 픽 하고 삐져나왔다. 우리에게 편지를 썼나 하는 얼빠진 기대를 잠시 했었지만, 아빠는 역시 고수 중의 고수. 정말이지 마지막까지 예측불허다. 그 안에는 병어, 조기, 연어 초밥, 갈치조림 등 평소 아빠가 좋아하는 음식들과 본인의 이름 등이 반복되어 적혀 있었다. 원래 아빠의 필체는 흐르듯 휘갈기는 느낌의 필기체였는데, 지금은 무언가를 잊지 않으려고 꾹꾹 써 내려간 듯 초등학교 저학년 수준의 엉성한 글자로 적혀 있었다. 때문에 형체가 멀쩡한 글자들은 별로 없었다. 뒤로 갈수록 자음과 모음들이 제 짝을 찾지 못하고 마구 흩어져 있었다. 지리멸렬이라는 표현이 딱 맞는 활자를 모방한 것들의 행진. 그럼에도 아빠가 하고픈 말의 의도는 뚜렷했다.

'여행가방 여행 가방, … 가… 가ㅂ…'
'수요일 애들 온다. 애들ㅇ…'
'연어 초밥 연어 초밥 연어 초밥…, ㅊ… ㅊㅂ…'
'병어 병어 병어 병어, 갈치 갈치 갈치 갈치, 조기 조기 조기 조기 ㅈㄱ…'
'아버지 어머니 아버지 어머니 아ㅂ 어ㅁ …'

머릿속 흩어져 가는 기억들과 자아 붕괴의 현실에서 가장 그립고 절박했던 것들을 끄집어내어 글로 적기까지 얼마나 힘들었을까? 애달픈 마음에 아빠가 쓴 한 글자 한 글자를 꼭꼭 씹어 읽어 보았다.

여행 가방은 언젠가 이 병원을 나설 수 있으리란 희망이었을 테고, 연어 초밥은 가장 좋아하던 음식이었다. 아빠 우리 부부의 단골 가게에서 판매하는 초밥만 늘 고수하였고, 큼지막한 연어 초밥을 한입 가득 넣은 후 "아이고 맛있다."며 환하게 웃으며 행복해했다. 때문에 연어 초밥은 아빠의 가장 좋았던 기억 중 하나일 것이다.

'수요일 애들 온다.'

그중 유일하게 완성된 문장이었다. 우리가 변호사를 데리고 온다고 약속했던 날을 무척이나 기다리고 있었음이 느껴졌다.

병어와 갈치, 조기에서는 조금 심술이 났다. 군산 출신인 아빠는 유독 바다 생선을 좋아했다. 어릴 적부터 식탁에는 고기보다 생선이 자주 올라왔고 대부분 그 지역에서 많이 먹는 생선들이었다. 그래서 이 생선들의 이름으로만 A4용지 대부분을 채운 것은 그저 고향에 대한 그리움의 방증이겠거니 생각했건만, 병어라는 단어가 약 20개 정도 반복되는 구간을 읽어 내릴 때 나는 내 눈을 의심할 수밖에 없었다. 병어라는 단어 사이에 매직아이처럼 숨겨져 있는 저것은? 바로 남편의 이름이다. 남편의 이름과 병어는, 뒷글자의 모음만 다르다. 나는 강력하게 오타라 주장하고 싶었지만, 이 수많은 병어 속에서 이 단어만, 심지어 모음 하나만 오타가 났다는 게 더 부자연스럽지 않은가?

"그래! 먹는 것만 잔뜩 적어 놓은 거 좋다 이거야. 근데 여기에 왜 오빠 이름이 있어? 내 이름은?"

남편은 그저 빙긋 웃을 뿐이다.

"나 참. 어이가 없네."

인정할 수 없지만 어쩌겠는가. 사위를 저리도 지극히 생각했다는 것을. 나는 투덜거리며 아빠의 유품을 챙겨 아빠의 장례식장으로 향했다.

일 년에 한 명씩 보낸 여자

　집과 걸어서 오갈 수 있는 가까운 거리에 위치한 대학병원 장례식장에 아빠를 모셨다. 빈소 예약을 위한 서류 작성을 하던 중 남은 빈소가 하필 가장 작은 곳과 가장 큰 곳 딱 두 곳뿐이었고 금액 차이가 100만 원 가량이 났기에 고민을 좀 해야 했다. 코로나로 인해 조문객들의 테이블이 좀 떨어져야 하지 않나 싶어 큰 곳으로 예약했다가 남편의 만류로 작은 곳으로 변경했다. 아빠 마지막 가는 길에 무슨 허세를 부리고 싶었는지 큰 곳을 예약하지 못한 게 내심 불만이었지만 결과적으로 그렇게 아끼게 된 100만 원의 쓰임새는 다른 곳에 있었다.

　상조회사 직원이 챙겨 준 상복을 입고 음식을 주문하고 여유가 생겨 누워서 한두 시간쯤 쉬고 나니, 친한 친구들이 부고 소식을 듣고 가장 먼저 달려왔다. 중학교부터 단짝인 친구는 전화를 받을 때도 울먹거리더니 장례식장 입구에 들어서자마자 눈물을 터트렸다. 집에 놀러 올 때마다 아빠가 좋아하는 빵을 두 손 가득 들고 와선 "아버님 잘 지내셨죠?" 하며 넉살 좋게 안부를 묻는 그 친구를 아빠는 늘 예뻐했다. 결혼식 때도 움직이기 힘든 나 대신 아빠를 살뜰히 챙겨 주었다. 그런 내 친구가 펑펑

우는 모습을 보니 부둥켜안고 함께 울고 싶었으나 당황스럽게도 눈물이 안 나왔다. 눈물을 내보려고 표정을 찡그려 봤으나 콧잔등만 알싸해질 뿐이다.

 한 차례 조문객들이 지나가고 엄마가 도착했고 엄마를 보니 그제야 눈시울이 시큰해져 아끼고 아끼던 눈물 한두 방울이 흘러내렸다. 엄마는 아빠와 나의 관계에 있어 철저한 방관자였으나 도리어 그 점이 조력자로서의 입지를 가능케 했다. 모든 걸 다 지켜보고 있지만 폭풍에 휘말리지 않은, 그렇기에 내 말을 들어줄 수 있는 여유가 있는 사람. 온몸으로 폭풍을 버텨 낼 때는 방관자인 엄마가 참을 수 없이 미웠고 증오스러웠던 적도 있었으나 모든 게 다 지나간 지금은 그럴 힘도 없었다. 타인의 위로를 온전히 흡수해야 버틸 수 있었다. 엄마는 그런 나의 어깨를 도닥거리며 고생했다고 말해 주었고 나는 그 위로를 받아들였다.

 뒤이어 언니도 도착했다. 엄마의 자식 중 둘째 딸로 태어난 그녀와 나는 유난히 닮아 있었는데 아빠가 다름에도 불구하고 비슷한 생김새, 비슷한 목소리, 비슷한 취향 등으로 성인이 된 후에는 큰 이질감 없이 자연스레 친해질 수 있었다. 그랬기에 아빠 앞에서 종종 언니 이야기를 종알대기도 했었는데, 그럴 때마다 아빠는 갑자기 눈가가 그렁그렁해지더니 언니를 궁금해하며 언제 꼭 한번 보고 싶다고 했다. 당시에는 어처구니가 없어서 속으로 '참나, 본인 딸내미나 그리 애틋하고 불쌍하게 생각해 보슈. 돈만 달라 하지 말고.'라고 생각하며 대충 넘어갔었다. 그런 언니를 결국 아빠는 본인의 장례식장에서 처음 만날 수 있게 되었으니 인생 참 미묘하다.

엄마와 언니의 관계는 조금 더 미묘하다. 엄마는 이전의 결혼에서도 자식을 두고 떠났다. 떠남의 이유도 같다. 아마도 언니의 아빠도 우리 아빠와 비슷한 결의 사람이었던 것 같다. 나는 엄마를 여자로서는 이해할 수 있었으나 자식으로서는 용서하지 못한다. 그것은 지금도 현재진행형이다. 언니의 경우 내밀한 속마음은 모르겠으나 엄마를 한동안 받아들였다가 밀어냈다가를 반복하는 걸로 보아 나와 같은 마음이 있는 듯했다. 그런 엄마와 언니가 아빠 장례식장에서 소주를 3병째 까고 있으니 이거야말로 장관이다. 언니의 아버지는 작년 겨울에 지병으로 소천하셨다. 아빠와 비슷한 모습으로.

"일 년마다 남편을 하나씩 보낸 여자구만."

평생을 한량 같은 남자들의 뒤치다꺼리를 하며 먹고살기 위해 발바닥이 부르트도록 일만 하며 살았지만, 결국 남편과 자식을 버리고 도망간 천하의 나쁜 년이라는 꼬리표만 두 개씩이나 달고 살던 여자가 마지막 남편의 빈소를 지키고 있다. 영화로 만들면 대박이 날 블랙코미디 한편 나오겠다며 나와 언니는 깔깔깔 웃었다. 정색을 하며 부르르 떨던 엄마 역시 덩달아 웃는다. 그리고 두 여자는 쉴 새 없이 술을 마셨다. 코로나로 집합 금지명령이 내내 시행되다 조건부 해제된 지 하루가 지난 때였다. 이곳에서 코로나가 번지는 상황은 생각하기도 싫어 친척 어른들은 부르지 않았기에 빈소는 다소 썰렁했는데, 본격적으로 조문객이 오기 전 적막함 속에서 엄마와 언니가 얼굴이 시뻘게지도록 술을 먹고 이야기를 나누는 모습은 어째서인지 내 마음을 따뜻하게 녹여 주었다.

아빠는 평생을 외롭게 살았다. 그나마 친가와도 인연을 끊은 지 오래고 그래서 가족도 친구도 없다. 그런 아빠 마지막 가는 길에 그토록 보고 싶어 했던 언니와 죽기 직전까지 괘씸하다 버러거렸지만 서류상으론 아직 부인인 엄마가 자리를 지키고 있으니 아빠로서도 그리 서글픈 여행길은 아닐 것이다. 엄마와 언니가 밤늦게까지 술판을 벌이는 사이에 보고 싶은 지인들이 많이 왔다. 아빠 덕분인가 싶을 정도로 오랜만에 보는 친구들의 얼굴도 많았다. 슬퍼할 겨를이 없었다. 모두 그동안 얼마나 힘들었냐며 나를 위로해 주었다.

늦은 저녁 남편과 함께 도착한 썬은 불안장애로 카페인을 못 먹게 된 나를 위해 디카페인 커피와 간식 등을 챙겨 왔고 '티벳 사자의 서'라는 책도 함께 선물해 주었다. 망자의 혼을 위해 기도를 할 수 있게 도와주는 책으로 썬은 시아버지 장례식을 치르는 틈틈이 이 책에 나오는 구절을 영전 앞에서 읊어 드렸다고 했다. 아빠와 엉망진창 이별을 하며 모든 게 부서지고 망가졌다고 생각했는데, 그런 나를 불쌍히 여겨 신이 보내 준 게 있다면 그게 바로 썬이 아닐까 싶을 정도로 그녀는 많은 도움과 위로가 되었다. 그렇게 장례식장에서 아빠의 영정 사진을 마주하게 될 때마다 나 역시 틈틈이 아빠를 위해 기도했고 대부분 내용은 이랬다.

"다음 생에선 부디 다복하고 사랑 많은 집에서 태어나 존경받고 사랑받는 존재로 행복하게 사시길…"

언니는 밤늦게서야 내일 또 온다며 홍조 띤 얼굴로 집으로 돌아갔다.

그렇게 장례식 첫째 날이 지나갔다.

슬프지도, 아프지도 않았다.

잘 가소. 다음 생엔 만나지 맙시다

코로나로 인해 밤샘 장례식 문화가 지양되어 늦은 밤이 되니 빈소가 텅 비었다. 자정쯤 짐을 정리하여 집에 들어갔다가 아침 일찍 다시 돌아왔다.

입관식이 있는 날 아침 남편에게 말했다.

"입관식 할 때 기절하면 나 잘 잡아 주라."

솔직히 겁이 났다. 갈증이 날 만큼 건조해져 버린 마음으로 지금까지 의아할 만큼 평온했는데, 이러다 갑자기 봇물 터지듯 슬픔이 밀려오지 않을까 하는 불안감이 든 때문이었다. 주변에서 가족의 죽음을 여러 번 경험해 보니 장례식 내내 잘 버티다가도 입관식과 화장 전 대면식에서 많이들 무너진다. 효자 불효자 할 거 없이 그랬다. 못다 한 마음이 많이 남을수록 많이 울고 때론 자기 연민 때문에 또 울었다. 부모의 죽음이야말로 태초의 어린 시절로 돌아가 한 번쯤은 주변 시선 신경 쓰지 않고 맘 놓고 울 수 있는 마지막 기회가 아닌가 싶을 정도로. 그래서 나는 이 모든 감정을 한 번에 모조리 털어 내놓고 눈물 콧물 뿜어 대며 기절해 버리지 않을까 하는 두려움이 있었다.

아침 일찍부터 빈소 한구석에서 열심히 무언가를 접고 만들던 상조회사 직원들이 어느덧 보이지 않더니 입관실로 가족들을 호출했다. 주먹을 꽉 쥐고 입술을 악문 채 잔뜩 긴장된 걸음을 뗀다. 어느덧 문 앞. 문을 열고 들어가니 가운데 커다란 관이 보였다. 관에 누운 아빠는 예뻤다. 곱다라고 밖에 할 말이 없을 만큼 하얗고 빛났다. 여기저기 금색 반짝이로 포인트를 준 화장의 힘도 있겠지만 말이다. 종이꽃으로 장식된 아빠의 모습은 휘황찬란 그 자체였고, 나는 그 모습에 왜인지 슬프기보다는 마음이 벅차올라 아빠를 한참 바라보다가 얼굴을 쓰다듬어 보는데 서늘한 한기가 손으로 전해졌다.

뒤이어 장례지도사가 입관식을 시작한다.
"고인에게 마지막 인사를 하시길 바랍니다."
생전 시뻘게진 얼굴로 못된 말만 내뱉는 아빠의 모습은 흡사 야차(夜叉)와 같았다. 나는 그런 아빠의 얼굴을 똑바로 바라보기 싫었다. 중풍과 구안와사가 지나간 자리 비틀린 입과 주저앉은 눈꺼풀 안에 비치는 희끗한 눈동자가 나를 응시할 때면 거북하고 공포스러웠다. 또한 서른 넘은 다 큰 딸이 노인이 되어 버린 아빠의 얼굴을 지긋이 살펴볼 일이 얼마나 있었겠는가? 아빠의 얼굴을 이렇게 똑바로 바라본 적이 언제였는지 기억도 나질 않는다. 그러나 신기하게도 나는 아주 자연스럽게 아빠의 얼굴을 쓰다듬는 것으로 작별 인사를 하고 있었다. 그래도 부모 자식 간이라고 시신을 만지작거리는 게 무섭지 않고 애틋하다니… 아빠의 피부가 이랬구나. 이제는 다시 만져 볼 수도 바라볼 수도 없구나.
"노잣돈은 어느 분이 올려드리겠어요?"
상조회사 직원이 따로 준비한 가짜 돈을 내밀며 누구여도 상관없으니 부담스러워하지 말라 설명해 주었지만 이런 게 첨이라 머뭇거리는 사이,

엄마가 옆에서 그것을 턱 받아 들었다.

"이번 생에 우리가 어떤 악연으로 만났는지 몰라도 모쪼록 잘 가소. 다음 생엔 우리 만나지 말고 서로 좋은 모습으로 태어납시다."

엄마가 노잣돈을 아빠 품에 조심스레 넣어 주며 잔뜩 젖은 목소리로 인사를 한다. 엄마의 솔직한 고백에 갑자기 분위기가 묵직해졌다. 방금 전까지만 해도 "우리 아빠 너무 예쁘네. 혈색이 나보다 좋네." 하며 철딱서니 없이 종알대고 있던 나는 식은땀이 났다.

"아유, 내가 왜 이렇게 눈물이 나지."

엄마가 당황한 듯 눈물을 닦으며 뒤돌아서는데 마치 봐서는 안 될 것 같은 아주 묘한 기분이 들었다. 요양병원을 보내니 마니 집에서 악다구니를 하던 시절, 아빠가 갑자기 엄마를 불러오라 요구했었다. 한참 가사도우미 등의 이야기가 왔다 갔다 하던 때라 엄마를 앞에 대령해 놔도 기껏해야 "너! 너! 너!" 거리며 밥이나 하고 집이나 치우라는 어처구니없는 요구나 해댈 게 뻔했기 때문에 이 둘의 만남을 추진할 생각은 전혀 없었다. 그러나 한편으론 이게 아빠의 마지막 모습일지도 모른다는 생각에 엄마에게 흘리듯 물어봤고 돌아온 엄마의 대답은 역시나 단호한 거절이었다.

엄마와 아빠는 그런 관계다. 법적으론 부부지만 완벽한 타인이었다. 아빠는 엄마를 대할 때 꼭 돈을 빌려준 채무자에게 뭔가 받아 내는 것이 당연하다는 듯 대했다. 그 과정에서 "네까짓 게, 너 따위가?" 등 존중이라고는 볼 수 없는 호칭들은 덤이었다.

엄마의 가출 후에도 자라는 나를 위해 두 분이 만나야 하는 상황들이 있었고, 어린 나는 그때마다 실낱같은 희망을 갖고 설레어 했으나 역시

나 아빠는 엄마를 무식하고 모자란 여자 취급을 하며 틈틈이 면박을 주었기 때문에 결과는 언제나 파국이었다. 결국 내가 커 가면서 둘은 완전히 연을 끊었다. 친할머니가 돌아가실 때까지 거의 몇 년간 연락을 하지 않고 지내던 엄마 아빠는 시간이 지나며 서로에 대한 악감정이 희석될 때마다 나를 위해서라도 잠시 뭉쳐 보자며 돈벌이가 될 일을 함께 모색하기도 했었다. 그러나 결과는 늘 망했고 그때마다 서로에게 책임을 미루며 돌아서곤 했다. 그렇게 악연의 일대기가 지금까지 계속되어 왔다.

생전 아빠가 엄마에게 보여 주는 감정은 20년 전의 것이라고 보기에 의아할 만큼의 날것 수준이었는데, 지금 생각해 보면 이혼 상태가 아니니 (아빠는 무려 25년 동안 죽기 전까진 이혼 도장 안 찍어 준다고 강짜를 놓았음) 아직도 엄마는 본인의 지배하에 있다고 착각한 게 아닐까 싶다. 그러나 엄마는 달랐다. 아빠라는 존재를 인생에서 지워 버린 지 오래였다. 구전설화처럼 그저 옛날 옛적 못되고 능력 없는 대머리 영감이 살았다 정도로 당장 아빠가 눈앞에서 죽어 나자빠져도 자기와는 상관없다는 듯이 대했다. 어렸던 나에게 엄마의 그 모습은 무척이나 매정해 보였고, 때론 나를 사무치게 외롭게 만드는 이유가 되기도 했다.

아빠와는 정반대인 남편을 만나 살아 보니 그런 엄마의 마음이 이해가 될 듯도 했기에 엄마가 이 장례식에서 자리를 지키고 있음은 아빠를 위해서가 아닌 오로지 나에 대한 의무감 때문이라고 생각했다.

'부부의 정 따위는 무슨? 장례식에서 상이나 안 엎으면 다행이지.'

때문에 나는 엄마를 입관식에 데려가야 할지 말지 깊은 고민을 해야 했는데 엄마는 당연하다는 듯 따라나섰고, 이렇게 씩씩하게 마지막 인사까지 할 줄은 미처 예상을 못 한 부분이었다.

그건 내가 모르는 미지의 세계. 비로소 어른의 이별이라 말할 수 있을까? 무지하게 미웠을 것이다. 증오스러웠을 것이다. 처음의 실패는 실수라 쳐도 두 번째 결혼의 실패는 본인의 삶에 대한 채점표로 느껴졌을 것이다. 형편없기 짝이 없는 점수를 받은 것처럼 다른 이들이 당연히 소유하고 누리는 정상적인 가정을 이루는 데 두 번이나 실패했음을 처절하게 느껴야 했을 것이고, 서로의 존재가 내 삶이 망가졌음을 증명하는 증거품이요 전리품이니 그 둘이 자석의 양극처럼 가까워질 수 없음은 당연한 것이 아니었을까? 그런 아빠에게 부디 다음 생엔 잘 태어나라고 해 주는 엄마의 마음은 어떤 것이었을까? 애증? 동정? 아님, 서글픔?

예상하지도 못한 이벤트에 받은 충격 탓인지 그렇게 걱정하던 나의 눈물은 존재조차 관심받지 못한 채, 엄마 눈가에 번진 마스카라 자국만 기억에 남은 눈물의 입관식은 그렇게 종료되었다.

"운구는 누가 하기로 하셨나요?"

운구는 상주의 친구나 친지들이 하는 게 보편적이지만, 코로나도 그렇고 발인 날짜가 월요일이라 밤을 새우고 발인을 부탁할 만한 친구들이 마땅찮았다. 장정 여덟은 들러붙어야 하는 아빠의 체격 때문에 운구는 처음부터 숙제 같은 것이었고 해결책을 못 찾았기에 미간을 찌푸리며 고민하고 있으니 장례지도사가 도움을 줬다.

"운구하실 만한 분들이 적으시면 대행 서비스는 어떠세요?"
"운구에도 대행 서비스가 있나요?"
"그럼요. 요즘은 대행 서비스도 많이 쓰십니다. 연결해 드릴까요?"
"네, 그래야 할 것 같아요. 금액은요?"
"여섯 분이 오시고 oo만 원 정도 됩니다."

빈소를 예약할 때 중간에 사이즈를 하향 조정하며 100만 원이라는 차액이 남았었다. 운구 인원들의 식대까지 포함하니 계산이 얼추 맞았다. 예전 할머니 장례식 때도 아마 이랬었지. 유품을 정리하던 중 할머니가 모아 둔 오래된 파스 사이에 몰래 숨겨 둔 돈 30만 원을 찾았는데 그 금액이 장례를 도와준 교인들의 식대로 딱 맞아떨어졌던 것이다. 장례를 몇 번 치르다 보면 뭔가 이상한 일들을 겪기 마련이다. 쓰임에 맞게끔 어디선가 똑떨어지는 돈도 그러하다. 이 돈 역시 여기에 쓰라고 남겨 준 것인가 싶어 주저하지 않고 예약을 끝냈다.

결과적으로 운구 대행 서비스를 이용한 것은 장례식을 통틀어 가장 잘한 결정이었고 장례식의 대미를 장식했다.

기어코 외제 차 한 번은 태워 주는구만

　장례 둘째 날의 시간은 더욱 빨리 지나간다. 조금 느지막한 오후 시간, 아빠의 친구 두 분이 차례대로 조문을 오셨다. 한 분은 상상도 못했던 정체를 드러내어 나의 간담을 서늘하게 했던 홍 씨 아저씨였다. 아빠가 입원해 있을 당시 무슨 일이 있으면 바로 연락하라 했지만 사기꾼이란 소리를 듣고선 다시 연락할 엄두가 나지 않았다. 아저씨도 뭔가를 눈치채셨는지 그 후로 일절 연락이 없었다. 장례식 때도 오랜 고민 끝에 연락을 했고 빈소에 도착한 홍 씨 아저씨는 많이 지친 표정이었다. 아저씨는 부의금을 낸 후 식사도 하지 않고 돌아갔다. 한 분은 홍 씨 아저씨가 사기꾼이라며 나에게 말해 준 김 씨 아저씨였다. 나는 그를 삼촌이라고 불렀는데 키가 훤칠하고 세련된 말투를 쓰는 분이었다. 아빠와는 전혀 다른 부류인 듯했으나 해병대 군악대로 묶인 선후배지간으로 오랫동안 연을 이어 왔다고 한다. 아저씨는 들어서자마자 눈물을 흘리며 조금은 긴 애도의 말을 아빠에게 남겼다. 그동안 아저씨와는 중간중간 연락을 하곤 했는데, 밤낮 할 것 없이 울려 대는 아빠의 전화가 버거워서 차단을 했다고 하시기에 나도 차단했으니 괘념치 마시라고 말하곤 서로 힘겹게 웃었던 기억이 있다. 삼촌은 이 나이쯤 되면 아파 죽거나 너희 아버지처럼 정신을 놓거나 둘 중 하나라고 껄껄대며 담담하게 말씀하셨다. 그러나 나는 삼촌의 그 가벼운 농담 이면에 숨어 있는 공포를 느낄 수 있었다. 첫 면회 때 아빠와 영상통화를 시켜 드렸고 아빠의 바싹 마른 얼굴을 본 삼촌의 경악한 표정이 생생하게 기억에 박혀 있기 때문이다.

삼촌은 "어이 형님, 왜 거기 그러고 있소? 무적 해병 정신으로 얼른 나와야지!"라며 농담을 던졌지만 곧 울음이라도 터트릴 듯 젖은 목소리였다. 가진 거 하나 없지만 언제나 꼿꼿하고 자신만만하게 살던 아빠가 그렇게 작아진 모습은 삼촌에게도 충격이었을 거다.

"면회도 못 가고 연락도 못 해서 무척 미안하다."

내 어깨를 토닥이는 삼촌에게 나는 꺼낼 말이 없었다. 아빠를 차단하고 멀리한 것에 대해 어떤 불만도 없었기에. 삼촌 역시 밥 한술 드시지 않고 자리를 뜨셨다. 이 둘이 아빠의 유일한 지인이었다. 입가에 씁쓸함만 감돈다. 삶이란 무엇일까?

새벽 6시에 발인. 화장터는 서울. 장례식장에 대충 이불을 펴고 잠을 청했다. 저녁에 도착한 언니도 함께. 피곤했는지 눈을 잠깐 감았다 뜨니 다음 날이 되어 있었다. 부지런히 짐을 챙기고 야외로 나가니 9월 중순의 습습하고 서늘한 새벽 공기가 코끝을 스쳤다. 장례식장 앞에는 버스 한 대와 리무진 한 대가 미리 정차해서 대기하고 있었다. 그리고 이 장례식의 하이라이트인 운구 대행 서비스도.

그리고 이건, 참 뭐랄까…

"와! 진짜…, 아빠!"

나는 별안간 얄미움이 치솟아서 들릴 듯 말 듯 한 목소리로 관 속에 있을 아빠에게 소리 질렀다.

"진짜, 자기 좋아하는 건 어떻게든 해야 직성이 풀리는구만!"
"장인어른이 진짜 좋아하시겠다. 그렇지?"
흰 장갑을 끼고 영정 사진을 들고 있던 남편이 피식거리며 말했다.
"오메메…, 느그 아빤 진짜 뭔 복이냐 딸내미 잘 만나서 호강하네."
엄마 역시 한마디 덧붙였다. 그 정도로 근사했다.

대행 서비스를 신청해 놓고도 그저 운구를 할 정도의 체격이 있는 분들로만 구성이 되어 있을 줄 알고 큰 기대가 없었는데, 멋스러운 제복 차림으로 도열해 있는 운구 대행 직원들을 보자마자 와! 하는 탄식이 절로 흘러나왔다. 생각지도 못한 부분에서 비로소 효가 완성되는구나 싶기도 해서 웃음이 나왔다. 누구보다 우쭐해 있을 아빠의 모습이 상상되기도 하고.

발인식이 시작됐다. 가장 앞쪽에 서 있던 분이 허리춤에 달린 조그마한 스피커를 누르자 곧 웅장한 장송곡이 울려 퍼졌다. 상주인 남편의 뒤를 관을 든 상두꾼들이 따르고 차량에 관이 안치된다. 그 후 거수경례. 나는 살아생전 폼생폼사였던 아빠의 니즈를 완벽하게 충족시켜 주었다는 만족감에 도취되어 차에 올랐다. 번쩍거리며 길쭉한 자태를 뽐내는 링컨사의 리무진이었는데 처음 타 본 리무진의 고급스러운 내부에 감탄하며 저마다 한마디씩 하는 와중 마지막으로 탑승한 엄마가 쿨하게 한마디를 내뱉는다.

"느네 아빠가 옛날에 매일같이 하던 말이 이번 일만 잘되면 외제 차 태워 준다는 소리였는데, 결국 죽어서야 태워 주네."

엄마의 시니컬한 말에 우리는 잠시 정신을 잃었고, 눈을 감았다 뜨니 어느덧 화장장에 도착했다. 아침 해도 뜨지 않은 어둑한 새벽. 첫 번째로 도착하였으나 화장장이 아직 오픈 전이라 차에서 내려 정문 근처에서 대기해야 했다. 뒤이어 다른 상조 차량들도 줄줄이 도착하였고 사람들이 쏟아져 나왔다. 아들에 손자며느리까지 3대가 모여 인산인해를 이루는 집이 있는가 하면 무연고 시신 운구 차량이라고 이름 붙여진 까만색 봉고차도 보였다. 버스에서 사람이 끝없이 내리는 어느 집의 운구 행렬을 보면서 가족이라곤 넷(엄밀히 따지면 피를 나눈 가족은 나 하나뿐)이 전부인 우리였지만 생각했던 것만큼 처량하진 않았다. 딸, 사위, 아내, 심지어 남의 집 딸내미까지 새벽같이 발인에 같이 따라 나와 있는데 부러울 것이 뭐 있단 말인가? 그중 운구 내내 시선집중을 받은 번듯한 제복을 입은 직원들도 한몫을 단단히 했으니 (쓰고 보니 운구 대행 서비스 광고글 같지만 전혀 아님을 밝히는 바이다.) 아빠로선 '이보다 더 좋을 수 없구나!'이었을 것이다.

시간이 되어 화장장의 문이 열렸다. 장엄한 음악과 함께 아빠가 첫 번째로 입장을 했고 화장 전 마지막 대면식이 시작되었다. 우리는 저마다 각자 짧은 목례를 하였고 뒤이어 운구 대행 직원 리더분의 "전원 경례!"라는 힘 있는 구령과 함께 도열한 여섯 명의 칼 같은 거수경례를 끝으로 화장이 시작되었으니, 나는 이 장례식의 대미를 이렇게 평하고 싶다.

'개쩐다!'

식사와 휴식을 취한 후 아빠의 유골함을 받기 위해 대면실로 향했다. 창문 너머로 직원이 아빠의 분골 된 유골분을 한번 보여 준 뒤 경건한 몸짓으로 조심스레 유골함에 옮기는데 뭔가 이상하다.

"어어…, 넘치는 거 아냐?"

"넘치면 어떻게 해? 따로 포장(?)해 와야 하는 거야?"

기골이 장대한 우리 아빠는 뼛가루의 양도 남달랐다. 어쩜 마지막까지 이렇게 유니크함을 뽐낼 일인가 싶다. 혹시 몰라 유골함을 가장 큰 사이즈를 선택했음에도 하염없이 쏟아지는 골분에 다 안 담기는 거 아니냐며 엄마와 남편을 붙잡고 종알대고 있는데, 장례식장이 떠나가라 통곡과 울음이 이어지는 옆 호실의 소리에 조금 머쓱해져 입을 닫았다. 어쨌든 다행히도 유골분은 모두 잘 옮겨졌으며 온기가 가시지 않은 따듯한 유골함을 남편이 두 손으로 조심스레 받아 차에 올랐다.

장지는 시아버지가 계신 추모 공원이었다. 언젠가 이런 날이 올 것 같아 미리 예약한 것인데 아이러니하게도 나에게 고지혈증 말곤 1도 남겨준 것이 없는 우리 아빠는 유산(heritage)이라는 뜻의 고급스러운 봉안당에 안치되었다. 몇 번을 말하지만 아빠는 참 운이 좋다. 날씨마저 완벽했기 때문이다. 구름 한 점 없던 시리도록 시퍼런 가을 하늘이 우리를 비추었다.

"나도 이렇게 장례 멋들어지게 함 치러 줘 봐라."

엄마는 당신이 죽으면 자연스럽게 바람 타고 떠나겠노라며 뒷산 푸르른 나무 사이에 뿌려 주라던 오랜 신념을 철회하고 이렇게 요청했다. 그 정도로 아빠의 장례식은 완벽했으니 하나의 잡음도 없고 문제도 없이 물 흐르듯 안온한 장례식이었다.

그렇게 아빠를 보냈고, 이 글을 쓰기로 결심한 건 그로부터 1년 후의 일이다.

서른넷 딸, 여든둘의 아빠와 엉망진창 이별기

그해 연말, 2020년 12월 31일.

아빠가 내 곁을 떠난 지 약 3개월 후 그것이 시작되었다.

연말을 맞아 홈 파티를 하자며 부산스럽게 음식을 장만하고, 값비싼 케이크며 와인이며 멋들어지게 준비했던 12월의 끝 날이었다. 남편과 오붓하게 올해 진짜 빡셌지만 서로 잘 살아남았다고 자축하며 TV에서 울리는 제야의 종소리를 듣고 만족스럽게 잠자리에 누운 그날, 새벽부터 내 몸에는 새빨간 두드러기가 피어나기 시작했다. 사지 말단에서부터 시작한 두드러기는 약을 먹고 하루가 지나도 사라지지 않았다. 오히려 점점 더 존재감을 드러냈기에 뭔가 심상찮음을 느끼며 달려간 병원에선 원인도 치료 방법도 알 수 없다며 절망스러운 진단을 내주었다.

"그래도 시간이 지나면 사라지기는 합니다. 언제인지 모르지만…."

여러 군데 병원을 오가며 여러 번 처방을 바꾸어 약을 먹었으나 차도는 없었다. 그렇게 두드러기와의 새로운 여정을 시작했다. 이것이 장장 6개월간 나를 괴롭히고 내 인생을 바꿔 놓게 될 줄은 짐작조차 못 했다. 그때만 해도 단순히 먹은 게 잘못되었거나 면역력이 떨어졌을 거라는 등의 평범한 이유일 거라 생각했다. 하지만 증상이 2주가 넘게 지속되었을 때 나의 진료 기록지에는 '원인 미상'이라는 코드가 붙었고 무엇으로부터 촉발된 건지 알 수 없다는 사실이 나를 자욱한 공포로 던져 넣었다.

흉측했다. 자고 일어나면 팔다리를 호피 무늬처럼 새빨갛게 뒤덮은 두드러기는 봐도 봐도 낯설었다. 딱히 피부에 연연하는 타입은 아니었지만 이런 상황이 고통스러웠다. 의사들은 이 두드러기가 목이나 얼굴로 침범하면 호흡곤란으로 큰일 날 수 있으니 바로 응급실로 달려가라고 했고, 때문에 새벽마다 일어나 온몸을 살피며 보기 싫은 두드러기를 감시해야만 했다.

이런 현상을 본 주변인들은 화병이 아닐까 하며 이 괴질의 근원을 추정하기도 했고 이제 좀 편해질 때도 됐는데 왜 마음을 다잡지 못하냐며 책망하기도 하였다. 간혹 "먹는 걸 조심했어야지!" 하며 속 편한 소리를 하는 이도 있었으나 오히려 그것이 나에겐 조금 위안이 되었다. '그래. 큰일이 아닐 수도 있잖아. 뭐 잘못 먹고 이런 거겠지.'

그도 그럴 것이 나는 이 대혼란의 상황에서 중심을 잡지 못하고 주변인들의 말에 꽤나 많이 흔들리고 있었기에 어떤 말도 와닿지 않았으나 때론 그런 것도 같았다. 실로 이해가 안 가는 것이었다. 화병이라니? 나는 괜찮은데? 난 지금 너무 자유로운데….

아빠가 떠난 후 지긋지긋하게 내 발목을 잡던 미적지근한 불안감이 사라졌음을 느꼈다. 그것은 부모를 잃은 슬픔보다 더 거대한 무엇이었다. 처음으로 발 뻗고 편안하게 잠에 취했고 남편과 여행도 다녀왔다. 평화로웠다. 어쩌다 발길에 진득한 슬픔이 채일 때면 기꺼이 받아들였다.

'아비를 잃었으니 이 정도의 슬픔이 없을 수야 있나?'

하지만 그건 나의 자만이었던 걸까? 온몸을 지글지글 덮어 버린 두드러기들은 마치 분노한 그 무엇처럼 보였고 이것이 나에게 어떠한 메시지를 주려는 것이 아닌가 하는 생각이 든 건 한 달 정도 지나서였다.
'내가 뭔가 잊고 있는 거 아닐까?'
'아니야. 나는 지금 완전히 자유로운 걸.'
필사적으로 그런 생각들을 외면하며 버티던 어느 날. 두 번째 손님이 찾아왔다. 설거지를 하던 중 손이 얼음처럼 차가워지고 머리가 띵해지며 빙글빙글 돌았다. 잠시 주저앉아 숨을 고르고 있는데 호흡이 점점 힘들어지며 가슴이 쿵쾅대기 시작했다. 생전 처음 겪어 보는 아득함과 공포였다. 설거지하다가 숨 못 쉬어 죽을 수도 있겠구나 하는 생각이 들었다. 그렇게 다시 정신의학과의 문을 두들겼고….

진단명은 '공황장애 초기'와 '극심한 범불안장애와 경도의 우울증'이었다. 생각보다 긴 진단명에 한 대 얻어맞은 기분이었다. 나는 부정하고 싶었다.

"저 괜찮은데요?"

"괜찮을 리가 없잖아요? 불안도와 스트레스가 굉장히 높은 편이세요."

의사의 말을 듣고 처방전을 손에 든 채 약국에 덩그러니 앉아 생각해 보았다. 첫 번째 정신과를 방문했을 땐 원인이 명료했다. 아빠, 그리고 치매. 그러나 두 번째 방문인 지금은 왜 내가 다시 정신과 약을 처방받아야 하는지 당최 이해가 되지 않았다. 물음표만 가득 안고 집으로 돌아와 약을 입에 털어 넣었고 그제야 나는 모든 걸 깨달을 수 있었다.

'나는 무너지고 있었구나! 마치 모래성처럼 서서히 가라앉고 있었구나.'

약물은 현재의 감정을 눌러 준다기보다는 거부하고 인정하지 못했던 비정상적인 일상들을 직시할 수 있게 도와줬는데, 과거로 돌아갈수록 나의 이상행동이 한두 가지가 아니었음을 알 수 있었다.

아빠가 가장 아끼던 우리 집 셋째 고양이가 비실거리던 건 아빠의 장례식을 치른 당일 저녁이었다. 처음 시작은 그때부터였을 것이다. 왜인지 밥을 먹지 않고 자꾸 구석으로 숨어드는 녀석에게 불행의 그림자를 느낀 나는 혼잣말을 중얼거렸다.

"아빠! 얘는 데려가지 마. 제발."

한시도 쉬지 않고 일주일을 내리 고양이에게 매달려 집착 수준의 간호를 했다. 그저 감기였던 고양이는 그 후 상태가 좋아졌으나, 나는 그 이후로 점점 나빠졌다. 멀쩡하게 잘 있는 나머지 고양이 둘을 끌어안고 갑자기 죽을까 봐 숨을 헐떡거리며 검사를 맡겼고, 멀쩡하다는 진단을 받고 나니 그다음은 나였다. 눈이 침침해지는 기분이 들자마자 실명에 대한 공포가 밀려왔다. 녹내장, 망막위축…, 새벽 내내 검색을 하다 아침 일찍 안과로 달려가 2시간이 넘는 대기시간을 견디며 받은 진단명은 고작 안구 건조증, 그것도 경미한….

또 어느 날은 소화가 안 돼서 즉흥적으로 위, 대장 내시경을 예약하고 진료를 받았다. 이때 나는 이미 위암 말기 환자와 같이 체념을 하고 있었다.

'분명 나는 어딘가가 아픈 거야. 절망적인 진단을 받을 거야.'

마치 그런 진단을 기다리는 사람처럼 질리도록 병원에 다녔다. 건강염려증이 다시 돌아와 완전히 폭주하고 있었다. 그러다 남편과 엄마까지 들들 볶아 댔다. 제발 그만하라는 가족의 성화에 잠시 멈췄지만 하루 종일 내 몸의 이상 징후를 탐색하느라 시간 가는 줄 모르는 날들이 이어졌다. 약을 먹고 비로소 인지할 수 있었으니 이쯤에서 항정신성 의약품에 대한 찬사를. (정신과 약은 나쁜 게 아닙니다.)

첫 번째 손님(두드러기)과 두 번째 손님(공황장애)의 소개가 끝났다. 그러나 이 화려한 애프터파티의 호스트는 따로 있었다.

바로 아빠!

정말 징그러울 만큼 자주 꿈에 나타났다. 뭐가 그리 한스러운지 늘 노기를 띤 얼굴로 말이다. 꿈은 늘 비슷하다. 어릴 때 살던 반지하 셋방, 혹은 정체 모를 골방, 폐가, 다 쓰러져 가는 컨테이너 창고가 주 배경이다. 나는 아무 걱정 없이 남편과 데이트도 하고 게임도 하고 신나게 놀다가 문득 깨닫고야 만다. 아빠는 사실 살아 있고 그를 찾아간 지도 전화를 한 지도 아주 오래되었다는 것을 말이다.

'아, 내가 아빠를 완전 잊어버리고 방치하고 있었구나!'

속이 거북해질 정도의 공포와 불안이 뒤덮고 곧이어 나는 서른넷의 성인이 아닌 겁에 질린 나약한 어린아이로 퇴행한다.

'돌아가서 아빠를 보살펴야 해. 다시 시작해야 해.'

'하지만 싫어. 죽기보다 싫어…'

첨예하게 대립하는 양가감정은 꿈속이지만 명료하다. 어찌나 섬뜩한지 온몸에 땀이 맺힌다. 그리고 내 선택은 언제나 하나다. 기어코 아빠가 홀로 방치되어 있는 곳을 찾아가 눈을 질끈 감고 문을 여는 것이다.

어두침침하고 지저분한 방. 정리되지 않은 물건들과 썩어 가는 식료품들이 곳곳에 나뒹굴고, 시끄러운 TV 소리가 공간을 울린다. 아빠는 그 한가운데서 원망스럽게 벽을 노려보고 있다. 가끔은 친할머니도 함께 세트로 구성되어 있을 때도 있는데 그럴 땐 둘 다 돌봄 받지 못해 방치된 노인의 모습으로 출현한다. (할머니는 분하다. 내 몫이 (?) 아닌데…, 왜?) 아빠는 어떨 때는 어디 하나 아픈 곳 없는 60대의 (내가 기억하는 가장 젊은 모습) 모습일 때도 있고, 여기저기 똥칠갑을 한 채로 담배와 술에 찌들어 눈 뜨고 볼 수 없을 정도로 엉망진창의 모습이 되어 있기도 했다.

어쨌든 죽기보다 들어가기 싫은 그 방으로 발을 내디디면 이내 불벼락 같은 아빠의 책망이 이어진다. 그러면 나는 "아…, 아빠가 돌아가신 게 꿈이었구나. 난 다시 아빠를 돌봐야 하는구나. 하루에 세 번씩 전화를 하고 일주일에 한 번씩 아빠를 보러 가야 하고 이 지옥 같은 반지하에서 놓여날 수 없는 삶을 살아야 하는구나." 하는 좌절감을 느끼고 순간 모골이 송연해져 헉! 하는 비명을 지르며 잠에서 깨는 것이 1편. 어쩌다 길거리에서 아빠를 마주치는데 모른 척하고 필사적으로 도망가는 것이 2편이다.

아빠는 두리번거리며 나를 찾지만 그때마다 조마조마한 마음으로 몸을 숨기곤 그가 지나가길 기다린다. 이런 꿈들을 꾸고 나면 하루 종일 기분이 좋지 않았고 죄책감과 자괴감이 밀려왔다. 내 꿈 이야기에 못내 맘이 안 좋으셨던지, 시어머니는 아빠와 친가의 어르신들 이름까지 절에 올려 제를 지내 주셨다. 하지만 아빠는 그 후에도 계속해서 꿈에 나왔다.

"어쩌라는 거야 씨발! 나 좀 그만 괴롭히라고! 아빠, 지겹다. 진짜!"
가끔은 치받치는 분노를 못 이기고 모두 집어던지곤 차마 글로 적지 못할 쌍욕을 섞어 가며 미친 사람처럼 소리를 질러 댔다. 나한테 해 준 것도 없으면서 뭐가 그리 억울하다고 꿈에 나와 괴롭히는지 증오스럽고 원망스러웠다. 그러다가도 아빠와의 추억이 서린 것들을 지나칠 때면 갑자기 "아빠 보고 싶어. 엉엉…" 하면서 그 자리에서 주저앉아 오열을 했다. 어쩔 땐 분노가, 어쩔 땐 슬픔이, 도무지 종잡을 수 없는 타이밍에 튀어나와 발작처럼 이어졌다.

"괜찮으실 리가 없잖아요."

의사의 말이 귓가에 서성대며 떠나지 않고 있었다.

정신과 약에 적응이 될 어느 무렵. 고장 난 전자 기계를 뜯어보듯 나를 분해하여 살펴봐야겠다는 생각을 했다. 내가 아빠와의 이별을 전혀 시작하지 못하고 있구나 하는 느낌이 들었는데 그것은 아빠에 대한 사랑과 증오 모두 스스로 거부하고 있음을 느꼈기 때문이다. 사랑하기엔 그로 인해 희생된 나의 유년 시절이 억울했고, 미워하기엔 그가 나에게 남겨 준 작은 편린 속에 담긴 행복을 무시할 수 없었으니 딜레마에 빠져 아빠를 마음껏 미워하지도 사랑하지도 못하고 두 손에 꼭 쥔 채 어디론가 질질 끌고 다니고 있었다. 그것이 너무나 무겁고 버거운 것이다.

'현 상황의 원인은 무엇인가? 그건 아마도 내 마음속에 자리 잡힌 거대한 공허를 보지 못한 것이 아닐까?'

정리해 보자면 나의 인생은 어릴 적 그나마 애착이 형성되었던 엄마가 집을 나가고, 예민하고 제멋대로인 아빠와 함께 살아왔다. 어린 나이에 보호받지 못하고 견디기 힘든 풍파를 고스란히 맞고 지냈던 삶에서 공허가 시작되었을 것이다. 그래도 나름 스스로 잘 지켜 왔다고 자부했다. 이런 환경에서도 이만큼 잘 버텨 냈으면 나는 이겨 낸 것이라고 승리한 것이라고 자만했다. 하지만 내가 그렇게 스스로를 속여 넘기고 있는 와중에도 내 마음속의 공허는 점점 커지고 있었을 것이고, 우연히 그 구멍을 발견했을 때 나는 그 안을 들여다볼 생각보다는 잘못 본 것이겠거니 하며 넘겼을 것이다.

그리고 그 위를 아빠라는 존재로 덮었을 것이다. 나는 늘 내 상처와 결핍보다 아빠를 부양하고 사는 문제가 더 우선이라고 생각했다. 아빠는 인생의 난제 같은 존재였으니, 유년의 상처는 언급하는 것마저도 사치스럽다고 느끼던 시절도 있었다. 마치 맨홀 뚜껑처럼 단단하게 덮어 둔 나의 공허는 그의 죽음으로 그 민낯을 드러냈다. 그렇게 깊이도 넓이도 알 수 없는 공허가 내면에 존재함을 인지했지만 나는 아직도 그것을 받아들이지 못해 이토록 힘든 것이 아닐까? 이제 그 공허를 만나야 한다. 험난할 것이다. 고통스러울 것이다. 이게 아니라며 변명하고 도망가고 싶은 순간도 있겠지.

"그래도 시간이 지나면 사라지기는 합니다. 언제일진 모르지만…"

이번엔 두드러기 진단을 내려 줬던 의사의 말이 생각났다. 그러니 해야 한다. 아빠와 이별을 하기 위해선 필요한 과정이니까.

"나와 아빠의 이야기를 하자!"

아무도 읽어 주지 않는 외침이어도 좋다. 이 공허를 한번 이야기해 보자. 언제일진 모르지만 그래도 시간이 지나면 사라지지 않을까 하는 희망을 가지고 한참을 고민하다가 컴퓨터를 켜고 키보드 위에 손을 얹는다. 그리고 쓰고 지우고를 반복하며 간신히 한 문장을 완성한다.

서른넷 딸, 여든둘 아빠와 엉망진창 이별을 시작하다.

브레인와이즈(디멘시아북스 자매출판사) **출간도서**

우리 부모님의 이상한 행동들
저자 곽용태

치매 그것이 알고 싶다
저자 양영순

엄마도 엄마가 필요하다
저자 김은정

스페이스 멍키의 똥 (제1회 디멘시아 문학상 대상 수상작)
저자 박태인

섬 (제1회 디멘시아 문학상 최우수 수상작)
저자 이정수

피안의 어머니 (제3회 디멘시아 문학상 최우수 수상작)
저자 조열태

2020년
세종도서
선정

디멘시아북스는

치매에 대한 올바르고 정확한 지식과 정보를 전달하고자 노력하는 치매 전문 출판사입니다.